羅振玉 著

羅繼祖 主編

王同策 副主編

羅振玉學術論著集

第三集

王同策 陳維禮 張中澍 叢文俊 整理

第三集目次

存拙齋札疏

弱齡嗜讀，稟質闇鈍，困學既久，間有小獲，必疏之札，以備忘失。顧草稿漫漶，如蚓如繩，久幾不自別。曩既寫其考訂金石諸條爲《讀碑小箋》，其餘可録者尚數十則，心血所萃，不忍捐擲。復以晷隙理而存之，並綴語簡首以識歲時。光緒丁亥雩月，上虞羅振玉堅白甫誌。

《禮記·中庸》「素隱行怪」注：「素，讀如攻城攻其所傃之傃。傃猶鄉也。」《漢書·藝文志》引作「索隱行怪」，顔師古注：「索隱，索求隱暗之事。」與古注不合。

玉案：「素」、「索」古通用。《爾雅·釋艸》：「素華軌鬷。」《釋文》：「素，又作索。」《書·孔安國序》「八索」，《釋文》「索本作素」可證。且《易·繫辭上·傳》亦有「探賾索隱」語，《疏》：「索，謂求索。」與顔注合。朱子注《中庸》從顔注，良是。惟「素」乃「索」通用字，朱子云「字之誤」，則未然耳。

《論語》：「温故而知新。」《集解》：「温，尋也。」《疏》：「温，温燖也。」是「尋繹」之義，亦「燖温」之義。

玉案：温即蘊字。《詩·雲漢·傳》：「蘊蘊而暑。」《疏》「温字定本作蘊」可證。《左傳·昭十年》：「蘊利生孽。」注：「蘊，畜也。」《莊子·齊物論》：「而以是相蘊。」注：「蘊，積也。」温故知新者，謂已得之學畜積不忘，又能日有新得。猶子夏所云「日知其所亡，月無忘其所能」是也。舊注太鑿，爲證明之。

《文選・吴趨行》注引《孟子》「綿駒處於高唐而齊后善歌」。今《孟子》「齊后」作「齊右」。

玉案：此《選》注之譌。《干禄字書》「后俗作石」，與右相似。當是抄胥繕《選》注時於「右」首微污，校書者譌認作「石」，又改作「后」。唐時《孟子》未班行，世希讀者，故有此謬。或謂當從《選》注，誤矣。《初學記・歌類》以「齊右」「郢中」作對語，尤爲作「右」不作「后」之左驗。

趙氏岐《孟子題辭》云：「七篇三萬四千六百八十五字。」陳氏士元《孟子雜記》云：「《孟子》三萬五千四百一十字。」梁氏玉繩《瞥記》云：「今《孟子》計三萬五千三百七十一字，與古不合。」

玉案：今《孟子》實三萬五千三百七十七字。梁氏誤耳。

《後漢書》注引《詩・毛傳・鄭箋》多可正今本脱誤。《光武紀》注引「介人維藩」，《傳》：「當用公卿諸侯爲藩屏也。」今本無此句。《宋弘傳》注引「肇敏戎功，用錫爾祉」，《傳》：「肇，謀也；敏，疾也；戎，大也；祉謂福慶。」今《傳》無「祉謂福慶」句。《胡廣傳》注引「詢於芻蕘」，《傳》：「詢，謀也；芻蕘，薪采者也。」今《傳》無「詢，謀也」句。《班固傳》注引「彼都人士」，《傳》：「城郭之域曰都。」今《傳》無此句，誤闌入鄭《箋》。《梁竦傳》注引「昊天罔極」，《箋》：「極，已也。欲報父母之德，昊天乎，我心無已也。」今《箋》無「極，已也」句。《謝該傳》注引「鴥彼飛隼」，《箋》：「能深入攻敵。」今《箋》作「能深攻入敵」。《孝章紀》引「敦彼行葦」，《箋》：「無使踐履折傷之。」今本「踐履」作「躐履」。《殤帝紀》引「先生如達」，《箋》：「大矣！后稷之在其母懷也，終人道十月而生。」今《箋》脱「懷也」二字。《章帝紀》引「不愆不忘」，《箋》：「愆，過也；率，循也；由，用也。」今《箋》脱「由，用也」句。

《禮・曲禮》：「庶人曰死。」《周禮・天官・醫疾〔一〕・注》：「少曰死，老曰終。」

玉案：二義皆未確。使此語信，則舜貴且耄，胡以云「陟方乃死」耶？

《周禮・天官・冢宰》：「女史八人。」劉執中注：「女史，蓋擇嬪之賢者爲之。」

玉案：今婦人多自稱女史，若男子稱居士、山人者。謬極。

《左傳釋文〔二〕》：「楚人謂乳曰穀。」《漢書》作「㝅」，音同。

玉案：今《漢書敘傳》：「楚人謂乳『穀』。」字不作「㝅」，當據《釋文》改正。《説文》：「㝅，乳也。」

字亦作「㝅」。

漢高斬蛇，乃篝火狐鳴故智。馬遷於涉事直書靡隱，於高祖則否。臣下載筆，其體應爾。後人多以斬蛇爲實事，爲英雄所欺矣。

包氏世臣《答石瑶辰書》謂：「史遷《報任少卿書》乃少卿乞援，子長卻之，書中推賢薦士，乃乞援隱語。」

予三復此篇，竊謂不然。使果是乞援，則史公復書三數語可了，胡至連章累牘、嘵嘵無已耶？且書中全是史公自述遭禍述史之由，了與求援無涉，包説殆夢囈也。

嬴政合三皇五帝之號而稱皇帝，項籍合五霸三王之號而稱霸王。莽夫見解，後先同揆。北齊安德王延宗願封衝天王，見《本傳》。唐黄巢自稱衝天大將軍，亦然。

《後漢書·光武紀》：「其布告天下，令知忠臣、孝子、慈兄、悌弟薄葬送終之義。」

玉案：「慈兄」二字甚新。

《後漢書・董卓傳》：「淫略婦女，剽虜資物，謂之『搜牢』。」注：「牢，漉也。今俗有此言。」

玉案：今人謂水中漉取物曰「撈」，據此則古字作「牢」。

《北齊書・權會傳》：「曾夜出城東門，鐘漏已盡。會唯獨乘驢，忽有二人，一人牽頭，一人隨後，有似相助。其回動輕漂，有異生人。漸漸失路，不由本道。會心甚怪之，遂誦《易經》上篇，一卷不盡，前後二人忽然離散。」

玉案：今俗謂讀《易》辟魅，其說昉此。

《北齊書・張華原傳》：「遷兗州刺史，州獄有囚千餘人，華原皆決遣。至年暮，唯有重罪者數十人，華原亦遣歸家中申賀，依期至獄。」

玉案：縱囚事史不一書，莫先於此。今人謂作俑於唐太宗，誤矣。

《北齊書・樊遜傳》：「未若龍駕虎服，先收隴右之民；電轉雷驚，因取荆南之地。」

玉案：《北齊書》避唐諱，凡「虎」字皆改作「獸」，此獨不然，殆轉寫之譌。

《北齊書·琅邪王儼傳》：「儼謂侍中馮子琮曰：『士開罪重，兒欲殺之』。」對臣下稱兒，奇甚。

《陳書·高祖紀》永定元年十一月景申，詔封長城縣侯蒨臨川郡王，邑三千户。《世祖紀》作「高祖受禪，立爲臨川郡王，邑二千户」。

《陳書·世祖紀》：永定三年九月辛酉，立皇子伯宗爲皇太子。《廢帝紀》作「永定三年八月庚戌立爲皇太子」。

《陳書·蔡景歷傳》：「父大同，梁輕車岳陽王記室參軍。」大同名同梁武紀元，以本朝年號爲名字，近人僅知袁本初、梁永徽，永徽，唐人。有墓誌，見《金石萃編》。罕知大同者。

《南史·陶弘景傳》：「年四五歲，恒以荻爲筆，畫灰中學書。」此又一畫荻事。今人僅知歐陽文忠耳。

埋兒養親有郭世通、郭巨二事，巨事婦孺知之，世通鮮知者。世通見《南史·孝義傳》。

《新唐書·藝文志》：「《顔真卿行狀》，殷仲容撰。」

玉案：仲容，武曌時爲申州刺史。魯公殉節時，仲容死且久，烏得爲魯公作行狀？《志》誤。

《國史補》：李愬討吴元濟，雪夜行一百六十里。韓文公《平淮西碑》作「行一百二十里」。《新唐書·愬傳》：六十里至張柴，大雨雪，又行七十里，夜半至懸瓠城。則又行一百三十里。三説不符，著之俟考。

武曌所改字亦有本。如日作𡆠、天作𠀑，均篆文正體。𢘑，《釋文》古臣字。埊，《玉篇》古地字。二書在曌前。以是例之，知武氏頒字，殆古有是體，曌沿用之。自《唐書·后妃傳》云「后自作十二文」，遂承譌至今。淹雅如王伯厚，亦謂「武后制字，字書無有」，誠疏甚也。

《素問·上古天真論》：「女子二七而天癸至，任脈通，太衝脈盛。」《新校正》曰：「全元起注本及《太素甲乙經》俱作『伏衝』。」

玉案：古太字或作「仗」，《漢太尉墓中畫象碑》「太尉公」作「仗尉公」可證。「伏衡」即「太衡」，後人誤加點「仗」上，遂成「伏衡」耳。

《十三經注疏》所引定本，段氏玉裁謂出於顔師古，以師古貞觀中曾奉敕校定經史也。劉氏文淇《左傳舊疏考正·敘》謂《釋文》成於隋代，已引定本，則定本不出於師古。其説甚塙。

玉案：六朝、北周、北齊皆嘗刊定經史，《周書·明帝紀》：「即位，集公卿以下有文學者八十餘人於麟趾殿刊校經史。」《北齊書·樊遜傳》：「七年，詔令校定羣書。」此二事皆在師古前，然定本果否出此，亦未可必。

汪庸甫先生中《致劉端臨書》云：《月令》注「有娠」，《釋文》音「身」、又音「震」，然則《詩》「大任有身」、「載娠載夙」，《左氏傳》「方震大叔」，「身」、「震」並與「娠」同也。

玉案：《詩》「載震載夙」，《傳》「震，動」。釋慧琳《一切經音義》六十三引作「娠，振也。震動於内」。此「震」即「娠」之左證。

《莊子·人間世》篇：「匠石之齊，至乎曲轅，見櫟社樹，其大蔽牛。」李注：牛掛其旁而不見。

玉案：「其大蔽牛」當從唐成玄英注疏本作「其大蔽數千牛」。蔽，覆蔭也。言樹陰廣茂，下可庇千牛。非牛掛其旁而不見。下文云：「絜之百圍，其高臨山十仞而後有枝。」「十仞」亦誤，當從李本作「千仞」。其大若此，如牛掛其旁而不見，亦樹之常者耳，何足異哉？唐李邕《娑羅樹碑》：「婆娑十畝，蔭蔚千人。」與「可蔭千牛」同義。

《吕覽·原亂》篇：「慮福未及，慮禍過之，所以皃之也。」王氏懷祖《讀書雜志·餘編》云：「皃」當爲「完」。

玉案：皃，俗完字。見《干禄字書》。王説是也。

《梁書》多疏舛。如大寶二年書王僧辯「攻魯山城，剋之，獲魏司徒張化仁」。魏司徒當作賊司徒，景與梁非敵國也。至諸帝子《傳》，亦多脱畧。太宗子僅十一王有《傳》，世祖子僅二王有《傳》，餘並不及。諸王子則脱畧更甚，如昭明太子諸子，非《本紀》詳載之，則名字且不可考。南平嗣王恪官職甚顯，元帝之初首先勸進，《世祖紀》載其遷拜官職甚詳，而《南平王傳》不之及，只云「子恪嗣」而已。此均姚思廉失檢處。

《北齊書》多瑣事里語，如《孫搴傳》：「賜妻韋氏，既士人子女，又兼色貌。」《楊愔傳》：「自尚公主後，衣紫羅袍、金縷大帶，遇李庶頗以爲恥。謂曰：『我此衣服都是内裁，既見子，將不能無愧。』」《盧叔武傳》：「自以年老，皃子又多，遂營一大屋。」《韓寶業傳》：「至於胡小皃等，眼鼻深險，一無可用」云云。皆不合史裁，直史牘文字而已。

《北齊書》奪誤至多。如孝昭帝皇建二年《紀》，二月以下即書「冬十月」，三月至九月豈無一事可書耶？此爲奪漏無疑。

今人稱明年之次年爲後年，古人亦有用之者。《隋書·天文志》載：「齊武平四年，熒惑犯右執法。占曰：『大將死，執法者誅。』其年誅右丞相斛律明月，明年誅蘭陵王長恭，後年誅右僕射崔季舒。」

《北齊書》凡天象之變，《隋書·天文志》所載者皆不書。惟後主「天統元年六月，彗星出文星東北」、「四年六月，彗星見東井」二書而已。此未必後來奪誤，殆李百藥原本如此。

《隋書·經籍志》集部有高澄《與侯景書》一卷。

玉案：此書今具載《北齊書·文襄帝紀》及《梁書·侯景傳》。一文即爲一書，可見古人書籍不必卷帙多大也。

《陳書》在六朝諸史中最有法，然仍多疏舛。如後主即位後，軍政得失，鄰邦聘問皆畧而不記。賴《隋書·文帝紀》載之頗詳，不然，陳末政事幾無可考。謝伷、蕭允、魯廣達忠節卓然，皆應列之《誠節傳》，乃僅厠之《儔人》之中，謝伷且不立傳。於予奪勸懲之旨，尤爲疏繆。

《隋書·天文志》有一事兩見者。如周與齊同時，於齊既書「天保九年三月甲午，熒惑犯軒轅」，於周「明帝二年三月甲午」又書。於齊既書「河清元年七月乙亥，太白犯輿鬼」，於周「保定二年七月乙亥」又書。於齊既書「河清四年太白、熒惑、歲星合於婁」，於周「保定五年」又書。於齊既書「天統元年六月壬辰，彗星見文昌」，於周「保定五年六月庚申」又書。於齊既書「天統四年六月彗星見東井，七月孛星見房心，白如粉絮」，於周「天和三年六月甲戌、七月己未」又書。於齊既書「天統五年二月戊辰，歲星逆行，掩太微上將，五月甲午，熒惑犯輿鬼、積尸」，於周「天和四年二月戊辰，五月癸巳」又書。其他兩國同時而一事兩出者尚多，未遑悉舉。

《新唐書・藝文志・醫術類》有陳山提《雜藥方》。

玉案：北齊高祖蒼頭有陳山提，見《北齊書・韓寶業傳》，不知即此人否？

高齊，《隋書・五行志》稱後齊，《經籍志》又稱北齊，今人只稱北齊，少稱後齊者。

日本天保當百錢作橢圓形，正面直行書「天保通寶」四字，二字在穿上，二字在穿下。幕面穿上書「當百」二字，穿下一字不可識，當爲其國國書。此中外錢制中之最異者。天保元年當中國道光十年。

日本國書籍皆用中國字，其中俗書有中國不經見者。如「澤」作「沢」，「釋」作「釈」，「驛」作「駅」，「承」作「羕」，「義」作「羑」。重文字皆作「々」，以上諸字見日本刻《和漢洋年契》。「皃」作「皀」或作「皀」。見日本刻原本《玉篇》。此字甚有本，《干禄字書》貌，俗體作「皀」。

日本刻唐釋慧琳《一切經音義》三引《說文》：𠆭，从市从人，會意字。或作鬧，俗字也。

玉案：《説文》無叏字，唐人多以他書爲《説文》。錢竹汀先生《十駕齋養新録》言之綦詳。此云《説文》，不知係何書之誤。然《干禄字書》亦謂叏爲闢之正體，則此字當亦甚古。

錢竹汀先生《隋書考異》於《經籍志》考核頗詳。然亦有失檢處，如劉善經《四聲指歸》，《志》已載之，誤以爲失録，子部失録諸書有「張叟《道言》」。

玉案：《道言》乃叟父羕撰，非叟撰。錢氏亦誤。

宋高似孫《史畧》譏顔師古注《漢書》訓詁重複者甚多，且往往再見於一板之内。

玉案：此古人注書法也。古人注書，隨文加釋，不憚數四。試以《毛詩鄭箋》觀之，凡一篇中詁訓複出者，如《板》詩「及爾同僚」下既云：「及，與也」，於「及爾游衍」下又箋。《抑》詩「無不柔嘉」下既云「柔，安也」，於「輯柔爾顔」下又箋。康成注《禮》如此者亦多。高氏説誤。

王西莊先生鳴盛《十七史商榷》多深文苛論，班馬而下，無一史不遭彈射，而南、北《史》受譴尤甚。然其書亦多舛誤，如卷六十四「衡陽王昌入宗室」條謂：「梁昭明太子諸子豫章王棟等皆無傳，乃一缺事。」又「始興王道譚」條謂：「道譚爲侯景所殺，見沈炯所撰碑，紀、傳皆不詳，此《陳書》缺漏。」六十五卷「令狐德棻等周隋二史」條謂：「《舊唐書・令狐德棻傳》稱魏彦《魏書》，魏彦當從《新史》作『魏澹』，修《魏書》者只有魏收、魏澹，無魏彦。」六十六卷「尉迥尉綱」條謂：「尉遲迥、尉遲綱，《北史》往往書尉迥、尉綱，非是。」

玉案：豫章王棟乃昭明太子孫，非昭明子。始興王道譚事迹見《始興王伯固傳》〔三〕，載道譚當侯景之亂，援臺於城中，中流矢卒。《陳書》並未缺漏。魏彦即魏澹，澹字彦淵，《隋書》本傳避諱作「字彦深」，澹以字行，故《隋書・經籍志》載澹著作皆稱魏彦深。《舊史》又避諱省淵字，稱魏彦，彦與澹乃一人。《舊史》不誤也。尉遲氏後改尉氏，見《魏書・官氏志》，《北史》之稱尉迥、尉綱亦未誤。《商榷》之誤，如此者甚多。

《詩・何人斯》：「出此三物，以詛爾私。」《傳》：「三物：豕、犬、雞也。民不相信則盟詛之。君以豕、臣以犬、民以雞。」

玉案：今俗失物不得，則詛之以雞，猶是古者「民以雞」之制。

《北周書・武帝紀》：「建德二年十二月癸巳，集群臣及沙門、道士等，帝升高座，辨釋三教先後，以儒爲先，道爲次，佛爲後。」又《韋敻傳》：「武帝以佛道儒三教不同，詔敻辨其優劣」，「敻著

《三教序》奏之」。

玉案：三教之稱當始此。

《元和姓纂·舌氏》引越大夫舌庸爲祖。

玉案：《春秋左傳》作「后庸」，「后」字別體作「石」，與「舌」相似致誤。《國語》亦作「舌庸」。

《隋書·郭衍傳》：「嘗勸帝取樂，五日一視事，無得效高祖空自劬勞。帝從之，益稱其孝順。」

玉案：臣下稱孝順，大奇。

《春秋·定四年·左傳》：趙簡子曰：「黄父之會，夫子語我九言，曰：『無始亂，無怙富，無恃寵，無違同，無敖禮，無驕能，無復怒，無謀非德，無犯非義。』」

玉案：古人稱若干言，蓋謂若干字，後人則謂若干句。據此知古人亦以一句爲一言者。

今日征商置税之所曰「卡」，不知何義。古字書無此字。遼僧行均《龍龕手鑑》始有之。然《手鑑》謂此字音「弄」，與今音義皆不合。

《詩》：「荏菽旆旆。」「荏菽」本字當作「壬尗」。《爾雅》：「壬，大也。」壬尗即大豆。由「壬尗」爲「任叔」，「任」與「壬」通。《詩》「仲氏任只」《傳》：「任，大也。」由「任叔」又爲「荏菽」，展轉假變，本字幾不可識矣。古書如此者甚多。

赤松子古人亦稱松子。《梁書・阮孝緒傳》：「願跡松子於瀛海，追許由於穹谷。」

《素問・上古天真論》：「肌肉若一。」《新校正》曰：全元起注本云：「身肌宗一。」

玉案：「宗一」不可通。「宗」字乃「肉」之譌。《干禄字書》：「肉，俗作宍。」與「宗」形似致誤。然「身肌肉一」仍難解，當從王冰本作「肌肉若一」爲正。

《老子》「夫佳兵者不祥之器」，河上公注：「佳，飾也。」畢氏沅《老子考異》：「《廣雅》：『佳，勞也。』」均以「佳兵」作黷武解。

玉案：「佳」字非从人、从圭之「佳」，乃「隹」字。「隹」古同「惟」。鐘鼎文「惟」皆作「隹」。石鼓文「其魚惟何」作「其魚隹可」可證。「隹」字當與「夫」聯讀，非與「兵」聯讀。「夫隹」猶言「且夫」。後人譌「隹」爲「佳」，諸家遂作黷武解。使果爾，則云「夫佳兵者不祥」，文義已達。何必更贅「之器」二字耶？觀下文明著「兵者不祥之器」句，則「隹」字聯「夫」讀不聯「兵」讀彌信。

《老子》第五十五章：「物壯則老，謂之不道，不道早已。」王冰注《素問》作「不道早亡」。

玉案：作「亡」是也。作「已」則與上「常」、「明」、「祥」、「彊」諸韻不諧。「亡」、「已」字形相近致誤。畢氏《考異》不及此，爲補著之。

《山海經·繡山》：「其草多芍藥、芎窮。」郭璞注：「芍藥，一名辛夷。」

玉案：辛夷、芍藥乃二物，並載《本草經》。他經、注亦無謂芍藥爲辛夷者，景純誤。

《國史補》載楚州漁人得無支奇事云：「無支奇，水獸。好爲害，禹鎖於軍山之下。見《山海經》。」

玉案：今《山海經》無之。殆古有而今佚與？

《玉篇》以曹棟亭重刻宋本爲最，然謬舛實多。「祇」注「俗作祛」。「祛」字必「袪」之譌。「珝」

注《吴志》有「薛琮，字珝」。今檢《吴志》作「薛綜」，「綜子珝」。《玉篇》既誤「薛綜」爲「薛琮」，又誤「子珝」爲「字珝」，渾父子爲一人。「𩫏」注《白虎通》「郭之爲言廓也」。檢《白虎通》乃「郭之爲言廓也」。此類極多，暇當一一刊正之。

畢氏沅《釋名疏證》校勘至精，然仍有千慮之失。如《補遺》卷内「釋姿容」條，據《太平御覽》引補「省，瘦也。臞雀，約少之言也」十字。注：其文必「瘦」在「省」上，今「省」在「瘦」上，是倒也。「雀」字則「省」字之誤。顧「省」之於「瘦」聲不相近，用以爲訓，不合《釋名》之例，終非是。以聲類求之，當云：「瘦，脉也。臞脉，約少之言也。」

玉案：畢注謬甚。此十字當是卷三《釋長幼》「九十曰鮐」條「或曰眉壽」句下佚文。「省，瘦也」乃「眉，瘦也」之誤。「臞省，約少之言也」，原本必是「臞眉，約少之言也」。「省」、「雀」二文皆「眉」之譌。畢氏於「或曰眉壽」句注云，「今本無此句，據《藝文類聚》引補。案：既有此文，下必更有申説『眉壽』之名義，惜引者不具引，今不可得聞矣」云云。竟不知其文曾列《補遺》卷内，反逞臆説，真疎甚也。

《釋名》：「黛，代也。滅去眉毛，以此畫代其處也。」庾信《鏡賦》：「眉平猶剃。」審二説，知古人畫眉，先剃，後施黛。今人傅黑毛上，非古妝矣。

《水經注》：「齊地掘得古冢，棺前和隱爲隸書。驗文乃『太公六世孫胡公之棺』。」玉案：今人於棺前和書某人之柩，謂之題和，其俗基此。江北人謂之題胡，乃題和之譌。

王僧達《祭顔光禄文》自稱「王君」，王勣與人書亦自稱「王君」。稱謂之奇，可謂無獨有偶。

陶淵明《止酒》詩每句一「止」字，詩家創格。

「牛以鼻聽，無耳竅」，陸農師説也。命屠牛者驗之，殊不爾，知古籍不可信者多矣。《草木子》謂「鼠無牙，猪無筋」，亦未然。

《本草綱目》：「燒酒之名創於元。」然唐白香山詩已有「燒酒初開琥珀光」句，但不知即今火酒否耳？

《國史補》：「王維好取人文章佳句，『漠漠水田飛白鷺，陰陰夏木囀黄鸝』，李嘉祐詩也。」

玉案：嘉祐在右丞後，焉得預盜其句？肇記當代事而荒誕如此，良所未喻。

《北夢瑣言》載王建微時，好行小竊，時號「賊王八」。宋人小説載韓世忠少貧無行，人呼「潑韓五」。「賊王八」、「潑韓五」，天然佳對。

「文王四乳」，語見《白虎通》暨《淮南・務脩訓》。予初以爲寓言耳，後於某親貫家目驗一女孩實具四乳，兩乳在腋下，與在胸前者狀無殊。十歲而殤。稟此異質，不獲永算，不可曉也。

《搜神記》「黄帝孕二十五月生」，人僉以爲不經之言。然今亦有是事，予親貫清河王君濱賓，在胎一十四月生，確然不謬。然則苻堅十二月生、堯及漢昭十四月生，更不足異矣。

江寧明故宫有巨石，爲方正學鈎舌處。血漬石成「篡」字，迄今尚存。光緒甲申，石上忽現「天令」字，制府左文襄公宗棠命駕親往驗之，信。建亭覆焉。

玉案：石文成字，史不絶書，莫究真僞。據此，則史籍或不盡誕也。

淮安府署多喬木。光緒初，某守莅任，憎其礙宅，遣匠斧之，刃下而鮮血驟注，工師惶駭，請止伐，守不可，竟誅去數十株。不匝歲，守連遭子弟之喪。此事咸以爲怪。

玉案：《太平廣記》引《風俗通》：「桂陽太守張遼伐大樹，有赤汁出。」又引《搜神記》「吴陸敬叔爲建安郡守，伐樟樹，血出」。是樹中血出，於古有之，今人少見多怪耳。

光緒丙戌冬，晨興展户，見草根木末，凝白彌望。非霜非雪，結如璚瑶，卓午不涣。詢之博雅者，或云木冰也。一時訛傳此物能已沉痼，服之良不驗。熬以火，色稠白如米汁，味甘如乳，與常水迥别，殊不可曉。疑事無質，録之左簡，以資異聞。

江北有九頭鳥，或三五年一見，或一年三數見。出必以陰霾宵深時，鳴聲巨細不一，極可憎。人家每聞其聲，則呼犬滅燭。俗傳此物十頭，犬嚙其一，故性畏狗。其頭被嚙，流血至今不已，滴人庭院，當直火厄。性喜火，見則下集，故須滅燭以禳之。鄙語如是，初以爲不經之説。後觀《荆楚歲時記》暨《嶺表録異》所載「鬼車鳥」，與鄙談正合，知俗語亦有本也。

陳子昂《上武曌疏》：「太宗德參三王。」《疏》載本傳。

玉案：《博雅》：「參，三也。」《中庸》「則可與天地參矣」、《吴越春秋》「參於桀紂」，均訓「參」爲「三」。《疏》當云「四三王」，作「參三王」，豈復可解？子昂似以「參」字作「並」字解，然古無此訓。

今歐羅巴所奉神曰天主，亦曰耶蘇。

玉案：《史記·天官書》：「海上八祠：一曰天主，二曰地主……」此天主之稱所昉。唐武德元年，沙門高曇晟反。自稱大乘皇帝，立尼靜宣爲耶輸皇后，此耶蘇之稱所昉。「輸」、「蘇」異字，蓋譯音無定文，其義則不可曉也。

李白《鄂州刺史韋公德政碑》：「移鎮夏口，大水滅郭，洪霖注川。公抗辭正色，言於城隍曰：『若三日雨不歇，吾當伐喬木、焚清祠。』精心感動，其應如響。」

玉案：此與李陽冰禱雨城隍事絶類。但太白不著韋公名，不得與陽冰並傳爲可惜。

白香山《戲題新栽薔薇》詩：「少府無妻春寂寞，花開將爾當夫人。」和靖妻梅，濫觴於此。

今人妝具有粉撲，團絲爲之，外染以朱，以爲傅粉之助。白香山詩「朱唇素指勻，粉汗紅綿撲」。是唐人已有此物。

宋李石《續博物志》：「『於』字、『必』字無草書。」

玉案：「於」字草書作「わ」，見孫虔禮《書譜·序》及晉人法帖。李石誤。

《續博物志》：「葱與蜜同食可以休糧。」《方書》云：「兩物同食殺人。」二説未知何者爲審。

《家語·三恕篇》：「孔子觀於魯桓公之廟，有欹器焉。」欹器，王肅注「不詳」。

玉案：此器六朝尚有之。《南史·祖冲之傳》載：「冲之曾造欹器，與周廟不異。」《隋書·臨孝恭傳》：「撰《欹器圖》三卷。」《經籍志》又有劉徽《魯史欹器圖》一卷。《後周書·薛憕傳》載魏文帝曾造仙人、水芝二欹器，言其狀又甚悉。

顧寧人云：「兄弟二名而共用一字，世謂之排行，起自晉末，漢人所未有。」

玉案：漢代人名排行者誠少，然字之排行者實多。《後漢書·荀淑傳·贊》：「二方承則，八慈繼塵。」注：「二方：元方、季方也。荀淑八子，皆以慈爲字。」此排行所昉，顧失考耳。

顧氏藹吉《隸辨》「茅」字注：「《張遷碑》燒平茅市。」

玉案：《張遷碑》作「燒平城市」，非「茅市」。《隸辨》謬舛至多，伯兄先生振鋆嘗撰《隸辨證誤》六卷，最精覈。顧不及此條，謹爲補識之。

《經籍籑詁》「鸞」注：「《初學記》三十引《毛詩草蟲經》：『鳳皇，其雛爲鸞鷟。』」予檢《初學記》是「其雛爲鸑鷟」，他經、疏鳳皇亦無「鸞鷟」之名。《籑詁》雜出衆手，駁雜不純，多類是。

梁氏玉繩《元號畧補遺》有「昭聖」號，注：《金石萃編》豳州昭仁寺碑陰有河南張重威甫題名，署昭聖元年七月庚戌。古無昭聖號，威甫亦無考。《關中金石記》以爲宋人。

玉案：《萃編》多淮別，不足據，予篋中昭仁寺碑無碑陰，末由考驗。以意斷之，碑書必是「紹聖」，《萃編》譌作「昭聖」耳。《關中記》以威甫爲宋人，則碑是「紹聖」彌信。曩著《萃編校字記》未及此，著之以補其闕。

宋徽宗年號大觀，「觀」字當讀去聲。道君《宫詞》「民間財貨雖豐富，未識新頒大觀錢」是其明證。李氏兆洛《紀元編》列寒韻，誤作平聲讀。

跋

丁亥仲春，羅君堅白以所著《存拙齋札疏》屬予讎正且丐爲之序。予拭老眼讀之，其書不盈一卷，而考證極多精覈。如證《論語》「温故而知新」，「温」即「薀」字；《禮記・中庸》「素隱行怪」《漢書》引作「索隱」，乃「素」「索」古字通用；《老子》「夫佳兵者不祥之器」，「夫佳」之「佳」乃「惟」字，非從人從圭之「佳」，均碻然不刊。古人復生，亦無以易其説。此外若「四乳」、「木冰」、「石文成字」、「二十四月産子」諸條，並資多聞。

君食貧篤行，敏於著述。年裁逾冠，斐然有成。後來之彦，非君莫屬。

予暮齒養餘，目眊意倦，炳燭之明，仰慚前哲。責以作序，實難俞命。然厚意不可辭，爰攬素爲跋，並審正其譌字而歸稿於君。光緒十三年四月，江寧汪士鐸跋。

此書成於光緒乙酉，玉時年二十。其體例放應仲遠《風俗通義》，雅言里語，兼收並采。顧學力粗淺，殊尠精義，且有與前賢闇合者。如釋《老子》「佳兵」乃「惟兵」，與王懷祖先生説同。校《素問》「伏衝脈」即「太衝」，與俞蔭甫先生説同。聞見不博，致詒「遼東豕」之譏，可哂也。其他不洽於中之處尚多，古人云「著書忌早」，詎不洵然。壬辰仲夏，振玉記。

〔校記〕

〔一〕應爲「疾醫」。

〔二〕下文係《左傳》宣公四年正文，《釋文》僅注「穀」音「奴口反」。文末《釋文》亦應改爲《左傳》。

〔三〕應爲《始興王伯茂傳》，道譚事載傳中。伯固爲新安王，見《陳書》本傳，與道譚事無涉。

讀碑小箋

夙耆金石之學，每循覽碑版，遇一名一義有裨考證者，輒隨筆疏記。歲月既積，弋獲頗多。今夏逭暑餘閒，刪薙舊稿，繕存什一。雖瞽説膚聞，見嗤都雅，而考文訂誤，或資壤流。其有紕繆，來哲匡旃。光緒甲申季秋，上虞羅振玉。

《説文》「攸」注：「行水也。從攴，從人，水省。」重文「浟」注：「秦刻石嶧山石文攸字如此。」予案：今《嶧山碑》攸字篆作攸，不從巛。曩疑碑誤，嗣閲《碣石頌》暨《漢開母廟闕》題字内，脩字皆篆作脩。《婁壽碑》内攸字亦作攸，偏旁皆從卝。始悟卝蓋從八從丨，故許云從人水省。古人書經傳寫，攸字必是鈔胥譌卝爲川，亦疑與從人水省説戾，遂別增浟字。又移攸注秦刻石十一文於浟文下，愈傳愈譌。精鑒如段金壇，亦謂碑經傳刻之誤，胡失考之甚耶？《周伯晨鼎》内攸字作攸，亦從川，更考之他金文亦然，無从川者。《鄦惠鼎》、《毛公鼎》内攸字从卝，亦不从川。石鼓文内鋚字，上半亦作攸，不从川，並其確證。

《説文》「及」注：「逮也，從又人。」重文「乁」注：「古文『及』。秦石刻『及』如此。」予案：許書從無一字既爲古文又爲小篆者，必有譌。且嶧山、碣石兩碑均秦刻，文内及字皆篆及，不作乁，當是秦石刻六字本在及注，後人錯列乁注耳。《説文》凡从乁之字，皆注古文及，不云秦石刻，尤可爲秦石刻句本列及注、錯列乁注之左證。

嶧山碑字多與《説文》不合。《關中金石記》因之有古本磨泐，徐鉉臨寫時以意增改之疑。予以爲此畢氏臆説也。畢氏所摘諸字，謂「強作强，上變口；專作専，中變田；建作建，下變乚；數作數，譌串爲冑；襲作襲，譌㠯爲巨；者作耂，省右筆；德作德，省中畫」此七字耳。今詳考之，建作𨑹，石鼓文内𨑹字已然。數從婁，《唐伯夷叔齊廟碑》亦如之；《漢婁壽碑》額婁字篆作𡜊，亦與碑合。琅邪臺刻石非重摹，德字亦無中畫。至強作强，專作専，襲作襲，漢碑多有。惟者字實脱右畫，蓋古本漫没，徐氏重橅，不欲以意增補，一仍其舊。於此益見其慎，夫何有增改之説乎？畢氏之駁，殆非也。又考古金文德字皆作𢛳，無中畫；專字皆作叀，不从甫。秦刻正与古文合。

《漢地節二年揚量買地券》之「量」即「量」字。馮氏登府《石經閣金石跋文》誤作「揚董」，以爲「董」字，且云董从童，與《隸釋》所載之董氏洗合。[一]又云揚董當是二姓合買一山，竟不知碑字實从日也。此碑初未甚漫漶，不知何以傅會至此。

《漢開母闕銘》有菆字，即叢之别體，與《説文》訓「麻蒸」之菆不同。叢，从丵，从取。茲省丵爲业，又譌业爲廾，於是遂與訓麻蒸之菆不别，其實非一字也。《春秋》僖三十三年《經》「取叢」，《釋文》「一作菆」，與碑同。

禹父名，《説文》作鯀，從系。《開母廟碑》作鮌，從玄。《中州金石記》以碑字爲譌。予案：玄、系二文篆書相似，故古從玄之字多别從系。如管弦字，《景君碑》作菅弦。以是例之，知《説文》從系，或後世傳寫之譌，當從碑作鮌爲正。

眂，古視字，從氏，與從氏之眂别一字，説詳段氏注《説文》。《開母廟碑》「昭眂後昆」，眂字正從氏，足徵段説不爽。《中州金石記》反詆碑字從氏爲非，誤矣。《費汎碑》「眂民如子」，字亦从氏。

《景君碑》「珪璧之貭」，貭字諸家咸録作質。然碑字實作貭，朗然可辨，蓋即貞字。《開母闕銘》「貞祥符瑞」之貞篆作貟，與此同。《萃編》釋「貞祥符瑞」爲「原祥符瑞」，誤貞爲原。此碑貞字，諸家又譌認爲質，同一刺繆。又《魏李超墓志》内，貞字亦作貭。

《三國志·吴·是儀傳》：「是儀字子羽，北海營陵人也。本姓氏。初爲縣吏，後仕郡。郡相孔融言『氏字民無上，可改爲是』，乃遂改焉。」予案：此説甚誣。考《景君碑》陰有營陵是遷、是盛二款，與子羽同貫，當是子羽祖父行。碑以漢安三年立，《後漢書·融傳》融遇害於建安十三年戊子，年五十六，逆推之實生桓帝永興元年。《景君碑》立于順帝時，融尚未生，而碑陰已有是姓。然則子羽因融言改姓之説，不詰而知其誣矣。

《鄭固碑》及《唐張興墓誌》、《梁思亮墓誌》書揚雄之姓皆作楊，不从扌。昔人謂楊雄字當作楊，得此可正其誤。

《蒼頡廟碑》延熹五年立，《金石録》因碑又有「熹平六年衡君謁祠」題字，遂誤列熹平六年。《關中金石記》駁之曰：「碑側已有永壽年號，非熹平可知。」蓋謂熹平在永壽前。予案：熹平爲靈帝年號，永壽則桓帝紀元，熹平實在永壽後。畢氏所駁，所謂楚失而齊亦未爲得也。

《漢書・人表》，劉知幾《史通》云「馬續撰」，晁公武《讀書志》云「曹昭所續」，梁玉繩《人表考》云「班固自撰」，三説不同。予案：　邊韶《老子銘》有班固以老子「絶聖棄知」、「禮爲亂首」，與仲尼道異，述《漢書・古今人表》抑而下之語，則《人表》爲班氏自撰，信而有徵。劉氏、晁氏所云悉誣耳。

《後漢書・延篤傳》：「少從潁川唐溪典受《左氏傳》。」注：「先賢行狀：『典字季度，爲西鄂長。』」予案：　唐溪典《禱雨崇高題名》云：「五官中郎將、隅陵堂谿典伯並，熹平四年來請雨崇高廟。典大君諱協，字季度，自爲郡主簿，作□銘文，後舉孝廉，西鄂長，早終。」碑爲典自題，其偁大君諱協。大君猶府君，《鄭固碑》亦有此偁。協，典父；　季度，協字。《先賢行狀》誤以堂溪協之字字其子，據碑則典實字伯並也。又碑載典官中郎將，職位已高。《靈帝紀》：「熹平五年四月，復崇高山爲嵩高山。」注：「《東觀漢紀》：『使中郎將堂谿典禱雨，因上言改之。』」與碑合。季度終于西鄂長，與典秩崇卑迥別。《先賢行狀》既以協字字其子，又以協官官其子，不有此碑，曷以證其繆乎！書畢，爲之一快。

《孔彪碑》：「未出京師遭大君憂。」案：　大君即太君，謂彪父也。曩考棠谿典《禱雨題名》內「典大君諱協」，大君即典父，引《鄭固碑》爲證。今觀《彪碑》，又爲吾説譖一左驗。

《晉楊紹買地券》：「从土公買地一丘。」丘即區之别體，古軀、驅字别體作躯、駈。以是推之，知丘即區矣。

《梁始興忠武王碑》：「毁瘠在皀，哀未忘也。」皀即皃字。《干禄字書》載皃字之俗體作皀，又皀之變。邢氏澍《金石文字辨異》載《唐鏡銘》「睹皀嬌來」，字亦作皀。《魏李謀墓誌》内皃字亦作皀。

《魏著作郎韓顯宗墓誌》：「善與人交，人亦久而敬焉。」案：《論語》皇本「晏平仲善與人交，久而人敬之」，與此碑正合。今本作「久而敬之」，其義遜兹遠矣。

魏李仲琁脩《孔廟碑》：「夤賓出日。」今書作「寅賓」。案：《説文》「夤，敬惕也」，是夤賓之夤，本當作夤，作寅者，借字也。六朝人猶明古字古義如此。《魏高貞碑》：「夙夜惟夤。」作夤不作寅，亦可正今本之失。

《家語·七十二弟子解》有「邽巽」，《史記》作「邦巽」。《索隱》曰：「文翁圖作『國選』，葢亦避漢諱改之。劉氏作『邽巽』，音圭，所見各異。」玉案：《史記》作「邦巽」是，邽乃邦之別字。《魏崔敬邕墓誌》、《隋甯贙碑》書邦字皆作邽。〔二〕《毛公鼎》内邦字兩見，一作邦，一作[illegible]，知邽字實古文而異者。據此知古碑版別字往往有本，不容率爾訾議也。

《仚和寺造象記》：「現世安隱。」《金石萃編》云：「安隱，疑即後人安穩之義。」予案：《三國志·魏·太祖紀》注引《書·盤庚》「綏爰有衆」，鄭康成注：「爰，於也。安隱於其衆也。」又王凝之帖「説汝勉難安隱。」是古安穩皆作安隱，《萃編》未詳，爲補識之。

《温泉頌》：「吞肬去毒。」肬即肬贅字。《金石萃編》云是酖毒之酖，誤。

《蛾術篇・跋司馬昞墓誌》云：「昞字，《説文》無有，乃南北朝俗體。」予案：《博雅》：「昞，明也。」《後漢書》有《淮南頃王昞傳》，魏《上尊號表》有高梁亭侯臣昺，即昞字。是漢、魏已有昞字，不得以南北朝俗體目之。

《張猛龍頌》：「何以鳨憘？」鳨字，《玉篇》：音力，與勆同。鳥似梟而小。《曲阜志》云即梟字，恐非是。

書一卷作一弓，僉謂肇於《真誥》。玉案：《鄭羲碑》注：「諸經論譔《話林》數弓，羲卒魏太和中。」是貞白之前，已有弓字。

《魏李琮墓誌》：「年將十紀，心之如一。」案：《書・畢命》「既歷三紀」傳、《後漢書・袁紹傳》注、《文選・魏都賦》「推鋒積紀」劉注、《國語》「蓄力一紀」韋昭注，並云十二年爲一紀。惟《抱朴子》云紀者三百日。二説不同。此碑所云，殆亦以三百日爲一紀。

《魏李憲墓誌》：「弟四子騫，字景讓。」《魏書・李順傳》作「騫字希義」。又《順傳》「希遠字祖浚」，碑作「祖牧」。《北史・順傳》「希仁子公統、宣寶」。《碑》作「伽利、黄父」。

《李憲墓誌》：「長子希遠，子長鈞，弟二子希宗，弟三子希仁，弟四子騫，弟五子希禮。」案：碑列長鈞於長子、弟二子之間，不言行次，殊不可解。考《魏書・李順傳》，希遠兄長均，興和中梁驃騎府長史，則長鈞乃希遠兄，不應反列希遠之次。《順傳》又稱希遠庶長兄劍，興和中梁驃騎府長史。

詳審再四，始恍然劍即長鈞，史誤以爲二人。長鈞當是劍字，而碑又稱長鈞字孝友，豈先名劍字長鈞，後以字行而別字孝友邪？長鈞乃憲庶長子，故碑列在長子之後，次子之前。碑、史互證，疑義始析，讀書之不易如此。

《北史·李憲傳》：「女婿安樂王監，監當从《魏書》作鑒。據湘州反。」案：《李憲墓誌》稱憲弟二女適司空安樂王銓尚書左僕射武康王。考《北史·文成(武)〔五〕王傳》，安樂王長樂子詮，襲爵，以功除尚書左僕射，薨，謚武康。子鑒，襲爵，後謀反。據此，知鑒乃憲外孫，非憲女婿，憲壻乃鑒父銓也。史書舛誤，賴碑板是正，其功如此。又銓，《北史》及《魏書》作詮，亦誤，當據碑改正。

《後漢書·光武紀》：「矢下如雨，城中負户而汲。」《通典》引其文作「負楯而汲」。案：作負户爲是。《李憲墓誌》「負户而汲，析骸而炊」，正用《光武紀》語，《通典》作楯，非也。

《魏張玄墓誌》：「方欲羽翼天朝，抓牙帝室。」抓牙，即爪牙字，北朝別體之尤異者。

《魏凝禪寺三級浮圖頌》後題名有「趙蕭胋」，《常山貞石志》云：「胋，字書無，疑即祐字。」案：胋，乃肱字，變厶爲口爾。

《三級浮圖頌》：「蜾螻無夕命。」《常山貞石志》云：「蜾字不見字書。」案：蜾即蟝字，即蜉蝣也。《毛詩》陸機《疏》：「蜉蝣，方土語也。通謂之渠，略似甲蟲，有角，朝生而夕死。」

《三級浮圖頌》：「其寺妙像精異，遊眲忘歸。」《常山貞石志》云：「眲即眠。」案：眲即眡，非眠。

《魏王僧墓誌》標題稱「維大魏天平三年歲次丙辰二月壬申朔十三日甲申故驃驤將軍諫議大夫贈假節督滄州諸軍事征虜將軍滄州刺史王僧墓誌」。標題之書年月實始見是碑。此外如《鄭道忠墓誌》、標題作「大魏正光三年歲在壬□十二月己未朔廿六日壬申故鎮遠將軍後軍將軍鄭公墓誌銘」。《蘭倉令孫府君浮圖銘》、標題作「大魏正光五年歲次甲辰七月己酉朔廿五日癸酉故蘭倉令孫府君浮圖之銘記」。《隋董穆墓誌》、標題作「大隋大業六年歲次庚午十一月戊午朔三日庚申襄城郡汝南縣前主簿墓誌」。《唐大法師行記》、標題作「大唐貞觀六年歲次壬辰八月壬午朔廿日辛丑建大法師行記」。《光業寺碑》、標題作「大唐開元十三年歲次乙丑六月癸丑朔二日甲寅趙州象城縣光業寺碑並序」。《開業寺碑》、標題作「大唐開耀二年歲次壬午二月乙丑朔八日壬申李公碑並序」。《金陽山寺鍾銘》、標題稱「大金天德歲次辛未九月戊戌朔十四日辛亥邳州陽山普照禪寺鍾銘並引」。並以年月貫於碑題之上，是古人習用是例，今人用者希矣。《金石萃編》及王氏《碑板廣例》並謂碑題之有年月剏見《開業寺碑》，疏矣。

碑板標題之後，例皆別行書文，《王僧墓誌》則標題之下即接書誌文，僅空二格而不跳行，碑板中之罕見者。

《王僧墓誌》：「顯祖厶，曾祖厶。」案：《爾雅》偁高祖爲高祖王父，《祭法》偁顯考。此偁顯祖，它碑希有。

《王僧墓誌》：「惟君綺日，蘊寶懷璋。年始强仕，朗秀垂芳。」案：「綺日」二字甚新。

《魏仚和寺造象記》，《金石萃編》云：「仚字不載字書，不知爲何字。」案：《龍龕手鑑》有仚字，云：「音仙，止也。止于山曰仚也。」是仚即仙字。《齊陋赤齊造象記》「下若游仚」、《曹禮墓誌》「應託仚靈」，均仚即仙之左證。《造交龍碑象記》「雲仚擕琴」，亦書仙作仚。

石鼓文凡重文皆作二，《仚和寺造象記》「生生世世」，生生二字書作「生〻」，〻即二之變體。日本人書籍重文皆作々，又〻之變。曩頗以々字爲詭異，不知亦本中國俗書耳。

《魏杜照賢造象記》有「甯朔將軍、慎陽郡守杜零茂」欵。案：慎字不見古字書，當是順字之别字。《吴谷朗碑》順字亦作慎，此慎陽即順陽也。碑又書奉車都尉作奉車都慰。

《魏比丘惠朗造象記》：「復爲蘁湩衆生，普同斯福。」蘁湩字不可識，殆蠢動之别字。

《魏中岳嵩高靈廟碑》篆額，之字作亚，别字中之尤無義理者。

《魏王偃墓誌》：「於照遐烈。」案：於照即於昭，古照、昭通用。《唐張興墓誌》「萬乘照彰」，照亦昭之借字。

《魏故士吴高黎墓誌》：「妻高陽許樂女。江夏王常侍以正光五年十二月六日亡于第。」案：《誌》文詳紀其妻之父，碑板中所僅見。

《史記・東越列傳》：「今諸校屯豫章梅嶺待命。」《索隱》：「今豫章三十里有梅嶺，在洪崔山，當古驛道。」案：洪崔山當是洪崖山之誤。崔即崖之别字。《齊董洪達造象》「諸佛智海本自無崔。」《王惠感等七十人造象》亦有「諸佛邃海，深曠无崔」語，是其明證。

《齊張龍伯造象記》署「天保元年歲次庚午，十月壬申朔，八日辛巳」。案：是年十月丁丑朔，非壬申；八日乃甲戌，非辛巳。北朝人造象，多出工匠之手，故多舛迕如此。

《張龍伯造象記》：「人民安洛。」安洛即安樂。曩校《北齊書》，見潘樂或書作潘洛，恒以爲異。據此知洛即樂字，六朝人以音同假用也。《常岳等造象記》「七世先零，託生妙洛」，樂字亦作洛。文内𡚱字作处，即妣之重文，見《説文解字》。六朝人尚知用古字也。

《齊乾明元年比丘尼慧感靜遊等造象記》前署「八月辛巳朔」。案：齊初用天保術，是月乃庚辰朔，碑作辛巳，誤差一日。

《齊朱曇思等造塔記》：「𢈈聖蛟龍，看之若生。飛禽走獸，䀸疑似活。」王述庵先生曰：「䀸疑當是瞻。」案：王説是也。《魏陽城洪懋等造象》「瞻豪若留影龍池，覩貌若□□鷲嶺。」瞻字又瞻之變。

《北齊李清報德象碑》載碑主李清以身受李憲、李希宗薦拔得官，故造象以報德。案：李憲、李希宗，《魏書》並有傳，附《李順傳》後。張石舟先生《月齋文集》偁李憲無考，希宗爲文宣皇后之父，見《太后傳》。不知憲及希宗自有傳也。

《齊趙郡王高叡修寺碑》：「入作股胋。」沈氏濤《常山貞石志》：「胋，《廣韻》同股，此借作肱字。」玉案：𦙶即肱之別字，非股之借字。厷从𠂇，从厶，變𠂇爲十，變厶爲口。古从口从厶之字多相混，如《干禄字書》售字俗作⿱隹云，《唐張對墓誌》私字書作和，皆是。《隋淳于儉墓誌》内肱字亦作𦙶，與此正同。碑又書崎嶇作崎岴。

孔平仲《雜説》：「公家文字用仰字，出《齊孝昭紀》詔定三恪，禮義體式亦仰議之。」予案：《魏高貞碑》載貞卒後，宣帝詔云：「其墓□所須，悉仰本州營辦。」是仰字，魏已用之，不始於齊。又《三國志·魏·明帝紀》：「青龍二年，追謚山陽爲孝獻皇帝。」裴注引《獻帝紀》追謚詔云：「喪葬所供羣官之費，皆仰大司農。」是又始於三國。

《吴神達造象記》題名有「邑子張也」，蓋取《論語》「堂堂乎張也」之義，然亦僻異極矣。

《華岳頌》，万紐于謹撰。万紐于氏，《魏書·官氏志》作「勿忸于」。孝文帝《弔比干文》作「万忸于」，又作「万忸乎」。一姓耳，文字互異如此，可見北邦文化之陋。

《詩》「景員維河」。《箋》：「河之言何也。」《龍藏寺碑》：「尋派避世，彼亦河人。」寫何爲河，可見隋人作字，猶存古義。《虚舟題跋》反詆《碑》爲用字之誤，何也？

《董美人墓誌》：「⿰土⿸厂⿱夾心兹玉匣。」⿰土⿸厂⿱夾心字不載字書，《誌》内又有「天情婉嫕」句，據《十駕齋養新録》云「嫕即瘱之俗」，以是例之，知⿰土⿸厂⿱夾心即瘞字耳。此字希識者，予故著之。

顧炎武謂壹貳叁肆及仟佰字，始於武曌。今考《龍山公墓誌》云「領鄉團伍伯人」，又云「增邑肆伯户」，是隋人已用肆伍伯字代四五百，顧未審耳。

《隋甯贙碑》文字最劣，有云「以今方昔，盛哉而已」，又云「獻捷鐫地，馬伏波慙色以顔；獲神納俘，檀和之愧乎其道」，皆鄙瑣不成語，録之以資嘔噱。

《北周書・長孫儉傳》：「其先魏之枝族，姓託拔氏。」案：託拔即拓拔之異文，代北諸姓但取音同，本無定字。《北周顔那米等造象記》有邑子柘拔男，字又作柘拔。

《説文・日部》：「暉，光也。」二徐本如此作。段氏注曰：「篆體暉當作暈，日在上，或移之在旁，葢淺者爲之，乃致鉉以暈爲新附篆矣。」玉案：《魏高湛碑》「六合重暈」，字正作日在軍上，可爲段説之左證。《魏高貞碑》：「清暈發於載卡。」暈字亦从日在軍上。

《隋趙芬碑》久斷損，書撰人名已不可考。日本殘刻本《文館詞林》全録其文，知爲薛道衡撰。《碑》頗有資於考證。《北史・趙芬傳》「父諒」，《隋書・芬傳》作「父演」，《詞林》則作「父脩演」，當以《詞林》爲得。今以《詞林》與《碑》互校，互有是非，《碑》：「亦何代無其人哉！」《詞林》無「其」字。《碑》「十一世祖融，字稚長」，《詞林》作「十一葉、此避太宗諱改。祖融」，無「字稚長」三字。《碑》「或□腰銀艾」，銀《詞林》誤作「銷」。《碑》「公炳靈特挺」，炳《詞林》作「資」。避諱改。《碑》「金星火宿」，火《詞林》誤作「大」。《碑》「治夏官司馬」，《詞林》作「領」。避諱改。《碑》「乞骸」，《詞林》作「乞骸骨」。《碑》「二月十二日，寢疾，薨于京師之大平里第」，《詞林》無「二月十二日」五字及「第」

字。《碑》「上下千古」，千古《詞林》作「千載」。

《趙芬碑》：「二月十二日，寢疾，薨。」「二月」以上泐，王氏《萃編》跋云：「約在開皇十年左右。」今以《詞林》考之，乃開皇十四年也。

《魏鄭文公碑》：「斫注《圖史》。」斫字初疑是研字之誤，嗣讀《隋趙芬碑》「研尋百氏」之研亦作斫，始知斫葢研字別體也，古碑不容率爾肊斷如此。

《文選·阮嗣宗〈詠懷詩〉》：「堂上生荆杞。」李善注引《山海經》「雩夕之山，下爲荆杞」，今本《南山經》雩夕作虖勺。玉案：古人寫雩虖、夕勺多相混。《山海經》「大戲之山，滹沱之水出焉」，滹沱《唐承天軍城記》作雩池，此古人寫虖雩多相混之證。《隋蘇慈墓誌》蓮芍書作蓮芀，此古人寫勺夕多相混之證。然虖勺、雩夕究不知誰爲本字，誰爲誤字也。

《蘇慈碑》「逄舜日之光華，睹漢官之克復」、《隋張貴男墓誌》「似扇逄秋」，兩逄字皆逢之別字。《干禄字書》逄、逢上俗下正。《後漢書·劉玄傳》注及李氏《字鑑》謂逄字音龎，乃人姓，與逢遇之逢不同。玉曩作《干禄字書箋證》，已據顏元孫説駁正之，而未及徵引此二碑，爲補識之。

《殷洪纂息仕亮造象》稱「大隋楊主開皇七年」。案：紀元之上冠以國姓，此例僅見是碑。

《説文》：「牙，牡齒也。」《五經文字》作壯齒。玉曩作《孫季逑先生〈釋人篇〉證誤》考牡爲壯之別字，今考《後齊宇文萇碑》「方期克牡」、《隋張貴男墓誌》「牡武光其弼諧」，書壯字均作牡。虞書《孔子廟堂碑》亦書壯作牡，均曩説之確證。《隋首山舍利塔銘》「華夏之牡麗」，亦从牛作牡。

隋人避文帝諱，忠字皆改作誠，中字亦以同音改作内。《隋太僕卿元公墓誌》乃不諱忠字，未詳何故。

《隋姚辯墓誌》載辯事迹甚詳。辯《隋書》無傳，然其拜官本紀書之甚詳。《金石萃編》云：「碑所敘多不見於史，無從考其合否。惟車駕南巡江都，乃大業元年八月事，而碑次於四年，則其誤顯然。」玉案：《碑》云「車駕北巡」，不曰南巡。考之《煬帝紀》「大業三年四月，帝北狩。四年三月，出塞巡長城。五年五月，還東京」。與《碑》正合。《萃編》所云誤也。

書丹二字，肇見《范史・蔡邕傳》，用之碑版，則始《隋姚辯墓誌》。《金石萃編》云「始於蔡襄書《晝錦堂記》」，誤。

誌墓之例，凡「銘曰」以下，雖有空格，銘文必跳行別書，以別於誌。《隋尉富娘墓誌》「銘曰」以下無空格，乃空一行方書銘，此碑版變例，操觚者亦不可不知也。《唐張君政墓誌》「詞曰」以下，亦空一行方書銘文。

《隋諸葛子恒造象記》多別字，其書「杕杜」作「⿰犭大杜」，乃伏杜侍郎之先聲。

《舊唐書・太宗紀》貞觀三年閏十二月癸丑，詔於建義交兵之處，爲義士勇夫、殞身戎陣者各立一寺，命虞世南、李百藥、褚亮、顔師古、岑文本、許敬宗、朱子奢等爲之碑銘。今《等慈寺塔記》正師古撰，故諸家咸據史云「貞觀三年立」。然碑首師古署銜爲瑯邪縣子。考本傳太宗即位拜中書侍郎，封瑯邪縣男，貞觀七年拜祕書少監，十一年進爵爲子，是碑實十一年立，列三年誤也。

《化度寺邕禪師塔銘》：「開皇時有魏州信行禪師」，又云「其月二十二日奉送信行禪師□□靈塔」，又云「式昭景行，乃述繇邈」。予案：《陝西通志》：「百塔寺，本唐僧信行塔院，信行隋僧，志誤。大曆二年間，慕信行者皆窆於信行塔之左右。」考唐僧陪葬信行塔者，有海禪師，其塔銘均及信行，邕師亦陪窆信行塔，故碑有「式昭景行」等語。《金石萃編》云：碑似爲信行禪師建塔立碑，非即邕禪師塔銘，疏甚。

《姜行本碑》「憖彼蒼生」，《金石萃編》云「憖」當作「愍」。《廣韻》：「憖，聰也。」與「愍」字義別。此殆避太宗諱，借「憖」爲「愍」也。玉案：《玉篇》「憖」同「愍」。《萃編》誤。

《皇甫誕碑》不署年月，諸家肊斷無一當者。予以撰文于志寧題銜考之，知《金石録》「貞觀中立」語爲可信也。考志寧署銜銀青光禄大夫、行太子左庶子、黎陽縣公，兩傳敘志寧拜職年月均略，惟令狐德棻撰《于公碑》極詳贍，偁志寧武德中封黎陽縣子，貞觀十年進爵爲公，十七年復拜左庶子，加銀青光禄大夫，十八年拜金紫光禄大夫、衛尉卿。是碑實立於貞觀十七年。此石歲月久不能決，一旦據碑得之，欣快爲之加餐。

《張琮碑》無年月，撰文于志寧題銜與《皇甫誕碑》同，葢亦貞觀十七年立。《金石萃編》列十三年，誤。

《葢文達碑》無立石年月，考于志寧撰文署銜作尚書、上柱國、燕國公。《金石萃編》云：「《舊傳》永徽元年加光禄大夫，進封燕國公。二年拜尚書左僕射、同中書門下三品。前此未嘗官尚書。此碑未著立於何年，以志寧題銜證之，當在永徽二年也。然《新書傳》則進封燕國公在晉王爲太子時，乃貞觀十七年事，則又當立於十八年歸葬之時矣。」予案：《于志寧碑》永徽元年加授光禄大夫，進封燕國公，二年八月，拜尚書左僕射，與《舊傳》同。是碑實立永徽二年。《新傳》敘志寧進爵在晉王昇春宫之後，不書年月，景文意在省文。《萃編》誤會其意，遂云進爵燕國在十七年，謬矣。

《馬周碑》：「遷持書侍御史。」《金石萃編》云：「《文獻通考》漢宣帝元鳳中，感路温舒『尚德緩刑』之言，季秋後請讞。時帝幸宣室齋居而決事，令侍御史二人持書，持書御史起於此也。魏、晉以下歷代因之，皆作持書，別無治書之名。」予案：《漢孔彪碑》「拜治書御史」，《晉郛休碑》「以君□使持節、征蜀將軍司馬，遂遷鄴督軍□治書侍御史」，《苻秦重修魏鄧太尉祠碑》「鄭□□，字弘道。聖世鎮南參軍、水衡都尉、□安令、治書侍御史」。此治書侍御史之載碑刻，班班可考者。其見諸史傳者尤衆，未遑縷述。《萃編》云「魏、晉以下皆作持書，別無治書之名」，何所見而云然？

《説文解字》段氏注謂：「八部之兆字，即卜部之𠧞。𠔀乃正字，𠧞乃後人所譜。」其説甚當。《唐高士廉塋兆記》篆額寫「兆」字正作「𠔀」，不作「𠧞」，可爲段説左證。

《唐陳護墓誌》： 合葬于三時鄉。 瞿木夫先生云：「《長安志》武功縣西南二十里有三時原，恐即此《志》之三時鄉。」陸邵聞先生云：「《元和郡縣志》武功縣有三時原，即此《誌》所謂三時鄉也。」玉案： 《隋志》「高祖開皇二年紀： 三月戊申，開渠引杜陽水於三時原。」三時原首見於此。

《唐孔子廟堂碑》： 武德九年十二月二十九日有詔，立隨故紹聖侯孔嗣哲子德倫爲褒聖侯。孔嗣悊，《闕里志》封褒聖侯詔作孔嗣衍。 案： 《闕里志》誤。《唐賜泰師孔宣王碑》及《唐書・宰相世系表》均作孔嗣悊。

《潛研堂金石文跋尾・唐儉碑跋》云：「《儉傳》： 祖邕，北齊尚書左僕射。父鑒，隋戎州刺史。《宰相世系表》： 儉父義，字君明。隋應州刺史、安富公。與《傳》不同。此碑儉父名已闕，『州刺史』之上亦闕一字。惟《碑》偁晉昌郡公，而《表》云安富公，則《表》誤矣。」玉案： 《表》云「儉父鑒，隋雍州太守、晉昌公。鑒兄義，字君明，安富公」。《碑》之晉昌公，與《表》正合。錢氏誤以義爲儉父而云《表》誤，疏矣。

《唐章仇元素碑》述章仇得姓之由甚詳。《金石萃編》云：「章仇氏之見載籍者，《氏族略》章仇嘉勉之外，《萬姓統譜》又有章仇太翼，唐人，無事迹。《字典》作隋人。」玉案： 章仇太翼《隋書》有傳，作盧太翼。《萃編》失考。

《新唐書・藝文志》正史類： 《小史》，一百二十卷。高峻撰。初六十卷，餘乃峻子迴釐益之。

峻，元和中人。案：峻，唐初人。《高元裕碑》高祖諱峻，蒲州刺史，撰《小史》行於代。曾祖諱迴，餘杭令。元裕卒於大中六年，則峻爲唐初人無疑。《唐志》誤。宋高似孫《史略》誤與《唐志》同。惟《唐志》作一百二十卷，《史略》作一百卷爲異。

《高元裕碑》，《金石萃編》跋云：「元裕初名允中，《碑》與兩《唐書·傳》皆不載，惟《宰相世系表》有之。」玉案：元裕初名允中，兩《傳》並載之。《萃編》失檢。

《楊珣碑》：曾祖汪，隨國子祭酒、吏部尚書。王西沚先生《蛾術編》云：「《唐書·世系表》於汪書隨梁郡通守，而《碑》云國子祭酒、吏部尚書，恐碑不足信也。」玉案：《隨書·楊汪傳》云：「煬帝即位歲餘，拜國子祭酒。王世充推越王侗爲主，徵拜吏部尚書。」與《碑》正合。西沚先生輕於發難，而疏於考古如此。

《唐文粹》裴休《大達法師塔銘》：「通涅槃大旨於福林寺崟法師。」案：崟法師，碑本作「崯法師」。

《唐李輔光墓誌銘》文八句，凡四易均。首二句「涘」與「起」均，弟三四句「墳」與「軍」均，弟五六句「德」與「國」均，弟七八句「遷」與「傳」均。此例昉於《易林》，然古今人皆少用。

《李輔光墓誌》：「仕君子聞者，咸亦知勸。」《金石文字記》云士君子作仕，誤。玉案：古仕、士字相通叚，《孟子》有「仕如此」，仕即士字，與此碑同。

《李光弼碑》：「京兆萬年人。」《萃編》跋云：「《新唐書》稱光弼營州柳城人。《宰相世系表》云柳城李氏本奚族，不知何氏。至寶臣爲張鏁高養爲子，冒姓張氏，後賜姓李氏。《表》末云李氏三公七人，三師二人。柳城李氏有光弼，而於《表》内不書光弼名，且《碑》所載曾祖令節，祖重英，父楷洛皆不在《表》内，所未詳也。」玉案：《萃編》誤甚。《表》載柳城李氏凡二系，一爲光弼，源出柳城，世爲契丹酋長，後徙京兆萬年；一爲寶臣，亦系出柳城，至寶臣冒姓張，後賜李姓。《表》並載二系。蘭泉先生乃於寶臣系内覓光弼名，誠疏甚也。

唐張從申書《李玄靜碑》，李陽冰篆額，款在從申款後，《碑》文正書，陽冰款獨篆書。曩嘗以臧《懷恪碑》中李秀巖摹勒款行書與《懷恪碑》文正書不合爲異，今又見是《碑》，古人書《碑》不拘如此。

唐代婦人名字多用三字，《楊君夫人韋氏誌》：「夫人諱檀特，字毘耶梨。」《比丘尼法願誌》：「法願字旡所得。」《盧公夫人崔氏墓誌》：「夫人名績，號尊德性。」《優婆夷未曾有塔銘》：「優婆夷諱未曾有。」《范氏夫人墓誌》：「姓范，諱如蓮花。」柳宗元《薛君妻崔氏墓誌》：「女子之□曰陀羅尼。」此外尚多，聊著數則，以廣異聞。

洛陽摩崖《金剛經》無書人名氏，《寶刻類編》云是徐浩書。考《舊傳》浩卒於建中三年，壽八十。逆推之，實生長安元年。碑有武曌僞字，爲僭周刻無疑。其時季海甫丱角，烏能握管寫經耶？

傅會可笑。

《盧公清德頌》：「子奇之鑄器，童恢之易牛，其勸農有如此者。」案：范史《恢傳》無易牛事，疑用龔遂賣刀買牛事，誤屬之恢耳。

《勿部將軍功德記》：「内子，樂浪郡夫人黑齒氏。」《金石萃編》云：「撰文人偁人之妻曰内子，創見。」玉案：《春秋左傳》「趙姬請以叔隗爲内子」。《國語》「卿之内子爲大帶」，韋昭注：「卿之適妻爲内子。」是内子爲卿妻通偁，後人誤以爲自偁其妻之詞。然觀此碑，可見唐人猶未誤偁。《萃編》以爲刱見，未考古耳。

《法藏禪師塔銘》：「長安年，奉制檢校化度寺無盡藏。」《金石萃編》云：「《長安志》皇城義寧坊南門之東化度寺，本隋真寂寺，武德二年改化度寺。寺中有無盡藏院。」玉案：化度寺無盡藏，武德中僧信義建，見《太平廣記》四百九十三卷。《長安志》未悉，爲補識之。

《唐書·地理志》：「弘農，神龍初改恒農，避孝敬皇帝諱。開元十三年，仍改弘農。」考《修孔子廟碑》，開元七年立，文内有「弘農楊萬石」句，豈開元七年已復弘農之號，而《志》誤與？又開元六年《移置唐興寺碑》，亦有弘農字。

《道安禪師塔記》：「學《三階集録》功業成名。」又云：「起塔於終南山鴟鳴塠信行禪師塔後。」《金石萃編》因《太平廣記》有「武德中，沙門信義習禪，以《三階》爲業」，及《陝西通志》有「百塔寺本唐僧信行塔院」語，遂云《志》偁信行爲唐僧，或與信義同時修業，抑或即一人。玉案：韋述《兩京雜記》：「化度寺本隋高熲捨宅立，有沙門信行自山東來，熲立院處焉。撰《三階集》三十餘卷，大率以精苦忍辱爲宗，言人有三等：賢、愚、中庸，今並教之。故以三階爲名，其化頗行，故名化度寺。」是信行隋僧，《三階集録》即信行撰。《萃編》誤。

《臨高寺碑》，常允之撰。允之弟□□篆額，其署款偁「舍弟承奉郎某」。《金石萃編》云：「兄偁弟曰舍弟，剏見此碑。」玉案：《魏略》載文帝《與鍾繇書》「是以命舍弟子建，因荀仲茂轉言鄙旨」，是此偁曹魏已然，不始是《碑》。

《避暑録話》：「李思訓有《明皇幸蜀圖》。」玉案：《思訓神道碑》「思訓以開元中卒」，安得預畫《幸蜀圖》？石林淹雅，胡亦不考乃爾！

岑勛《多寶塔碑》文體緐麗，與顔書可偁雙絶。《李白集》有《酬岑勛見尋就元丹邱對酒相待以詩見招》詩，知勛又善詩。今檢《唐書》表、傳無勛名，《全唐詩》亦無勛一什，使此碑亦湮，後世烏知有岑勛者乎？著之以爲勛幸。

《多寶塔碑》：「既而許王瓘及居士趙崇信女普意善來稽首，咸捨珍財。」《金石萃編》云：「許王諱字玉旁，當是玄宗諸子，兩史《諸王傳》無王許名瓘者，不知碑所云何人。」予案：瓘爲許王素節子，兩史皆附見《素節傳》，《萃編》疑是玄宗子，誤。

《潘師正碣》：「誕彌之夕，景光充廬。」予案：今人謂生爲誕，本之《生民》之詩。其實誕字《毛傳》訓大，本無生訓。此碑又以「誕彌」二字代生字，彌復舛謬。宋徽宗《宫詞》：「掖庭榮慶誕彌初。」謬與碑同。

《唐書·百官志》：「弘文館，神龍初避太子諱改昭文，二年改修文，開元七年復爲弘文。」是孝敬之諱避於神龍，廢於開元，史文可考。《東方畫象贊》：「天寶十三載立，孝敬之諱，不避已久。」《金石萃編》録是碑，以不諱弘字爲異，何哉？

《東方朔畫象贊》，《集古録》云碑與《文選》異者二字，《選》本「棄俗登仙」，此云「棄世」；《選》本曰「神交造化」，此云「神友」。玉案：「棄世登仙」，當是夏侯湛原本如是。今《選》本作「棄俗」，必是李善進《文選注》時避太宗諱改，後世沿之，當依碑更正。至「神交造化」之「交」，碑作「交」，即「交」字，碑版多有。歐公以爲朋友之友，誤矣。

《李光弼碑》：「廣德二年秋七月五日己亥薨。」《新(書)〔唐〕書·代宗紀》作七月己酉薨。

《摘先塋記》，李季卿文。季卿，《舊史》作李適之子，附《適之傳》，《新史》作李適子，附《適傳》。沈氏炳震《兩唐書合鈔》不能決，兩存之。予以碑較《傳》，知從《新史》附《適傳》爲是。考《適傳》「景龍中官工部侍郎」，與碑先侍郎之偁合，證一。《傳》又云：「適將卒，召其子曰：『霸陵原西視京師，可營吾墓，樹十松焉。』」與碑「建塋霸陵遺令也」語亦合，證二。《傳》偁「司馬承禎徵至京師，及還，適贈詩敘其高尚之致。其詞甚美，當時朝廷之士無不屬和，凡三百餘人。徐彥伯編而敘之，謂之曰《白雲記》」。《太平廣記》卷二十一云：司馬承禎告歸，公卿多賦詩以送，徐常侍彥伯撮其美者三十餘篇爲製序，名曰《白雲記》。與史異。與碑所云「異時述□三百篇」吻合，證三。《傳》敘適卒在承禎被徵之後。今考承禎之徵在景雲二年，碑有「蒼龍大泉獻遭家不造，先侍郎即世」語。《爾雅》：「歲在亥曰大淵獻。」景雲二年歲正是辛亥。碑與史又合，證四。惟《白雲記》，史作徐彥伯敘，碑作永泰中小宗伯賈至敘爲異。然《代宗紀》「永泰元年三月，季卿與臧希讓、賈至等十三人，同待詔集賢院」。當是適在時已有彥伯序，永泰中季卿與至同職，更乞至爲之耳。又碑有「追贈黃門侍郎」語，《適傳》無之，可據以補史之略。《金石萃編》跋：「《三墳記》云季卿大曆中宣慰江南，語見《陸羽傳》。」蓋不知季卿自有《傳》也。

《唐書·李季卿傳》：「司馬承禎徵至京師，及還，適贈詩敘其高尚之致，其詞甚美，當時朝廷之士無不屬和，凡三百餘人。徐彥伯編而序之，謂之曰《白雲記》。」案：承禎號白雲先生，故詩以爲名。今河南王屋山有唐睿宗、玄宗《賜司馬練師白雲先生》詩刻，《天台桐柏觀碑》亦云「練師，名承禎，一名子微，號曰天台白雲」。徐靈府《天台山記》「桐柏觀即唐睿宗景龍二年爲白雲先生所置。白雲先生，即司馬天師也」。均承禎號白雲先生之證，可補《唐書·承禎傳》所不及。

張從申書《李玄靜碑》文末年月，較本文字大幾數倍，他碑不多見。

柳識撰《李玄靜碑》，欽定《全唐文》曾載其文，以《碑》本校之，略有異同。如「《道德經》君王之師也」，《碑》本無「之」字。「不外觀馳影，而内觀馳心；　不遠思化金，而近思化欲」，《碑》本作「不外歎馳影，而内觀馳心；　不遠望化金，而近思化欲」。「慈向蠢動」，《碑》本作「慈向蠢類」。「又論二玄異同」，《碑》本作「又論三玄異同」。「歸義黄之風」，《碑》本作「歸義皇之風」。「銘曰」，《碑》本作「文曰」。

唐李尚一撰《開業寺碑》，欽定《全唐文》曾載其文，云：「尚一，趙郡元氏人。不詳其官職。」玉案：尚一見《舊唐書・李乂傳》「趙郡房子人。官清源尉，與兄弟尚真及乂並以文章名，兄弟同爲一集，號《李氏花萼集》」。《新史・藝文志》亦載之。

唐開元寺三門樓石柱徐詳愈等題名，有楊迡福。《常山貞石志》云：迡字，字書無。案：迡字見《干禄字書》，俗延字。沈氏未詳考爾。

李陽冰，《唐書・世系表》爲趙郡人。《李白集》偁陽冰爲從叔，則又成紀人。其所書李季卿《拪先塋記》自偁從子，季卿萬年人，則陽冰又籍萬年。三説不符，不知何者爲定。

《唐書・藝文志》有衞元嵩《齊三教論》七卷，《隋書・李士謙傳》載士謙答客問三教，有佛日、道月、儒五星之説，三教之偁始此。《金石萃編》云始見唐叱干公《三教道場》文，誤。

《宋文貞碑》：「明年進士高第，補上黨尉，轉王屋主簿。相國蘇味道爲侍御史，出使，精擇判官，奏公爲介。公作《長松篇》以自興，《梅花賦》以激時。」是《梅花賦》成於及第後。今觀《賦序》稱

「垂拱三年，予春秋二十有五。戰藝再北，隨從父之東川授館舍」，則賦作於及第前。《碑》、《賦》互異，當由太師作碑時未檢《賦序》，筆下偶譌。或乃謂《賦》爲楊升庵贋託，未必然矣。

《宋州將吏八關齋會報德記》計八紙，筆迹不一。據碑末崔倬跋，蓋幢毁於會昌，再建於大中。原石殘毁三面，僅完餘五面，據唐氏本補書重鐫，故跋有「真贋懸絶，貂狗相續」語。《中州金石記》以爲重摹舊本，非倬補書，舛甚。至書篆人田涗，《中州金石記》云「即田承嗣之子悦」，尤誤。

《元結墓表》與史多異，《金石萃編》論之審矣。然碑云「著《漫記》七篇」，《藝文志》誤作《漫説》，是王氏所未舉者。又碑云「及家讓濱」，史作「瀼濱」。次山詩「尤愛一溪水，而能存讓名」，是當作「廉讓」之「讓」明甚，從碑爲正。《萃編》云當從史，是又王氏之誤也。又碑「禮部侍郎陽浚」，《傳》與碑同。《萃編》云史作「湯浚」，亦誤。

《唐書·元結傳》不載結幾子，據《墓表》云二子：以方、以明。《次山集》則長子友直，次子友正。唐韋詞《修浯溪記》又偁「結季子友讓」，友讓，又見《新史·顧少連傳》。諸説不同，著之俟考。

《新唐書·肅宗紀》：「上元元年，山南東道將張維瑾反，殺其節度使史翽。」顔太師譔《元結墓表》作「張瑾」，此當是太師避父諱，省「維」字。魯公父名惟貞。從史爲信。

《元結碑》「祖仁基」，又云：「能世其業。」「基」字「世」字皆不諱，未詳何故。

華岳廟有大曆九年李融、李謀題名，《授堂金石跋》：融見《李適之傳》「子季卿、孫融」。又云

《宗室世系表》列適之相玄宗，下惟書霅，季卿及融俱弗載。予案：季卿，李適子。《舊史》誤作李適之子。融乃適孫，與適之無與。《世系表》不誤，武氏之疑，沿《舊傳》之譌。

《李含光碑》載含光著撰有《本艸音義》兩卷，《老莊周易述記義略》各三篇，均見《藝文志》，惟内《學記》不載。〔三〕《金石萃編》云：「僅《本艸音義》見《唐志》，餘並無考。」疏甚。

《舊唐書·司馬承禎傳》「謚真一」，《新傳》作「貞一」，《李含光碑》作「正一」，乃魯公辟家諱，當據《新史》更正。魯公父名惟貞。

張從申書《李玄靜碑》，考孝威，州里號貞隱先生，顔書《玄靖碑》作「正隱先生」。案：張《碑》作「貞隱」，是。《顔碑》作「正隱」，亦避家諱改書也。

《殷君夫人碑》：「卒於□尉之公館。」《金石萃編》云：「公館二字刱見。」予案：《禮記·雜記》「爲君使而死，公館復，私館不復」。公館之偁始此。《魏邈墓誌》「卒於宣州宣城縣之公館」。韋應物詩「公館夜云寂」。是二字唐人習用之，非刱見。

《北齊書·顔之推傳》：「子思魯、敏楚。」《家廟碑》作「愍楚」。予案：「愍」，《玉篇》別作「慜」。《北齊書》作「敏」，葢「慜」字傳繕之譌，當據《碑》更正。

《隋·經籍志》：《孝經》遭秦焚書，爲河間人顔芝所藏，漢初子貞出之。是芝，秦人；貞，漢人。《魯公家廟碑》云：「秦有芝、貞」，誤矣。

《顔氏家廟碑》「哉生明」作「才生明」、「崇班」作「崇斑」，《金石萃編》以爲重刻之譌。予案：「哉生魄」，《晉書·夏侯湛傳》作「才生魄」；「往哉汝諧」，《張平子碑》作「往才汝諧」，漢衡方、張壽二《碑》皆以「斑」爲「班」，是「哉」、「才」，「班」、「斑」古字通用，《萃編》誤。

《顔氏家廟碑》：「《國史》偁温大雅在隋，與思魯同事東宮，彦博與愍楚同直内史省，彦將與遊秦同典校祕閣。二家兄弟，各爲一時人物之選。」《金石萃編》云：「今檢兩《唐書》温、顔諸傳俱不載此，《國史》語蓋史家略之矣。」玉案：《碑》所述諸語，見《舊史·温大雅傳》，《萃編》失考。

《唐多寶塔銘》載郭楚貞兄弟及其太夫人李氏脩塔事，《銘》有「彼美昆弟，亦有尊堂」語。今人偁它人之母，尊之曰「尊堂」，據此碑，唐人已有此偁。

唐朝散大夫韋端《玄堂志》，趙氏之謙《補寰宇訪碑録》云：「《志》不偁墓，變書玄堂，碑板剏例。」玉案：《唐崔昇夫人鄭氏墓誌》，「玄堂不曉，白日無期」，《蕭令臣墓誌》「玄堂神邃」，柳宗元《先府君神道表》。「不得手開玄堂以奉安祔」，唐《亡妻李氏墓誌》：「已方甲穴掩玄堂」，《張安生墓誌》「玄堂下甃而深固」，《淳化閣帖唐高宗》敕有「知玄堂已成」語，是「玄堂」二字，唐人常用之。

《楚州安宜縣令王君夫人劉氏墓誌》：「君諱晉，謚康。其先太原人。」案：偁字爲謚，僅見是碑。

《周孝侯碑》：「元康元年，奄捐館舍。」《弇州山人稿》云：「吴及晉初俱無元康年號。」予案：

晉惠帝嘗改元元康，元美失考耳。

《李(長)〔良〕臣碑》無年月〔四〕，惟《碑》載李光顔平李岕事。考《穆宗紀》「岕以長慶二年六月叛，八月平」。《碑》敘岕叛在穆宗即位之二年，與《紀》合。故《金石録》列二年。然撰文李宗閔署銜守禮部侍郎，《舊·傳》宗閔權知禮部侍郎在長慶三年冬，四年知貢舉，後即改兵部侍郎，則《碑》實長慶三年立，趙《録》偶失考。《金石萃編》因《舊史·光顔傳》敘岕叛在四年敬宗即位後，遂疑《碑》立於四年，《舊史·宗閔傳》誤。予以《碑》證之，非《宗閔傳》誤，誤在《光顔傳》耳。

《唐吴達墓誌》：「夫人萬氏，捐館於前里第。」《金石萃編》云：「『捐館』字用之婦人，始此。」玉案：庾信《賀拔夫人元氏墓誌》「遘疾累旬，奄捐館舍」。是南朝已然，王説失之。

《霍夫人墓誌》偁父曰皇父，弟曰令弟。《金石萃編》詆爲謬。予案：古人多稱父爲皇父，或曰皇考。《唐處士包公墓誌》「皇父諱鄰」，《瀧岡阡表》「皇考崇公」。潘昂霄《金石例》云：「古人書皇祖、皇考，韓魏公易以『顯』字。」是其證矣。又謝靈運《酬從弟惠連》詩「末路值令弟，開顔披心胸」。李頎《放歌行答從弟墨卿》詩「吾家令弟才不羈」。自稱弟曰令弟，亦有本。《萃編》誤。

《名賢畫録》：「大和中，文宗好古重道，以晉明帝朝衛協畫《毛詩圖》艸木鳥獸、古賢君臣之像不得其真，詔程修己圖之。」《程修己墓誌》稱「修己咸通四年卒」，是修己文宗時人。唐人《松窗雜記》稱「修己開元中以畫獻玄宗」，謬甚。

《程脩己墓誌》：「脩己以畫供奉集賢院，嘗畫《毛詩疏圖》，藏於内府。」案：《新唐書·藝文志》「《毛詩艸木蟲魚圖》二十卷。開成中，文宗命集賢院脩撰並繪物象」。《墓誌》所言《毛詩疏圖》，當即《毛詩艸木蟲魚圖》。修己爲集賢直院官，以咸通四年卒。其官職、年代，與史亦吻合也。

《張對墓誌》：「乾封三年五月乙酉朔。」案：是月丙戌朔，碑誤先一日。

《詩·皇華》：「每懷靡及。」《傳》：「懷，和也。」《箋》：「和，當爲私。」案：古從「厶」之字，或從「口」。《張對墓誌》：「搆疾一宵，遂殞和弟。」亦寫「私」作「和」。

《居士尚真墓誌》，雲居寺僧撰，末署長安三年歲次癸卯庚申朔戊辰⊙，不著月而但書朔。緇流之不通文墨如此。

《節敬法師塔銘》：「歿於私房。」案：僧房稱私房，殊不可解，亦未見它碑。

唐人誌墓之例，凡無官職者，多以先世官職貫於碑題之上，如《豆盧遜墓誌》標題作「衛尉少卿息」，《尚真墓誌》標題作「巢縣令息」，《梁嘉運墓誌》標題作「金州西城縣令息」，皆是，而言金石例諸家均未及。

《王留墓誌》，標題作《王君諱留字留生墓誌銘》。案：標題具載名字，它刻所希。

《金匱要略》有「痓病」，字或作「痙」，古从「巠」之字别作「丕」，由「丕」又譌作「至」。《唐王璬石浮圖銘》書「輕車都尉」爲「輊車都尉」。天寶十一載《華日進等造浮圖記》亦書「輕」爲「輊」、

「經」爲「經」，均可爲「痙」即「痓」别體之左證。明孫一元《赤水玄珠》引郭雍、劉寅説謂痓、痙乃二病，誤矣。《李勣碑》「經」字亦作「經」。

《唐濟瀆廟北海壇祭器碑》陰有「蒲合廿領」，蘭泉先生云：「蒲合，不知何物。」案：「蒲合」當作「蒲盇」，《集韻》：青、齊人謂蒲席曰蒲盇。此作「蒲合」，俗字也。

《㫺空和上塔銘》：「以貞元十年正月十五日，告行於興唐寺，報年六十一。」案：稱卒曰告行，甚新。

《唐李文墓誌》曰：「以麟德元年歲次甲子二月己卯朔十八日丙申合葬於同州。」「曰以」乃「粤以」之借字。《魏呂望表》「其詞粤」，《唐房彥謙碑》「迺爲銘粤」，又書「曰」作「粤」，均「粤」、「曰」古通叚之徵。

《唐故嶺南節度使右常侍楊公女子書墓誌》，其兄檢撰，稱其諱芸，字子書，而標題作「楊公女子書墓誌」。標題書字，與《魏司馬紹墓誌》標題作「司馬元興墓誌銘」同例。

張氏鑑《墨妙亭碑目考·干禄字書跋》云：「向讀《張猛龍碑》，見所用『温凊』字寫作『清』，以爲六朝人雖詞章之士尚明經術。後檢陸德明《經典釋文》，始知固有所本。今此書於『清』下云『温凊』字俗作『清』，非也。唐時去古未遠，説經尚有所據。」玉案：今蜀石本《干禄字書》及馬氏復宋本「清」字注皆作「『温凊』字，俗作『清』，非也」。張氏誤。

《干禄字書》上聲「否否」注：「可否及否泰字同。今俗並作『否』，非也。」案：可否、否泰字作「否」，今人少用，古人多有之。《玉篇》末附《分毫字〔辨〕（様）〔五〕》「否兀」注：「上方久反，臧否；下符鄙反，屯兀。」又《班馬字類》上聲亦有兀字，云見《漢書·薛宣傳》。今《漢書·宣傳》無之，殆後人改正。兩書之兀即否字。《唐張仁珪造象銘》「炎行告否」，字亦作「否」。

《張曛墓誌》：「五代祖策生玠，玠生則。」案：《唐書·世系表》作「弘策生經，經生則」。碑《表》互異，似以碑爲得。

《秀士張點墓誌》：「九代祖貞，六代祖策，祖柬之。」案：《唐書·世系表》作「輿，字公安。生次惠，次惠生安之，安之生弘策」。是點之九世祖乃輿，非貞也。碑立於當時，似較《表》爲確。

《新唐書·李素立傳》：「孫至遠，始名鵬。而素立方奉使，謂家人曰：『古有待事名子，吾此役可命子孫矣。』遂以名之。」唐《夏日游神泉》詩有「天官員外郎李鵬字至遠作」。錢氏《潛研堂金石文跋》尾云：「此碑立於武后初，尚仍初名，而以至遠爲字，則非初名鵬而後改至遠矣。蓋後來以字行，其字或出於素立所命，史家傳聞失其實耳。」玉案：錢《跋》是也。《宰相世系表》亦作「鵬，字至遠」，與碑同。《舊史·素立傳》亦無至遠以役命名之說。

《五代晉溪州銅柱記》文末題名有彭士愁，以愁命名，大奇。

《宋石保吉碑》：「啟手足于豐義坊之私第。」《金石萃編》云：「書卒爲啟手足，始見是《碑》。」

予案：唐獨孤及《獨孤夫人韋氏碑》「啟手足之日，長幼號咷」，是唐人已用之，不始此《碑》。

宋《修唐太宗廟記》：「《唐紀》太宗文皇帝以隋開皇十八年十二月戊午生於武功之別館。」《金石萃編》云：「今《唐書・太宗紀》無此語，不知何本。」玉案：碑本《唐會要》，《萃編》失考。

《宋黄州判官魏玠壙誌》，其子汝礪撰文，有云「盥櫛就寢，悠然而逝」。案：悠然而逝，稽之出典，似未可施之於人，此古人臨文失檢處。

《天慶禪院達大師塔銘》：「葬於河南府洛陽縣杜澤村原先塋之側。」和上亦有先塋，它碑未見此稱。碑又稱「大觀二年十二月始三日」，以初三日爲始三日，亦僅見。

《韓世忠神道碑》：「先降其將鐵爪鷹李選，又兀朮窘甚，求打話。」以武人綽號及俗語入碑板文字，宋人臨文不經意如此。

金至大五年《重脩濟瀆廟記》，撰文人署種竹老人而不名。《金石萃編》云：「撰文人書號，不見它碑。」玉案：「瘞鶴銘」之華陽真逸，宋《教興頌》之虚儀先生，皆其前事。《萃編》所云，殊未然也。

元至正十一年，《李西林講堂》詩刻後有西林子《跋》，稱先君西林先生。稱父爲先生，咄咄怪事。

《天寶宫聖旨碑》末署泰定三年虎兒年。按：元聖旨碑凡署年月多以十二辰紀歲，蓋俗習如此。《宋史·吐蕃·唃斯囉傳》道舊事，則數十二辰屬曰兔年如此，馬年如此。據此，知宋代吐蕃已有此俗也。

〔校記〕

〔一〕原書天頭上作者批語：《曹全碑》「商量儁」文「量」作「暈」。又碑陰「縣三老商量伯祺」「量」異。其非「量」字可知。予意即「曈」字，揚量之「量」亦即「曈」也。

〔二〕原書天頭有作者批語：「甯贙碑」邦作邦，不作邦。又，封作封。據改。

〔三〕《唐志》五十九卷載：道士李含光《老子莊子周易學記》三卷。又《義畧》三卷。蓋即二書，惟書名小異。

〔四〕應爲「李良臣」，據《金石萃編》改。

〔五〕該部爲辨别形近字者，應名《分毫字辨》，據《玉篇》改。

眼學偶得

幼值窮厄，長攖世故，外侮凌迫，百憂煎心。年才志學，已不克專慮讀書。然意之所忻，境弗能徙。偶獲小隙，輒手一卷，宵深體憊，弗忍輟也。今夏虐熱蒸人，世故畧簡，從儕輩借書，日竟數十卷。有所得，則忻然削札記之。與古人處，遂亦忘我貧矣。新秋漸涼，宜近筆研，取舊稾寫成一卷，取北齊顔黄門「必須眼學，勿信耳受」之語，顔之曰《眼學偶得》。一知半解，姑自記其所知，不足出示外人也。光緒辛卯九月，上虞羅振玉絜公父書於淮安寓居之獨喻广。

《羣經音辨·禾部》：「秏，老也。音耄。《書》『王秏荒』，鄭康成讀。」嚴氏元照《娱親雅言》曰：「據是知鄭本《尚書》作『秏』。」王氏鳴盛以「秏」字無義，謂鄭必作「眊」。徐氏養原曰：「《周禮·大司寇》、《禮記·樂記》皆引『王耄荒』。據二《禮》《釋文》，皆作『旄荒』，是鄭本實作『旄』。」玉案：徐説是也。秏乃旄之别字。古从㫃之字，多别从衤，或作礻，或作衣。《魏刁遵墓誌》「秉⿰礻毛肅命」，書旄字作⿰礻毛，《魏李超墓誌》書族作⿰礻矢，《齊靜明造象記》書旋作⿰礻疋，《魏邑主造象頌》書旒作⿰礻㐬，皆其明證。又古人書示旁、衤旁，又多别作禾。《干禄字書》祓俗作秡，禯俗作穠，是其證。《音辨》之秏，即《刁遵墓誌》之⿰礻毛。

《邶風·柏舟》「胡迭而微」，《釋文》云：「《韓詩》作𢧐，音同。云𢧐，常也。」嚴氏元照曰：「𢧐不成字，乃戜之譌也。戜與秩通。《巧言》『秩秩大猷』，《説文·大部》引作戜戜。又《説文·走部》：『⿺走戴，从走戴聲。讀若《詩》威儀秩秩。』秩，常。《釋詁》文、《韓詩》訓常，本此。秩、迭偏旁小異，故《毛詩》作迭，箋亦訓常。」玉案：嚴説極精確。戴即戜之別字。《干禄字書》：「鐵、鐡上通下正。」此戴即戜別字之左證。《龍龕手鑑》：「戜，常也。」又戴之譌媘。

《斯干序》注：「宣王於是築室，羣寢既成而釁之，歌《斯干》以落之。」《釋文》：「落，如字，始也。或作樂，非。」《正義》：「《斯干》所歌皆是當時樂事，故云歌《斯干》之詩以樂之。」又云：「本或作落，从阮校本以釁又名落。定本集注皆作落，未知孰是。」玉案：當以作樂爲得。古樂、洛、落相通叚。《齊張龍伯造象記》：「人民安洛。」《常岳等造象記》：「七世先零託生妙洛。」均借洛爲樂。又《左傳·閔元年》：「公及齊侯盟於落姑。」《公》、《穀》作「洛姑」。此樂、洛、落相通叚之證。至《正義》云「釁又名落。」考《左氏》昭七年《傳》：「願與諸侯落之。」注：「宮室始成，祭之曰落。」與《正義》説合。然《詩序》注之「落」，則實「樂」之叚字，既不當訓始，亦不當訓釁。如訓始，則歌《斯干》以始之，殊爲不詞，令人費解。若訓落爲釁，則注文前已云「羣寢既成而釁之」，後又言「歌《斯干》以釁之」，文義亦複衍無謂，遠不隶《正義》解作歌《斯干》以樂之之確而安也。

《儀禮·士昏禮》：「纚裳緇袘。」鄭注：「袘謂緣袘之，言施以緇緣裳，象陽氣下施。」雷氏浚：《説文外編》云：「《説文》無袘字，且不成字，不知正字當何作。」俞先生樾曰：「袘實不成字，疑當作袉。《説文》：『袉，裾也。』訓緣，即其引申義。」玉案：《玉篇·衣部》袉字注「俗作袘」，可爲俞説左證。然玉謂《禮》文之袘，似非袉字，乃施之别字也。古人从㫃之字多别作礻。《魏太公吕望表》「功袘於民」，書施字正作袘，與經文同。鄭注施之言施，以本字釋本字，猶《孟子》「徹者，徹也」，《毛詩》「其虚其邪」，《傳》「虚，虚也」，《禮記》「齊之爲言齊也」之例。

《大戴禮》：「九合諸侯，一匡天下，再爲義王。」嚴氏元照曰：「《新書》作『稱爲義主』。稱譌爲爯，爯譌爲再，當以《新書》爲正。」振玉案：嚴氏説是也。古再字别體作爯《南唐本業寺碑》「爯脩此寺」，「爯」即「冄」字。

《大戴禮・保傅》：「過鬬則下。」補注曰：「鬬即闕字。」嚴氏元照曰：「字書不見鬬字，疑鬭之譌。」玉案：《五音篇海》「鬬即闕字」，此補注所本。嚴氏云不見字書，誤也。唐《述聖頌》闕字作鬬，鬬又闕之省。

孔氏廣森《大戴禮記補注》《夏小正》「聚荼」注：「聚，盧本作藂。」玉案：盧本是也。畢本作叢，藂即叢别字，作聚者藂之壞字也。《詩》「集於灌木」，《傳》「灌木，叢木」。灌字亦訓叢，與此同。下「五月灌也者，聚生者也」。聚生，盧、畢本並作「藂生」，是。

《夏小正》「莠幽」，畢氏考注作「莠萋」。注：「萋，舊本作幽。」徐巨源云：「即《詩》『四月莠萋』是也。萋、幽聲相同。」玉案：日本刻《玉燭寶典》四引《毛詩艸木疏》云：「《夏小正》『四月秀幽』，幽、萋同耳，即今爲莠也。遼東謂莠爲幽莠。」據此知六朝以前人所見本皆作秀幽，畢氏徑改作萋，非。

《夏小正》：「唐蜩者，匽也。」宋本作「唐蜩鳴者，匽也」。玉案：《玉燭寶典》五引亦有鳴字，宋本是也。

《夏小正》：「黑鳥浴者，何也？烏浴也者，飛乍高乍下也。」《玉燭寶典》十引作「黑鳥浴。黑鳥者何？烏也浴也者，飛乍高乍下也」。案：當以《寶典》引爲得，今本非。宋傅崧卿本《夏小正》與《寶典》所引正同。

《夏小正》：「生必于南風，收必于南風。」案：「收」，《玉燭寶典》一引作「斂」。

《夏小正》：「榮堇采也。」案：「采也」，誤。《寶典》二引作「采芑」，是。

《夏小正》：「百鳥皆巢宎穴取。」玉案：《寶典》二引作「百鳥皆撩宎穴蕺」。

《夏小正》：「南門見。南門者，星名也。」案：《寶典》十引作「南明」。

《禮記・曲禮》：「冬温而夏清。」《釋文》：「清字从仌，冰冷也，或从水旁，非也。」宋氏翔鳳《過庭録》據《吕覽》「清有餘也」，《國語・周語》「火見而清風戒寒」，謂「温清」字當从水旁作之「清」。玉案：《干禄字書》「清清」注：「温清字俗作清，非也。」與《釋文》説合。《説文》：「清，寒也。」尤「温清」字當作「清」之左證。宋氏説非。

《論語》：「哀公問社於宰我。」《正義》曰：「此有兩本，《魯論》作『問主』，《古論》作『問社』。」案：《古論》之社，疑亦主字之譌。古宗廟之主字，當作宔。又作⿰礻主，與社形近，僅爭一畫，致誤極易也。

《論語》：「季氏旅於泰山。」劉楚楨《正義》云：「《玉篇·礻部》『祣，力煮切。祭名。《論語》作旅，《廣均》同。此後人所增字。」玉案：祣，乃旅之別字，古人从㫃字每別从衤。《李超墓誌》書族作袟，與此同。

《爾雅·釋器》：「衣裗謂之褆。」嚴氏元照曰：「《説文》無裗字。郭璞注：『褆，褸也。』疑正文旒字，或褸之訛，音相同耳。」玉案：嚴氏説非。裗乃旒之別字。《東魏武定二年邑主造象頌》「⿱宀勉裗繼世」，⿱宀勉裗即冕旒。古从㫃之字，或別作衣。如《魏司馬景和妻墓誌》族字作袟，《周强獨樂爲文皇帝造象記》旌字作袿之類，古刻多有之。旒即流之俗字。《説文》無旒字。《公羊》襄十六年《傳》《釋文》「旒，本又作流」。《禮記·樂記》「龍旂九流」，《釋文》「本又作旒」。《爾雅·釋天》注「衆旒所著」，《釋文》「經典亦作流」。《詩·長發》「爲下國綴旒」，《玉篇·田部》引作「下國畷流」，均旒即流俗字之證。亦作游、斿。古者冠有瑬，瑬正字。《弁師》作斿，《玉藻》作旒，通叚字。旌旂有游，游正字。《詩·長發》作旒，俗字。衣有流，《釋文》：「裗本亦作流。」郭璞注：「褆，衣縷。」《釋文》：「縷又作褸。」案：《方言》：「褸，謂之衽。」衽蓋衣衿之下垂者，瑬爲冠上垂玉，游爲旌旗垂飾，皆取象於水之下流，故字皆从水。今俗概用旒字，不知固各有本字也。裗字，郝氏《義疏》、邵氏《正義》皆未能詳釋，爲補著之。

《爾雅・釋艸》「菌，蘆」，郭注作「履苴艸」。玉案：《説文》無蘆字，疑即苴之異文。考罝字，籀文作𦋆。祖字，《漢司空宗俱碑》作䖒。以此例之，知蘆即苴矣。

《爾雅》：「鴽，牟母。」郭注：「鵪也，青州人呼牟母。」《玉燭寶典》二「田鼠化爲鴽」注：「鴽，麋母。」案：麋母，即牟母。牟、麋古通用。

《説文》：「臭」注：「禽走臭而知其迹者，犬也。」段注：「走臭，猶言逐气。犬能行路蹤跡前犬之所至，於其气知之。」案：段説尚未明確。玉聞之鄉人云：「獸之多智計者，莫犬若，雖行數十里，亦能自歸。蓋其行數百步，輒遺溺於路側，歸途以此爲識，臭其迹而行。」驗之良信，可爲許書左證。

《説文》「姐」注：「蜀謂母曰姐。」又「㜘」注：「嬌也。」案：姐、㜘當是一字。《文選》嵇叔夜《幽憤詩》：「恃愛肆姐。」李善注引《説文》：「姐，嬌也。」此古本《説文》姐、㜘一字之證。以祖字一作䖒，罝字一作𦋆，退字一作遽例之，姐、㜘之爲一字益信。

《説文》：「桶，木方，受六升。」唐本木部，《説文》殘本作「木，方器也。受十六升」。案：《玉燭寶典》引《月令》「角斗甬」《章句》：「十六斗曰甬。」斗，疑升之誤。古斗字别作什，與升相似。與唐本同。今本奪「十」字。

《説文》「巢」字从巛，與𢍏字上之巛不同。巢上之巛。當作ɯ，象三鳥棲形，與咼字上所从之ㄣ

同。乎上之巛，當作巛，象髮上指而曲也。

《説文》「今」注：「从古文乁。」案：古文乁之首左注，而今字篆作今，乃从𠂆右注其首，何耶？然古金文及秦刻石已从𠂆，不从乁。

《説文·卤部》「㮚」之籀文作𣡌。段茂堂先生云：「籀文卤从三卤，則籀文㮚當从三卤，《玉篇》𣡌，籀文栗是也。」玉案：《玉篇》是也。石鼓文書㮚字亦作𣡌，从三卣，卣即卤字。古金文凡从卤字皆作卣，如卥字等皆然。《説文》作卤，傳繕之譌。今本《説文》从一卤二卤，誤也。

《説文》「本」注：「木下曰本，从木，一在其下。」篆作本。段氏从《六書故》所引唐本作「木下曰本，从木从下」，改篆作夲。案：段改極確。《貞觀六年大法師行記》内：「固夲垂綱」，本字正書作夲，可爲段氏確證。

《秦繹山刻石》：「乃降專惠。」専字从叀，篆作專。《關中金石記》云：「專作專，中變田，于六書之正不合。」振玉案：畢氏以《説文》律秦石，無怪其多閡格。考《毛公鼎》内專字，正作專，與秦刻合。《虢季子盤》内搏字、《師袁敦》内尃字、《僕兒鐘》内鏄字、《漢開母闕題字》内溥字，並从叀。《御尊蓋》及《亞形辛子敦》内圃字皆作圃，从叀，與秦刻均合，畢秋颿先生誤也。

《繹山刻石》内「德」字，篆作德，从㥁，不从直，與《説文》不合。《關中金石記》亦以爲非六書之正。玉案：「德」字，《盂鼎銘》作德，《叔向父敦》作德，《虢叔鐘》作德，均从㥁，不从直。㥁，古相字。秦刻从[篆]，即[篆]畧變，與古金文正合。畢氏必欲以後世之《説文解字》律之，何耶？

《䠷山漢建初買地券》「⿺辶生此冢地」之⿺辶生，即造字。《曶鼎銘》「不⿺辶生朕」，錢獻之先生《釋文》云：「⿺辶生即造」，與《買地券》之⿺辶生正合。《説文》之造从告聲，此作⿺辶生，从告省聲。漢人分隸多鄙別，然間有可考證古籀本原出於《説文》之外如此碑者，洵可喜也。《井侯尊》書造字亦作[篆]。

《漢孔廟置守廟百石卒史碑》：「給牛、羊、豕、雞。」豕字作豕，與《説文》冢字之古文冢从豕正合。段茂堂先生注「冢」字，謂此篆體蓋悞，當从古文作[篆]。以此碑證之，殆未然也。

《説文·刅部》：「[篆]，傷也。从刃，从一。」鉉本篆作刅，鍇本篆作[篆]。段本改作[篆]，注：「从刃、从一，一者傷之象，刱之所入也。刄省則作刄。小徐本井部『刱』、米部『粱』皆从刄。考《桐栢廟碑》『梁』字，《羊竇道碑》『粱』字，《五經文字》及《唐石經》『梁』、『粱』皆不从刅。今人作隸書『梁』、『粱』皆从刅，非古法，不可从也。」玉案：《梁伯戈》梁字作[篆]、《曾伯霥簠》粱字作[篆]、《漢西岳華山廟碑》梁字作梁，是古金石原有作刅者，段説未然也。

《漢開母闕》題字「相宥我君」。王石臞先生釋爲宥字，云宥即祐字，篆作[篆]，但右邊稍泐耳。翁覃溪先生釋爲肩字。案：王釋是也。然[篆]乃宥或體，非右邊稍泐。古从宀之字，或从广，如《説文》宅字，重文作⿸广乇；灾字，《漢裴岑紀功碑》作⿸广火，皆然。以此推之，知[篆]即宥之或體，非右邊泐矣。

《齊道興造象記》聲字作〓，从〓。案：〓字乃龍之古文，《郘鐘》龍字篆作〓，此《道興造象記》所本，六朝人作字尚有淵原如此。

《唐淨藏禪師身塔銘》：「大師俗姓𠈰。」《中州金石記》云：「𠈰字未詳，當爲郝異文。」王蘭泉先生云：「詳玩字形當是㑶字。《廣均》：『㑶，將毒切。邑名。又姓也。』」玉案：戚字，《漢楊統碑》書作㑶，《韓勑造禮器碑》陰作㑶，《唐濟度寺尼墓誌》作戚，合㑶、㑶、戚三形觀之，則𠈰殆亦戚字也。蘭泉先生云是㑶字，恐未然。《齊高叡修寺碑》書戚字作㑶，與𠈰形尤近。

《干禄字書》：貣、貸，上俗下正。邢氏澍《金石文字辨異》云：「此不知何字。」玉案：「貣」，即「貸」之俗字，見《龍龕手鑑》。

《唐朗空大師塔銘》：「誠招隱之幽㨿。」邢氏澍《金石文字辨異》云：「㨿即墟。」玉案：「㨿」，疑是「居」字，非「墟」字也。

錢氏大昭《説文統釋·自序》載造字之失，有「承」作「〓」、「禎」作「夆」語，自注：《周潘尊師碣》文題「弟子中巖道士獄馬〓夆書」。玉案：「〓夆」乃「子微」二字，非「承禎」也。〓，即《説文》㚇之譌變。

《論語》「闕黨童子」，《漢書·人表》作「厥黨童子」。玉案：《唐契苾明碑》「闕」字作「闕」。《人表》之「厥」，疑「闕」之壞字也。

《廣雅・釋器》「袘，袖也」。《漢書・司馬相如傳・子虛賦》「揚袘戌削」。兩「袘」字即《儀禮・士昏禮》「纁裳緇袘」之「袘」，即「施」別字。古从㫃之字，亦別从衣。《魏邑主造象頌》「旒」字作「裗」，《周强獨樂造象》「旌」字作「袿」，是其證。《史記》、《文選・子虛賦》內「揚袘」正作「揚施」。

《廣均・上聲二十三旱》：「蜑，南方夷。徒旱切。」玉案：蜑字古作蜒。《梁蕭憺碑》「苞含蠻蜒」、《隋書・地理志・長沙郡》「褋有夷蜒」，並作蜒。《廣均》之蜑，乃蜒之譌變也。

《晉書・杜乂傳》：「字弘理。」《三國志・杜畿傳》注：「乂字洪始。」玉案：「洪始」，殆「洪治」之誤。作「弘理」者，唐人脩史時避高宗諱改。

《晉書・孔沈傳》：「子廞，廞子琳之。」案：《宋書・孔琳之傳》：「祖沈，父殿。」廞、殿未知孰是。

《晉書・袁耽傳》：「子質，質子湛。」案：《宋書・袁湛傳》：「祖躭，父文質。」

《晉書・庾亮傳》：「子羲，羲子準，準子悅。」案：《宋書・庾悅傳》作「祖羲，父淮」。

《晉書音義》中「㪷」與「斛」同。案：「㪷」當作「研」。《北齊書・祖珽傳》：「百升飛上天。」百升，斛也。《儀禮・聘禮》、《説文》、《漢書・律厤志》並云「十斗爲斛」，知作「㪷」誤也。《齊宋顯伯造象記》亦作「㪷」。

《宋書・徐廣傳》：「子豁，在《良吏傳》。」《徐豁傳》乃作「父邈」。兩《傳》不合。《晉書・徐邈傳》：「長子豁，次子浩。」與《宋書・豁傳》同，與《廣傳》異。未知孰是。

《梁書・鍾嶸傳》：「兄岏，字長岳。」案：《南史・嶸傳》作「岏，字長丘」。

《梁書・徐勉傳》：「老生云：後其身而身先。」案：老生即老子。老子稱老生，猶莊子之稱莊生也。

《北齊書・皮景和傳》：「長子信。」案：當作「子子信」，奪「子」字。

《北齊書・叱列平傳》：「代郡西部人也。」案：《元和姓纂》有叱伏列氏，云代郡西部人。然《北齊書・任延敬傳》亦有叱列陀，似叱伏列氏可省稱叱列氏也。《周書》有《叱列伏龜傳》，又作叱列伏。

《北齊書・封隆之傳》：「弟祖曹。」案：《魏書・封懿傳》作「隆之弟興之，字祖胄」。祖曹、祖胄，未知孰是。

《北齊書・元文遥傳》：「昭成皇帝六世孫，五世祖常山王遵。」玉案：遵爲昭成孫，則昭成乃文遥七世祖矣。

《北齊書・元文遥傳》：「子行如。」案：《元和姓纂》作「文遥子行恭、行恕」，此作行如，誤。

《後周書・長孫儉傳》：「本名慶明。」案：《北史・儉傳》作「本名慶」。

《後周書・文帝紀下》：「大統三年，東魏復遣將任祥率河南兵與雄戰。」《北齊書・堯雄傳》

作「任延敬」。案：《北齊書・任延敬傳》不載其名祥，賴此知之。

《後周書・柳霞傳》：「曾祖卓，晉汝南太守。祖叔珍，父季遠。」案：《唐書・宰相世系表》作「卓生恬，恬生憑，憑生叔珍，叔珍生季遠，季遠生霞」。與《周書》不合。

《周書・柳洋傳》：「祖惔，父昭。」案：《梁書・柳惔傳》作「子照」。昭、照二字形近致誤。

《隋書・柳裘傳》：「父明。」案：《元和姓纂》作昞，《裘傳》作明，當是避唐諱改。

《隋書・煬帝紀》：「大業五年，六月癸丑，置西海、河源、鄯普、且末等四郡。」案：鄯普、且末，當據《地理志》改鄯善、且末。此誤。

《隋書・經籍志》：「《周禮異同評》，陳劭撰。」案：《晉書・陳邵傳》：「以儒學徵爲陳留內史，累遷燕王師。撰《周禮評》。」陳邵當即《隋志》之陳劭，《周禮評》當即《隋志》之《周禮異同評》。

《隋書・經籍志》：「《五經拘沉》十卷，晉高涼太守楊方撰。」案：《晉書・楊方傳》作「高梁太守」。

《隋書・經籍志》：「《春秋條例》十一卷，晉太尉劉寔撰。」案：《晉書・劉寔傳》作「《春秋條例》二十卷」，與《志》不合。

《隋書・經籍志》：「《晉紀》二十三卷，劉謙之撰。」案：《宋書・劉康祖傳》：「高祖簡之弟謙之，好學。撰《晉紀》二十卷。」

《北史·長孫儉傳》：「次子隆，位司金中大夫。從長潮公元定伐陳，没江南。」案：「長潮公」當作「長湖公」。

《北史·盧元聿傳》：「遽字子淹。」案：遽，《唐書·宰相世系表》作「邃」，是，當據改。

《北史·韋壽傳》：「歷位恒、尾二州刺史。」案：尾，《唐書·宰相世系表》作「毛」，是。

《北史·竇熾傳》：「賜紇豆陵武。」案：「武」字誤，當作「氏」。

《北史·崔昂傳》：「祖父吏部尚書孝芬嘗謂親友曰：『此兒終當遠至。』」案：孝芬乃昂伯父，「祖」字乃「伯」之誤。

《北史·豆盧寧傳》：「高祖勝，父萇。」案：《唐書·宰相世系表》：「北地愍王精二子：醜、勝。醜孫萇。」據《寧傳》則萇爲勝之曾孫，非醜之孫。二者未知孰是。

《北史·獨孤永業傳》謂「本姓劉氏，中山人。隨母改適，遂從其姓」。案：《唐書·世系表》載「獨孤氏，源出劉氏」，與《永業傳》所載又不同，當是古載記所述。《永業傳》所云疑即因此傅會。使非傅會，則劉氏之後再改獨孤，亦異事也。

《舊唐書·劉允之傳》：「祖禕之，魏臨淮鎮將。」案：禕之，《唐書·世系表》作「禕」，《北齊書》有《劉禕傳》。《舊唐書》誤。

《舊唐書·蕭嵩傳》：「君奐又爲迴紇諸部殺之於鞏笓驛。」案：《王君奐傳》作「鞏笓驛」。

《舊唐書・元行沖傳》：「卜商疑聖，納誚於曾輿；木賜近賢，詒蚩於武仲。」案：子貢稱木賜，亦葛亮、馬卿之例，古人行文不拘，如此類者甚多。

《舊唐書・永王璘傳》：「改名璘。」案：初不言原名，而言改名，疏甚。

《舊唐書・房玄齡傳》：「祖熊，字子，繹褐州主簿。」案：《唐書・世系表》作「熊字子彪」。《北史・房法壽傳》作「字子威」。案：熊當是字「子虎」，作「彪」、作「威」，皆避唐諱改。舊《傳》「字子」下殆奪「彪」字，「繹褐」乃「釋褐」之誤。

《舊唐書・陳叔達傳》：「陳宣帝第十六子也。」案：《陳書》本傳作「第十七子」。

《舊唐書・來濟傳》：「隋左翊衛大將軍榮國公護子也。」案：「護」下奪「兒」字。

《舊唐書・薛珏傳》：「有子存慶，自有傳。」案：《舊史》别無《存慶傳》，此劉昫失檢處。

《舊唐書・崔隱甫傳》：「父濟。」案：濟，《唐書・宰相世系表》作「世濟」，《隱甫傳》作「濟」，避太宗諱，省「世」字。

《舊唐書・李石傳》：「父明。」案：明，《唐書・宗室世系表・大鄭王房》作「鵬」。

《舊唐書・長孫無忌傳》：「祖光。」案：「光」字誤，當作「兕」。

《舊唐書・劉崇望傳》：「八代祖坦生政會，輔太宗起義晉陽。官至户部尚書，封渝國公。」案：《舊史・劉政會傳》：「政會封邢國公，子玄意襲爵，改封渝國公。」是渝國公乃政會子封爵，

《崇望傳》誤也。

《新唐書·藝文志·子部·兵家類》有《獸闘亭亭》一卷。「獸闘亭亭」四字，頗僻澀難解。

《新唐書·李大亮傳》：「祖琰。」案：《舊史·大亮傳》及《新史·世系表》並作「祖琰之」。

《唐書·蔣偕傳》：「唯伸及孫子兆能以辭章取進士第。」案：兆乃偕兄係之子，見《舊史·乂傳》。此「孫」字乃「係」字之誤。

唐蕭嵩相玄宗，子華相肅宗，孫復相德宗，曾孫俛相穆宗，倣相僖宗，玄孫寘相懿宗，來孫遘相僖宗。六葉七相，爲古今所未有。

《新唐書·藝文志·醫家類》有「《造鐵粉法》一卷」。今泰西人有鐵粉鐵酒，僉以爲 \[?\]見，據《志》則唐人已有是物矣。

《唐書·世系表》：「令狐氏出自劉氏，後漢世祖生沛獻王輔，輔生釐王定，定生節王丐。」案：唐獨孤及撰父《通理墓誌》，作「輔生釐、釐生定」，疑誤。《後漢書·光武十王列傳》亦作「獻王輔薨，子釐王定嗣」。與《唐表》同。

汪氏輝祖《史姓韻編》爲讀史者之要領，良便學者。間有舛誤，爲舉正於此。如鍾雅，字彦胄。誤作字彦曾。蘇務元乃蘇踐言子，誤作蘇務光，又誤作良嗣子。朱仁軌乃朱敬則兄，誤作敬則弟。辛衡卿乃辛術子，誤作辛衡，又誤作辛術弟。桓嗣乃桓沖子，誤作沖弟。桓臣範誤作桓巨範。姚弇乃姚闇父，誤作闇子。唐穎乃唐次之弟，誤作唐持弟。唐技誤作唐枝。周楚乃周撫子，誤作周撫弟。蔣兆乃蔣係子，誤作蔣子兆，又誤作蔣伸子。薛嵩乃薛楚玉子，薛訥之猶子，誤作訥子。郝象賢乃郝處俊孫，誤作楚俊子。郭世通亦有埋兒事，與漢郭巨事相類而各一人，此誤郭世通爲郭世道，又云世傳郭巨埋兒即世道事，尤誤。格輔元伯父德仁，乃陳留八俊之一，此誤以輔元爲陳留八俊。均誤。

《孔子家語・七十二弟子解》：「秦冉，字子開。」案：冉字子開，不得其義。「冉」疑「牢」字之誤。「牢」字篆作冄，與「冉」字相似，易致誤也。

《世説新語・文學類》：「傳嘏善言虛勝。」注：「嘏字蘭碩。」《三國魏志・傅嘏傳》作「字蘭石」。案：作「碩」爲得，嘏、碩皆訓大，碩、石古通假字。

《元和姓纂》：「令尹子文爲獸所乳。「獸」即「虎」，唐人避諱「虎」字，皆改作「獸」。謂獸有文班，因氏焉。」玉案：據此則字當作「斑」，考之古碑刻，其説信然。《漢高彪碑》：「章文襘袘，類乎斑貫。」《宋爨龍顔碑》：「斑朗紹縱於季漢。」並書作斑。

《唐潤州魏法師碑》陰題名有「女官如千人」。女官之稱甚新，不見它碑。

《唐昭仁寺碑》：「戴旌輟警。」王蘭泉先生云：「戴旌，疑當作載旌。《周禮》所謂道車載旞，斿車載旌也。」玉案：王説非。戴即鳶字。《禮・曲禮》：「前有塵埃，則載鳴鳶。」疏：「鳶，鴟也。鳶鳴則將風，畫鴟於旌首而載之，衆見咸知以爲備也。」載旌二字本此。

《唐平百濟國碑》：「淊水挺祆，九寠遂戮。」王蘭泉先生云：「字書無寠字，九寠未詳。」玉案：寠即嬰之別字，嬰或作嫛。見《唐隆闡禪師碑》。寠又嫛之譌變。《淮南·本經訓》：「堯使誅九嬰於凶水之上。」碑蓋用是事。

趙氏《金石録·唐秦州都督唐宗碑》跋：《唐書·宰相世系表》云名世宗，當以碑爲正。玉案：似以《表》爲得，《碑》作宗，疑是避太宗諱省世字，如李世勣之稱李勣也。

《金石録·裴守真碑》：「曾祖景，祖正，考眘。《新唐史·宰相世系表》：景生正，正生眘，字歸厚。而《元和姓纂》云『正生歸厚，歸厚生眘』者誤。然《唐表》書眘字歸厚，不知何所據。」玉案：眘字歸厚，蓋取慎終追遠之義，名字正相合。眘字歸厚，《唐表》確然不誤。《元和姓纂》云「正生歸厚，歸厚生眘。」今本奪此文。玉疑《姓纂》「歸厚生眘」，乃歸厚字眘之誤。古人嘗有名用二字而字用一字者，如顔師古字籀之例，甚多也。

陸存齋觀察心源《金石學録補》，蒐采詳備，極有功於金石學，間有疏誤，如《金石存》乃山陽吴氏玉搢撰，誤以爲李宗昉撰。沿梅伯言先生《李宗昉神道碑》之誤。鮑子年先生名康，誤作鮑庸。著《山右金石録》者，爲高郵夏寶晉，誤作夏寶。

《東觀餘論》：「小宋《太乙宮詩》『瑞木千尋竦，仙圖幾弔開』注，《真誥》謂一卷爲一弔。不知

《真誥》所謂弓即卷字，蓋从省文，非弔字也。」玉案：小宋詩作一弔，誠誤。然《東觀餘論》作弓，亦非。《魏鄭文公碑》「譔《語言》數弓」。又《龍龕手鑑》弓字凡再見，並作弓，不作弓。

今人稱書一紙爲一頁。案：其字當作「業」。《禮·曲禮》：「請業則起。」注：「業謂篇卷。」蓋業爲大版，所以飾縣鐘鼓。簡册亦用竹爲版，故亦得稱業。今人作頁者，誤也。《集韻》：葉，書篇名。是宋人書頁作葉，謂篇葉如艸木之葉也。

日本有李暹注《千字文》。暹爲六朝人，中國書之久佚者。其注「周伐殷湯」，言妲己爲九尾狐。案：今里俗所傳《封神演義》謂妲己爲九尾狐精，初謂向壁虛造之談，不謂六朝時已有此説也。

《文選·郭景純〈江賦〉》：「磴之以瀿瀷。」李善注引許慎曰：「瀷，湊漏之流也。」王氏煦《選注拾遺》曰：「許氏《説文》瀷字，無湊漏之訓。」案：善所引許慎説，殆許叔重《淮南子注》中語也。

《文選·司馬子長〈報任少卿書〉》李善注：「任安，滎陽人。爲衛將軍，後爲益州刺史。」玉案：安嘗爲衛將軍青舍人，見《史記》褚少孫《田叔（補）傳》，非官衛將軍也。李善誤。

《唐文粹·劉禹錫〈令狐公先廟碑〉》：「第二室縣州昌化縣令，贈吏部尚書，諱崇光。」《唐書·世系表》：「崇光，昌明令。」案：《唐表》作昌明是。唐劍州道縣州有昌明，無昌化。

陶淵明《祭從弟敬遠文》：「卜辰云窆，永寧后土。」「后土」二字，李公煥本、何孟春本皆作「右土」，何云「右」疑作「吉」，焦竑、毛晉本作「后土」。玉案：作「后」是也。后字古人别作石，見《魏敬史君碑》。李、何本作「右」，乃「石」之壞字。何云疑「吉」字之誤，甚不然也。

白香山《長慶集》有《春中與盧四周諒華陽觀同居》詩云：「杏壇住僻雖宜病，芸閣官微不救貧。」又有《尋王道士藥堂》詩：「行行覓路緣松嶠，步步尋花到杏壇。」俞蔭甫先生樾曰：「杏壇，唐人多用之道觀，未詳其故，或别有出。」玉案：疑是用仙人董奉杏林事，與儒家所謂杏壇者有别。

俑廬日札

予居京師三年，杜門不通干謁，曹務餘閒，頗得溫習舊學。間與二三同好，討論金石書畫以自遣。廠肆知予所好，每以吉金古刻名迹善本求售。顧以食指繁夥，俸入不能給朝夕，故所見不少，而所得良啬。然齋頭壁上，往往留眡浹旬，是亦不啻我有矣。又每就觀友人藏弆，見聞所及，暇輙隨筆記之，日久積稿狼籍。比冬寒，人事益簡，乃略加類次，手自寫定，顏之曰「俑廬日札」。以詒好事者，且以誌吾之枉拋日力爲可惜也。光緒戊申歲暮，上虞羅振玉。

古器　銘示箴戒

古人銘器，多示箴戒。然近數百年出土古彝器至夥，而諸家所著録，殆無一器箸箴戒者。惟曩于丹徒劉氏許，見一鼎，文二行，曰「取他人之善鼎」六字，左行，文字精絶，生平古器之箸箴戒者，此一器而已。

曶鼎初出土拓本

《曶鼎》久亡，拓本傳世亦稀如星鳳。近年懸百金求一本，不可得也。予所見多橅本，真本僅一二見。然世所謂真本者，字亦板滯無神采，頗疑此器爲贋。而文字悉有原本，又非贋作所能，嘗以爲惑。乃去歲得兩罍軒所藏初出土拓本，以較積古齋所著録，及平昔所見真本，文字可辨者，不及十七八。而字迹清勁圓利，神采奐發，始悟他本神味索然者，乃經拙工洗剔，故字迹清朗而神意全失也。然非見初拓善本，亦烏乎知之？

銘文反書

古器文字，間有反書者，然一器中或偶見一二字耳。惟《鄀公鋀》二器，一正書，一反書。全文四十六字中，其不作反書者僅三字，此在金文中最罕見。

銘文左行

中國古今文字皆右行，惟摩崖石刻有左行者，乃就石書丹，左行乃便也。然黄縣丁氏所藏《虞司寇壺》十一行，行二字，則左行。他器亦偶有之。文字左行，始見於古金文，此前人所未知者。

銘文每行順逆相間

吴縣潘氏藏一鼎，文五行，其文每行順逆相間，内有數字不可識。其文曰「口口宰，第一行順書。口其口，第二行逆書。口寶鼎，第三行順書。其子二子二，下「子」字殆「孫」字之省。永第四行逆書。寶用之。第五行順書。」其制至奇。曩見唐宋人買地券，間有每行順逆相間者，不意三代彝器已然。此鼎前人未著録，誌其式以告好古之士。

鑿欵

三代古器皆鑄字，秦漢以後皆刻字，然晚周已有鑿欵。嘗見王蘭泉先生所藏金文拓本中，有《公無鼎》，字迹勁細，確係鑿欵。又古戈戟鑿欵者亦不少。庚嘗見一商爵「戈」字鑄欵在鋬内，「父乙」二字鑿欵在柱旁。

犧尊

王肅《釋犧尊》，據太和中魯郡於地中得齊大夫子尾送女器，有犧尊，純爲牛形，以證鄭注「其羽淒娑然」之説爲誤。見《詩·閟宮》正義。劉杳謂晉永嘉時曹嶷於青州發齊景公冢，又得二尊，形亦爲牛象。見《南史》。魏晉所出古器，形制並同。而臧玉琳先生則謂二鄭之説，依據毛傳，不得因王肅説改《詩》《禮》之義。見《經義雜記》。然近來收藏家，如盛伯羲祭酒及陳壽卿太史家，均有犧尊，確爲三代物。其形與魏晉地中所得者正同，鑿背納酒，自口寫之。足徵王肅説之非鑿空，而臧氏仍墨守鄭義，真書生門户之見也。

獸攫人狀卣

徐梧生監丞言盛伯羲祭酒家藏一卣，形制奇佹，作一獸攫人欲啖狀，殆象饕餮也。此前人記述古彝器圖象者所未知。

仿鑄散氏盤

散氏銅盤，阮文達公於貢入内府以前，曾以翻沙法仿鑄一器，置之北湖家廟中，幾可亂真，惟字形略小。因銅鎔則漲，冷則縮，故以原器作範，則鑄成之器必略縮小也。髮粵之亂，仿鑄之器，不知何以流落泰州。蕭山任少白大令治，時爲鑄鐵局委員，收買舊銅，以賤值得之。吾友蔣伯斧諮議黼，曾假至其齋中，予得手拓之，近此器聞又由任氏子孫售去矣。

比干銅盤

十餘年前，山東估人以河南新出土銅器二求售。其器兩耳三足，而底平，其口直逕約建初尺三尺，器内底上有大字四行，兩器相同，驗之乃《比干銅盤銘》也。以校宋人石刻本及前人所著録，文字並同。其器無花紋，銅青厚數分。後爲日本人購去，今藏東京博物舘中。

安昌車錯

積古齋著録之漢安昌車釭，文二，曰「安昌」。予曾見其拓本，乃一小圓形，而略有圭角，二字中列。初不省其器何狀。嗣得一器，文曰「嬗妊作安車」。其狀如筩，高建初尺三寸二分，上端八稜，逕二寸三分，下口逕三寸八分，而洞其中。兩旁各有一穿，盖以加鍵者。考其形制，乃古車轊也。《方言》：「車轊，齊謂之籠。」注：「車軸頭也。」《史記·田單列傳》：「令其宗人，盡斷其車軸末，而傅鐵籠。」「鐵籠」，即《方言》之「籠」。又《説文》：「軎，車軸耑。」與《方言》之「轊」、《史記》之「鐵籠」同。阮氏所載車釭，形制與予所藏嬗妊安車轊同。蓋安昌亦車轊，非車釭也。以文達之淹雅，尚有此誤。遇物能名，古人所難，信夫！

盂鼎

《盂鼎》與《虢季子白盤》，同時出關中。初爲王氏所得，後歸袁文誠公，擬置西安府學而未果，嗣左文襄公爲潘伯寅尚書輦至都下。初出土時，字之下截每行二三字尚爲鏽所掩，故袁文誠時拓本每行末皆不清晰。近十餘年所拓，始字字明朗。蓋歸潘氏後，鏽始剔去也。

毛公鼎

潘氏之《盂鼎》，與陳氏之《毛公鼎》，爲海内吉金之冠，文字之多，他器莫與媲。顧二鼎之大小頗殊，《盂鼎》極碩大而字多，《毛公鼎》則大僅如《無叀鼎》，器小而字多，則尤奇也。

鉛製守宫與小人

近年出土古器，有不可識爲何物者。丹徒劉氏藏一鉛製守宫，兩肊下各有一蠶。守宫腹下有八分書四字，曰「大富蚤即「蠶」字王」。製造精絶，驟觀之，疑若將蠕動者。又嘗見鉛製小人，短衣高冠，冠有簪衣緊束，頗似今歐美人。皆有小分書六，曰「生囗辰囗宛即「亥」字囗」。兩股間亦各有一字，右曰「山」，左曰「夫」，字皆反書。此二物以文字觀之，皆漢製也，然均不知爲何物與何用。

餅金

《席上腐談》載壽州八公山側土中及溪澗間，往往得小金餅，世傳爲淮南王藥金，有印子篆文，又謂印子金云云。此金壽州孫氏、合肥龔氏各藏數枚，予有其拓本，或一印，或二三印相連。以文字觀之，乃秦漢以前物。考《吴地志》，言晏子娶吴王女，築城於此。至今耕者得黄金，狀如菱角，中有「齊」字，名「晏子金」。《郡國志》言蘇秦宅在洛陽利仁里。後魏高顯業，每夜見赤光，於光中掘得金百斤，銘曰「蘇家金」。業爲之造寺。此古黄金有文字之見記載者。吴清卿中丞《説文古籀補》，據《爾雅·釋器》「餅金謂之鈑」，爲定其名曰「餅金」。而未考出土古餅金事實，爲補著之。

秦權量

涇陽端午橋尚書，藏秦權量，多至三十餘，爲海内收藏秦金之冠。所藏石權，乃吴清卿中丞舊藏，字大於他器，尤爲邁倫。

莽量

關中近出莽量，篆書，二十行，行四字，第十三行則五字，凡八十一言。文字精絶，近亦歸端尚書。其文曰：「黄帝初祖，德帀于虞。虞帝始祖，德帀于新。歲在大梁，龍集戊辰。戊辰直定，天命有民。據土德受，正號即真。改正建丑，長壽隆崇。同律度量衡，稽當前人。龍在己巳，歲次實沈。初班天下，萬國永遵。子子孫孫，享傳億年。」考《隋書·律曆志》載「後魏景明中，并州人王顯達獻古銅權一枚，上銘八十一字」。其文與此量正同。惟「德帀于新」之「新」字誤作「辛」，「龍集戊辰，戊辰直定」誤作「龍集戊辰，直定」，奪「戊辰」二字，當據此器正之也。又考《漢書·劉歆傳》：歆於哀帝崩後，「王莽白皇太后。令典儒林史卜之官，考定律曆」。《漢書·律曆志》亦言「元始中，王莽使羲和劉歆等典領條奏」。又《隋書·律曆志》引《漢志》有王莽時劉歆銅斛尺。由此觀之，新室度量衡爲歆所定，則此銘詞亦歆所作也。《後漢書·隗囂傳》載囂移檄郡國，數莽罪狀，有「造作九廟，窮極土作」語。李賢注：「莽九廟：一曰黄帝太初祖廟，二曰虞帝始祖昭廟。」與此量銘詞所謂「黄帝初祖，德帀于虞。虞帝始祖，德帀于新」語正合。古金石文字之有資於考史如此，可寶也。此量已破損，而有文字處獨完，殆鬼神呵護，留以校《隋志》耶？去年予視學南中，道出金陵，尚書出以見示，並許贈拓本。乃逾歲不至，今忽于碑賈手中得之，驚喜欲狂，亟箸之録，並爲考證之如此。

陽安量

山陽李芝齡先生家藏漢陽安銅量，篆書至精。文曰：「大司農以戊寅詔書，秋分之日，同度量，均衡石，桷斗桶，正權概。特更爲諸州作銅斗斛稱尺，依黄鐘律曆、《九章算術》，以均長短輕重大小，用齊七政，令海内都同。光和二年閏月廿三日大司農曹設。丞淳于宫、右倉曹椽朱音、史韓鴻造。」器側有「陽安」二字。此量以前著録家皆未之及，李氏後人，今尚在京師，此器不知今存否，亟録其文於此。庚案：《筠清館金文》已著録，後歸吴縣潘氏。

莽尺

舊在劉氏食舊堂見莽尺，文曰「始建國元年正月癸酉朔日制」。其端之側有環，能伸縮，歛之則爲五寸，引其環而伸之則爲一尺。視今歐人尺度之作摺疊式者尤便，於此可見古人工作之精妙。

晉鼓

傳世銅鼓，多無文字。《金石學録》載周松靄先生春任岑溪時得一鼓，底有銘，陽文古篆，人不能識。陳蘭莊考釋得四十字，五均，有「龍集庚午，月建在卯」語。此鼓今不知在何許，拓本亦未得見。惟儀徵阮氏所藏晉銅鼓，予曾於亡友路君山夫峌齋中見其拓本。文曰「義熙四年十月虞運官鼓廣二尺五分前鍵寧遠將攣行鎧曹杜口」。字迹勁健，在隸楷之間。陰文環刻鼓面，有晉一代金文至罕。此器今歸揚州李維之觀察，戊戌春李君允贈拓本，然至今尚未踐此約也。

鏡範

鏡範，古人所未見。惟張叔未先生《清儀閣題跋記》載「安邑宋芝山藏尚方鏡範，以白沙爲之。嘉慶中秦中出土，下有闕處以進銅」云云。此範今不知尚存於世否。近來收藏家，惟濰縣陳氏藏鏡範三，福山王氏藏鏡範二。其文皆曰「見日之光，天下大明」。亦漢物也。王氏二範，後歸丹徒劉氏。予曾手拓數紙。劉氏藏物，今已星散，此範將來亦不知歸何所也。

弩機尺度

古弩機，牙上有刻尺度者。予去春得蜀弩機一，欵錯金爲之，極精。牙上畫尺度，以建初尺絜之，長短悉同，知蜀之尺度，一遵漢代之舊也。史不志蜀之度量衡制度，據此知之。

武平造像

洛中近治鐵道，故古物日出不窮。然歐美人以重價購求，凡古陶器及古造象之金塗者，每年流出海外者不少。春間廠肆送一銅造像來，高建初尺二尺餘，金塗完好，製造甚精。佛坐正面文曰「武平二年三月十五日樂思雍造觀音像一區」。佛背更有字二行，曰「樂智安」，曰「樂小」。予以其索價太昂，拓數紙還之，乃數日後過其肆，則已爲外國人購去矣。此殊可太息。我國若不定古物保存律，恐不數十年，古物蕩盡矣。可不懼哉！

鐘銘

近得銅鐘拓本一紙，兩面刻小楷書《阿彌陀經》一卷。前有記云「佛弟子慧先，一心皈命西方極樂世界，發願鑄鐘，謹鐫聖經真言。盥手拊擊，一如阿彌陀佛爲諸菩薩天人衆生，廣宣聖教，聲徧諸刹。諸天人民，法界衆生，一切蝡動蜎飛之類，聞是法音，咸得解脱於七寶池勝蓮華中化生。見佛受記，永不退轉於阿耨多羅三藐三菩提」云云。而不著年月，字迹精嚴，似《麻姑山仙壇記》，尤類大中五年銅磬。銅磬年月刻於磬口，此或亦有年月在隱處，拓者未及耶？此鐘與大中磬字迹極相似，殆是一時物。銅磬爲秀水金氏桐華館所藏，今已不知存亡，拓墨一紙，直數十金。此鐘拓本甚古，著録家皆未之及，殆海内孤本與？記文亦爾雅可誦，亟録之。庚案：大中銅磬，今藏余家。

牛符

古金符之制，前籍所記，有虎、魚、麟、龜、兔數種，不言有牛符。張氏清儀閣所藏南宋牛符，有字一行在腹部之側，曰「癸丑，寶祐春鑄」。張氏得之趙洛生，後歸嘉興唐鷦安。今年予得之唐氏後人。牛符之制，正史不載，不知宋人説部中有言及者否，異日當一考之。

鐵鑑

傳世古鏡從未見鐵者，而《博古圖》卷三十載鐵鑑二十有三。殆古鏡久薶地中，光澤黝黑，俗所謂水銀古，乃銅色變化，非鐵也。考古一事，前人疏於後人，此其一也。

銅漏

各省古銅漏，方志及金石家所著録者，今多亡佚。吾鄉舊有元至正銅漏，亦毁於髮粵逆之亂。予篋中尚存舊拓本。惟廣州雙門底，尚存郭守敬銅漏，完好無缺，土人祀爲神，不許施氈墨。予曩在廣州，曾摩挲其下，歎爲碩果，保存勿失，是在賢有司矣。

錢幣　化幣始于周

古錢譜録，多承《路史》之説，謂太昊葛天諸帝時，已有化幣。自洪氏《泉志》，直至近百年前諸家，多沿此誤。殊不知上古時書契未興，烏得幣上已有太昊葛天文字？此其謬誤，不待究詰而知之。予意不但上古時無幣制，即《管子》「湯、禹鑄金」之説，亦未可盡信。蓋周以前爲貿易時代，本無須化幣，若夏、商已行化幣，何以至周貿易之風仍未革。觀《孟子》「以其所有易其所無」之語，知此風直至戰國尚爾。予嘗謂化幣始於有周而盛於列國，且初行時不過補助貿易之缺，惟都市官府用之。因官府無物可與民間貿易，故制化以劑之。近世所存古化幣，山川所出，皆周及列國物也。此説雖爲以前古泉家所未發，然以理斷之，並證以傳世古化幣，當知予言非鑿空也。

吾友蔣伯斧諮議黼，近撰《化幣史》，予以前説告，伯斧深謂然。且引許洨長《説文解字》「貝」字注云：「『古者化貝而寶龜，周而有泉，至秦廢貝行錢。』是明云周始有泉，足爲君説注脚。」吾説得許君説爲左證，差可自信矣。

銅貝

貝爲海介蟲，古代開化在西北，距海遠，貝甚難得，故以爲寶。然爲難得故，或以他物擬其狀。福山王文敏公家藏骨製之物，與傳世之蟻鼻錢同，予定爲貝，並定銅製之蟻鼻錢爲古銅貝，已載之《唐風樓金石跋尾》，並記貝之文字三種。然除予所舉作全、作[glyph]、作[glyph]者外，有作[glyph]者，乃「匋」字也。見《初氏吉金所見録》，但初氏誤倒置之，故以爲不可識。合全、[glyph]、[glyph]、[glyph]諸字觀之，與周化幣文字同，則銅貝亦周物也。

貝

周以前所行之貝，在最初時必用真貝。貝非易朽之物，何以未見出土者？豈以無文字故，出土時旋毀于畚鍤之下，不得寓於士夫之目耶？抑貝因充貿易之補助，當時所用至稀，故罕見耶？願與海内方聞之士一考究之。庚案：真貝近年出土甚多，余藏有數枚，背皆磨平，有孔，以便穿繫。

空首布

空首布，道咸以來，鮑、李諸家所見，皆一二字者。惟鮑子年所藏正面一字、背面二字者一枚，當時詫爲奇品。楊幼雲藏布二百餘枚中，僅有四字者一枚。吴清卿有四字布二枚而已。近年洛中出土四字空首布數十枚，予先後得十餘。其文皆作㞢㚔少匕，文字多變化，無一同者。背或無文，或有一字或二字。予生平所藏空首布不及百枚，而四字者乃占五之一，足傲鮑、李諸家矣。

空首布異品

洛中所出空首布，皆在大河以北及太行之麓。惟近出空首布一種，文作儿字，在至高近柄之處。其文有圓折、方折二種，爲以前古泉家所未見。此布獨出大河以南，距洛陽數十里之地，亦近出空首布中異品也。

空首布分三種

空首布出關洛，關中所出多博大整齊，洛中所出則大小不一律。意關中所出乃西周制，洛中則東周制。於器之良窳，可覘國之盛衰也。合計空首布大小凡三種：一方尖方足，大小一律者，大率關中所出，乃空首布中最大者，文字亦精好。其一種亦方尖方足而較小薄，乃洛中所出，多紀數目，乃空首布中最小者。又一種肩斜削而兩足亦略鋭，如武字安藏等布是。其大小居中等，形製顯判。意有周享國最久，此三種者非一時所爲也。

瘞錢始于三代

空首布最薄易損，嘗怪出土時何以不爲犂鋤所傷。近聞售古錢者言，此幣在土中皆有匋器盛之，一器十餘枚，其匋器上有白油。今人謂磁器上光澤曰釉，此字不見字書。陶南村《輟耕録》卷二十九「窰器」條，載宋中興後修内司所燒之器，澄泥爲範，油色瑩徹。其字逕作「油」，知「釉」乃油之俗。且左近必有古棺槨，知空首布亦墓中瘞錢也。前人考瘞錢之風謂始於漢，今以此布證之，殆三代已然矣。

僞布

鮑子年先生謂他古幣可僞爲，而空首布不可僞爲。今則不然。其作僞之法，取儿字空首布之鏽厚者，於鏽上刻字，其術頗巧，驟不易辨。近濰人之作僞錢僞器者，前有徐吉堂，能贋造古鉨。陳壽卿曾爲所紿，其技巧可知。今徐已死，繼起者有李文桂、王吉壬善學，能造大器，而塗以金，又能改刻古泉化，亦道咸間薛、李之倫也。

齊刀

江休復《嘉祐雜志》載「王公和學士罷沂州，得銀刀一，有『齊太公杏』九字，九字中缺不相屬，刀上又有隱起圜形」云云。此齊刀見記載之最先者。然傳世齊刀，絶無銀者，殆銅刀入土久，色瑩白如古鏡，若今所謂水銀古者，實非銀也。張端木謂今此刀極多，然皆銅也，係僞物，可謂一誤再誤矣。

河南出齊刀

齊刀，山東、河南皆有出土者。出山東者文字雄健，出河南者則細秀，一見可別。齊之疆域西有清河，與趙以河爲界，河東爲齊，河西爲趙，故河南亦出齊刀也。

齊刀異品

王文敏公《天壤閣雜記》言黄縣丁彜齋家藏一齊三字刀，文在背。又王扞鄭太守藏文敏致潘文勤書牘，言在黄縣見一齊刀，作反張形，甚奇。此均齊刀中異品，恨未得致拓本也。

明刀異品

明刀，《古泉匯》所載異品，背有三字，不可識。予今年又見一品，乃近日新出土，背文曰[illegible]。上二字乃「子右」，下一字不可識，確是真品。以值昂，留齋頭數日還之，今乃甚悔。人生何處不可省十餘金，乃獨吝此，殊自哂也。

予藏明刀近三百品，頗有鮑、李及近來藏泉家所未見者。內一兩面各有三字者，惜爲兒童磨礪，僅存四分之三。其文兩面相同，如《古泉匯》所載。但彼乃一面明字，一面三字，此則表裏俱同爲異耳。又有背文曰「右同右禾」者，亦新異。又一刀作三折形，尤奇。

四朱

《古泉匯》載濰縣陳氏所藏陰文圓穿之四朱，爲東省新出古泉中之最異者。予所藏尚有方郭圓穿者，二字陰文平列。又有臨菑四朱及陽丘四朱，皆方外圓內。又有方形平面無穿，穿右側之上下，一面曰騶，一面曰四朱者。此類皆前人所未見，蔣君伯斧謂爲非錢，殆鑄以爲錢之準則者。然予所藏尚有宜陽四朱，則內外俱圓，而陽識四字左右分列。又見臨朐四朱拓本，其形式與宜陽四朱同而略小。以此例之，則方外圓內之臨菑四朱等，亦爲錢審矣。臨菑與騶皆齊地，《漢志》：「騶，故邾國。」《西周策》云：「邾、莒亡於齊。」騶又與鄒通。《史記·田敬仲世家》、《孟子傳》之騶衍，《漢書·古今人表》作鄒衍。陽丘不可考。臨朐，西漢縣，屬齊郡，今青州府。《水經·巨洋水注》引魯連子，朐劇之人，辨者也。《齊策》：「魯仲連謂田單曰：『今將軍東有夜邑之奉。』」注：「夜，一作劇。」《漢志》北海郡菑川國並有劇縣。在今青州府臨朐縣者，丹水西之劇也，屬北海。在青州府昌樂縣西四十里者，丹水東之劇也。朐劇並稱，丹水西之劇在臨朐西南，則朐即臨朐，亦齊地。意臨朐乃齊之舊名，而漢承之，非漢所新定。魯連子稱朐者，二字地名單舉一字，此例古書多有之也。是此諸泉皆齊制。予又曾見東阿四朱拓本。東阿亦齊地，惟宜陽爲韓地，或齊曾有其地歟？　俟更考之。

予又藏高柳四朱，狀與騶四朱同。一面文曰高柳，一面曰四朱，穿亦在側。高柳爲何地不可考。案：齊地有長梧，《莊子・則陽篇》有長梧封人。長梧與高柳，名甚相類，意者亦齊地歟？予又見姑幕四朱拓本，與此及騶四朱形式亦同。考《史記・趙世家》「惠文王十一年，得河陽于魏」。《趙策》謂魏王曰：「今又以河陽、姑密封其子。」姑幕殆即姑密。《趙策》之河陽、姑密，《魏策》作問陽、姑衣，衣乃幕之誤也。是姑幕爲趙地。然姑密與河陽並稱，則二地接壤。《漢志》河陽屬河內，在今懷慶府孟縣西南三十里，姑幕當與相近。今懷慶多出齊三字刀，然則齊當日或曾有姑幕與？

方四朱

予婦弟連平范緯君兆經亦藏一方四朱，背無字，穿亦在側，與予之騶四朱、高柳四朱式略同，予篋中所無也。

錢文刻字

凡陰文四朱皆鑿欵，錢文用刻字，始見於此。若蜀之直百五銖，有背刻陰文數目字者，或以爲奇，不知已見於四朱。且彼乃鼓鑄後加刻一二字，此則全係刻字，爲尤奇也。

古幣塗金

鮑子年藏金五銖及金永通萬國錢，予有拓本，與常錢同，殆塗金也。予所藏安邑二金化及安陽小方足布，皆有塗金者，確非後人所爲。古幣塗金，前人所未及知而僅此二種，不見他品。不知當日塗金與否，其貴賤有判否。予婦弟范緯君亦藏塗金安邑化一枚。

鉛錢

益昌小方足布乃鉛製，予所藏又有鉛製寶化。以鉛製錢，始于周代，以前譜録家所未知也。

郳子布

「長」字，《説文》從兀從七，訓久遠。古文作𠑷、𠑵，形誼均不可解。小布中郳子布，郳字從乂，始悟乃象兩禾穗並列，其一獨長，以示長意。長短乃本誼，久遠乃後起之誼。古文之𠑷，乃由乂傳繕之譌，至小篆則形誼全不可見矣。

垂字布

垂字方足布，以前至罕見。近河南出土數百，予得十餘枚。背右側有一圓點，及背右側及背之中間上方有一字者，前人所未見也。

盧氏涅金

盧氏涅金至罕。予有一枚，得之吴清卿中丞家。丹徒劉氏一枚，則得自王文敏。惟定海方君藥雨所藏，則得之劉燕庭後人。予與劉氏二枚文字均精秀，方君所藏則雄厚，異品也。

大鏟布

大鏟布，《古泉匯》録無文者一枚，《續泉匯》卷末又録三品，各有一字，曰〇，曰七，曰一。陳壽卿謂爲最古無文字時品，誤也。予在京師得數枚，有字者亦三品，曰∧，曰十，曰⊥，皆記數目。此布與尋常空首殆先後所製，空首布之小者，亦多記數目。

化幣分配列國

有周一代，列國刀布，有可以所記地名及今出土之地，而定爲何國者。空首布出關洛，周制也。三字四字六字刀及各種四朱，出山東，且多記齊地名，齊制也。寶化三品，以前譜録謂是周景王鑄，然今皆出山東，亦齊制。梁、山陽、虞、安邑四地，列國屬趙，則梁正、梁充舊釋乘正、乘充。予所得此幣，求字作永，爲梁字無可疑。山陽、虞、安邑諸幣，皆趙制。蒲反、垣、共亦趙地，則蒲反布、共、垣諸圓金，亦趙制。涅爲韓地，則涅金二種爲韓制。方尖足小布出山西、河南、直隸，乃燕、趙、韓、魏制。明刀、尖首刀、直刀皆出近畿，亦燕、趙制。直刀有甘丹、即邯鄲。大尖足布亦有之。白人，即柏人。均趙地，尤趙制之證。圓足布、大尖足布文多與小方尖足布同，殆亦燕、趙、韓、魏制。重一兩十二銖、十四銖圓金兩種出關中，當是秦制。以上各化幣分配列國，雖出意定，然似非嚮壁虛造之談也。

方尖足小布所記地名

方尖足小布，形製多同，今將所記地名可確定者，列表如左：

燕	趙	韓	魏
涿	晉陽	屯留	皮氏
	離石	邑子	高都
	祁		中陽
	中都		
	西都		
	安陽		
	武平		
	平陽		
	平原		
	湯邑		

據右表觀之，則趙造幣最多，燕最少。又據以上諸國觀之，則造幣時代亦畧可考見，意者殆出

於晚周七國時與?

楚無幣

由以前所記,則燕、趙、韓、魏、齊、秦皆有幣,而楚獨無,或以爲問。予考《史記・越世家》「楚王使使者封三錢之府。」《集解》引賈逵説云:「虞、夏、商、周金幣三等。」據此則楚不自鑄幣可知也。賈注虞、夏、商、周之説,雖未必盡確,而以意斷之,楚爲南蠻,恐不能與中原諸國爭文物之盛,則楚無幣,宜也。

燕幣晉幣

燕幣至少,亦殊不可解。予又疑所謂趙、韓、魏諸幣,皆晉制。晉爲大國,雄長中原最久也,則諸幣或在三家分晉以前。兩説未能斷定,願與海内學者共思之。

西周幣

或謂既定陝西所出空首布爲周制,則西周時周已造幣,則諸刀布中空首布最早,列國幣皆出其後,是或然與?

刀布束法

古化幣甚不便取携,空首布上有空,疑安柄用之。翁宜泉言曾見新出土明刀,乃於柄上近刃處束之,十枚爲一束。予曩得方足小布,有存麻束痕者,餘麻尚在。其束處作三角形如然,其法亦至拙矣。

東西周圓錢並出洛中

東周、西周圓錢，皆出河南。初不可曉，意謂西周當是鎬京，此錢不應出洛下。嗣讀《史記》「惠公封其少子於鞏，以奉王，號東周惠公。」《索隱》引高誘曰：「西周王城，今河南。東周成周，故洛陽之地。」考《漢志》河南、雒陽，並屬河内。又《史記·劉敬傳》《正義》引《括地志》：「故王城，一名河南城，在洛州河南縣北九里〔苑東北〕；〔一〕洛陽故城，在洛州洛陽城東二十六里。」《大事記》云：「河南即郟鄏，周公營以爲都，是爲王城。洛陽，周公所營下都，是爲成周。平王東遷以後，所謂西周者，豐鎬也；東周者，東都也。威烈王以後，所謂西周者，河南也；東周者，洛陽也。何以稱河南爲西周？自洛陽下都視王城，則在西也。何以稱洛陽爲東周？自河南王城視下都，則在東也」云云。乃恍然周威烈王以後，東周指洛陽，西周指河南，故西周錢今亦出洛中。然則東周、西周並爲晚周制矣。

兩甾傳形

兩甾，《古泉匯》所載大小各一。予近得一傳形者，大小與《泉匯》所載之小者同，前人所未睹者。

莽布

莽布，鮑子年先生分爲穿上、不穿上兩種。然以予所見，蓋又有大中小三種之别。歸化城一帶所出最大，而文字不甚精。近漢中府所出，最小且精。關中所出，則大小適中。

序布

莽布中之序布，序字作[illegible]，故史家誤作厚布。惟予所藏之序布，漢中新出土者，字獨作[illegible]。平生所見，此一枚耳。

大泉五十

鮑子年、胡石查並有鉛土合造之陰文「大泉五十」。予亦藏二枚，一一面反文四字，而背無文；一則兩面同文，一正一斜，洵異品也。予又有「大泉五十」一，大字作[illegible]，尤奇。

吉語五銖

予今年得一吉語五銖，至奇，兩面同文，一正書，一傳形。其傳形一面，穿上下各有七星，「五」字腹内有小分書「大吉」二字。其正書一面，穿上下共爲七星，「五」字腹内有「宜子」二字。「五」字下有「禾」字，「禾」乃「利」之省。蓋合兩面讀之，成「大吉利宜子」也。此在吉語諸品中，絶未一見者。

吉語貨泉

蔣君伯斧藏一吉語貨泉，亦精絶。正面穿上有七星，穿下一帶鈎形，背環書「大富昌□父母利弟兄」九字。小分書，亦泉苑之菁華也。

豐貨

豐貨錢以前甚罕，近年中州時有出土者，價亦略賤。

涼造新泉

涼造新泉，近朔州有出土者，爲山東某氏所得。此錢吴清卿中丞有一枚，曩在吴中求之不能得，今不知入誰手矣。

太平百錢

王文敏致潘文勤書牘，言其兄名季寅字石塢者，官甘肅知縣，有太平百錢一枚，背有星月水紋及小太平百錢，此極罕見云云。又《天壤閣雜記》言於老幕周姓家得一太平百錢，百字作「𤽁」最奇。濮瓜麓有此一品，曾傲我，今乃壓之云云。案：此三泉，皆以前譜録所無。予亦無此拓本，殊令人夢想不已。

五銖稚錢乃蜀錢

王文敏《天壤閣雜記》言古譜所謂五銖稚錢，乃蜀錢，非梁造，特行用至梁耳。破此一疑，自《泉志》以來所未有云云。予謂文敏説至確。蜀直百五銖，背有記陰文數目字者，他錢則無。予藏一五銖，式與稚錢無殊，背刻陰文「廿五」二字。此可爲文敏五銖稚錢乃蜀錢之確證也。蔣君伯斧亦有五銖稚錢一，背作「廿四」。

大吉大富五銖

大吉大富諸五銖，前人多未見。王文敏家有一枚，後歸丹徒劉氏。去年予在吴市得之，殆爲臧獲輩竊出者。惜外郭略有缺損，然確非僞品也。

開元異品

方君藥雨藏一開元，外緣濶將三分，徧體斑斕，字頗精，奇品也。方君棣山亦藏一開元，幕有「藍」字及「太平大王」四字。「藍」字在穿右，「太平」二字在穿上下，「大王」二字在穿左，疑非會昌中所鑄。閩中天祐樹刻有廉主王大王之稱，此錢或王氏帥閩時所造與？亦異品也。

鉛乾亨

鉛乾亨，曩在粤時，新出土二十餘枚，予與蔣君伯斧分得之。製作艸率，無一同範者。内有一枚幕有「邑」字，在穿上，爲譜録所無。

大崇寧

蔣氏雙唐碑館藏一大崇寧分書者，正面有四出，至奇，亦古泉家所未見也。

木崇寧

王文敏致潘文勤書牘云「曾見賣古錢之伊勒布，手一木彫崇寧大錢，與銅錢無異，而精又過之。又復渾古。當時以爲玩物，未取。嗣讀元遺山《續夷堅志》，知宋時此泉先彫木樣進呈，以備改削，如唐之蠟樣。故崇寧等錢，無不精絶。乃知伊手之木泉，乃宋時木樣，故如是精舊」云云。今文敏所言之木泉，不知尚在人間否？亟箸之録，以備好古者之訪求。但恐近日作僞者多，或因此言而贋造之耳。

泰和異品

今年夏，朔州出一泰和錢，面僅「泰和」二字。「泰」字在穿上，「和」字在穿下，穿之左右各有一×。此泉至奇，爲方君藥雨所得，後爲日本西村氏易去。此錢世恐不可再見，甚可惜也。

大元通寶

方君棣山藏大元通寶一枚，大與當十大觀同，瘦金書至精。蓋即用大觀錢爲範，但易「觀」。爲「元」耳。幕有梵文四，分列穿之上下左右。此泉甚新異，蔣君伯斧曾手拓數紙，予尚存其一。

萬曆銀錢

明錢中，萬曆、嘉靖皆有銀者，大小僅與元之小錢等。蔣君伯斧藏萬曆銀錢一，大如當十大觀。正面「萬曆年造」四字，幕有「五錢」二字，在穿右，爲以前藏泉家所未見。伯斧之先德敬臣先生清翊藏泉甚夥，圓錢中頗多奇品，此其一也。

永樂銀錢

永樂亦有銀者。予於日本西村君處得二枚，一與常範同，其一字尤古雅。西村君言是日本鑄。

此譜録家記載所未及也。

錢鏡

錢鏡非錢類，然亦非鏡。因平面多不光絜，不可以鑑也。開元、大觀鏡最多。鮑子年先生有建炎重寶篆書錢鏡，予有正德錢鏡，制極粗。然字甚古勁，絶非僞造。錢譜多不載錢鏡，然古譜所載藕心錢等，實非錢也，予故亦以此附於予所藏泉幣拓本之後。

錢範

錢範發見最晚，鮑子年先生箸《範説》，張叔未先生泉範諸題跋，考之甚詳。惟諸家所定爲石範者，予定爲石膏製，見《唐風樓金石文字跋尾》，此爲前賢所未知者。

古化範

《古泉滙》所載泉範至夥，足補以前譜録之闕。然後來所出諸古化範，則李氏未及見也。陳壽卿有齊化範數百，潘文勤有數十，予亦藏二三，乃山東小汪家村出土者。陳氏有千化範室，謂此範也。此範以沙爲之，每拓一次，輒加漫漶，故予所藏至今未拓一紙。

吴清卿中丞有梁充、乐一金匕範，各一。又有盧氏空首布範，均至精，爲鮑、李諸家所未見。惟所藏垣金匕鐵範，似出僞造。

五銖範

出土銅泉範多爲泉之正面，而具面、背兩範者少。惟清儀閣所藏之銅五銖範，則面、背兩範悉具，爲出土泉範中所罕見者。

古範流或在面或在背

古範各泉駢列，其間皆有流，前人所謂走銅之道是也。然多有各錢不相聯絡，但有總流而無支流者，初以爲疑，既無支流，銅液何能四達？繼見泉幕範有支流者，始悟支流或在面範，或在背範也。又半兩等面幕平者皆必有支流，蓋幕平者無背範也，此可爲予説左證。

半兩範

半兩有傳形者，而傳形範則甚少。濰縣陳氏藏半兩範至多，有一範一穿上下横列「千秋」二篆，一泉作龍文而無字，此爲半兩範中之最奇者。予有一石膏範，尚存泉十枚有半。内作半半者二枚，傳形者一枚，穿卜一星者二枚，爲敝藏石範之冠。

小泉範

陝西所出專範，五銖爲多，大泉五十及小泉直一爲少。《續泉匯》載一小泉殘範，僅存四泉又半。鮑、李兩君，以爲僅見之品。予去年得小泉範一枚，尚存錢十有五，製造精絶，惜土花堆積，不能剔去，未得精拓，爲可憾耳。

金山東東路交鈔銅板

宋以後行鈔法，今交子、會子不可見。予所見者爲金山東東路之交鈔、貞祐寶券、興定寶泉三種。山東東路交鈔，銅板已漫漶，王蘭溪所藏，長約今尺五寸半。其式四周有花闌，闌外上端衡書壹拾貫，闌内衡畫爲二方。上方約三之一，下方約三之二。上方字三行，中書「□每貫八十足陌」。左曰「厶字料」，右曰「厶字號」。旁又有篆書二行，左曰「僞造交鈔斬」，右曰「賞鈔三佰貫」。下方中間書「僞造交鈔斬賞錢叁佰貫」，左方有「山東東路」云云。小字四行，僅有山東東路及南京交鈔庫益等字可見，餘漫漶不可辨。右方字三行，第一行印造鈔□，第二行印造鈔官，第三行尚書户部委□，而不著年號。使非山東東路四字，不能知其爲金之交鈔也。闌外左方有字一行，曰「每□□」云云，漫漶不可辨。案：金朝交鈔分二期，一在海陵王時，一在章宗以後。海陵王交鈔文見范石湖《攬轡録》，《文獻通考》卷九《錢幣考》引。章宗更定交鈔文見《續通考》。范氏稱海陵以七十爲陌，此鈔則作八十足陌。南京交鈔所，此作交鈔庫，爲不合。然貞祐券亦作八十足陌，此與章宗更定交鈔文多不合，或是海陵交鈔，范《録》誤耶？當更考之。

貞祐寶券銅板

貞祐寶券，其式大於山東東路交鈔，約長今尺八寸一分半。亦有花闌，闌外上方衡書「伍貫」二字，闌内上方平列「貞祐寶券」四字。下又爲横闌，闌上字三行，中間書「伍貫八十足陌」，左曰「輶字料」，右曰「厶字號」。兩側又有篆書二行，左曰「僞造者斬賞」，右曰「寶券三伯貫」。闌下中間字一行，曰「僞造者斬賞寶券叁伯貫仍給犯人家産」。左右側各有字四行，左方前三行僅「行用不限日月□□京兆□□□官□例」諸字可辨。第四行曰「叩庫扌押庫副空二字。攢司押」，右方首行曰「貞祐空年空月空二字日」，第二行曰「寶券庫使押副空二字判官」，第三行曰「印造庫使押副押判官」，末行曰「尚書户部勾當官空四字，下有押」。其右闌外斜列「京兆府合同」五大字，下又有「平凉府合同」五大字。以校《續通考》所記章宗時交鈔既不合，與山東東路交鈔亦殊，著之以補史家之缺。此券銅板，舊存太倉徐氏，今不知尚存否。

興定寶泉銅板

興定寶泉銅板，至精。吴清卿中丞所藏，得之關中。長今尺六寸八分，其式與山東東路交鈔及貞祐寶券又異。四周有闌，上半截之闌，但作單綫，上端闌外畫錢二貫形，闌内分衡闌二，上層書「興定寶泉」，下層書「貳貫聞省」，並平列。此下二方闌，左曰「厶字料」，右曰「厶字號」。二方闌下又有横闌，平列「南京路」三字。二方闌左右側篆書各一行，左曰「僞造者斬」，右曰「賞陸伯貫」。其下截中圓如鏡，四周有牡丹花紋，中間字一行曰「僞造者斬，賞陸伯貫仍給犯人家産」。左方文五行，首三行曰「奏准印造興定寶泉並同見錢行用，不限年月，流轉通行」，第四行曰「寶泉庫子押攢司押」，第五行曰「印造庫子押攢司押」。右方文五行，首行曰「興定六年二月空日」，次行曰「寶泉庫使押副空判空」，第三行曰「印造庫使押副押判空」，第四行曰「户部勘合令史押」，第五行曰「尚書户部勾當官空下有押字」。此文證以章宗更定交鈔文亦不合，知有金一代，鈔文屢易，史家所記，僅其大略，未可據也。

興定寶泉頒行年月

貞祐寶券，史家所記在貞祐三年七月，始改交鈔爲寶券。然則山東東路之交鈔，即非海陵時制，亦在寶券以前可知。興定寶泉，史家言五年閏十二月造，而此銅板則書興定六年二月，微有不合，豈五年方建議，六年春乃頒行耶？

小鈔銅板

王蘭溪所藏尚有一鈔板，長僅當寶券之半。花闌至簡，中有衡闌，闌内上方有「貳貫」兩大字，平列。衡闌下方作緡錢二貫形，無他文字，殆亦金物。金代曾行小鈔，此或是小鈔與？

洪武鈔

庚子都城之亂，市井無賴毁諸寺佛象，於象腹中得明洪武鈔。予得十餘紙，以分贈同好。其制與《續通考》所記略同，惟《續通考》記鈔文「中書省奏」，此作「户部奏」；「告捕者賞銀二十五兩」，此作「二百五十兩」，與《實録》同而與《食貨志》異。《續通考》言鈔高一尺，廣六寸，校以瞿木夫先生所藏萬曆丙戌銅官尺正合。有明一代鈔票，皆用洪武年號，此不知何時所造。洪武年月日，有空格而不填字，其爲後來所造無疑。此鈔正面二朱印，上一印文曰「□□寶鈔之印」，下一印不可辨。背有「印造寶鈔局印」，印下有一牌子，外有花闌，中衡分二界，上衡書「壹貫」，下爲緡錢狀。

古泉學家三長

古泉譜録，佳者至少。自李氏《古泉滙》出，而壓倒以前諸家。予謂古泉學家，當具小學、歷史、鑒別三長，然能兼此三者甚少。近來諸譜之佳者，馬若軒昂之《貨布文字考》、蔡鐵耕雲《癖談》，明於小學，馬氏則兼明歷史。翁宜泉樹培《古泉彙考》，明於歷史。初渭園尚齡《吉金所見録》、戴文節《古泉叢話》、李氏《古泉滙》，精於鑒別。三家之中，初氏較疏，鮑子年觀古閣諸雜著，當與李書方駕，殆亦古泉之鑒別家也，而卒無一書能具三長者。

貨布文字考

《貨布文字考》，謂傳世諸貨布，皆出自春秋、戰國，一掃前人上古即有貨幣，厶屬太昊、厶屬葛天之穿鑿傅會。以傳世貨幣，案其文字所記地名，分屬齊、趙、燕、秦。雖如以寶貨爲燕貨、晉地諸貨皆屬之秦之類，均未確，然能解脱糾紛，開闢榛莽，其識見可謂超軼流輩。其解説文字，亦多鑿空，然終是博學精思，能自爲一家言者。此書四卷，首總説一卷，道光壬寅金山錢氏蘭隱園刻本，摹刻甚精。錢氏所刊諸書，版本俱燬於兵，故傳流至少。予所藏乃劉、鮑舊藏，簡首有「佞漢齋」、「燕庭藏書」、「子年讀過」諸印。

癖談

蔡氏《癖談》六卷，中多精義，如卷二言今所見金幣猶言銅幣，古物也，而非上古物也。蓋流行於春秋、戰國，晦於秦，僅存於漢，再晦於莽，稍顯於唐，而盛述於宋人之口者也。數語可謂斬斷葛藤，特有見地者矣。又如釋乘正、乘邑之乘爲梁，釋馬没吕之吕爲邑，均精。又所考小布諸地名，亦多精確，足與馬氏《貨布文字考》並駕，非他譜録所可望也。惟中有不甚可解者，如言所見鑄銅之貝，蓋盈二寸，不知所見係何物。又謂白人之白乃「即」之省，甘丹之井乃「開」之省，如此之類，則千慮之一失也。

古泉彙考

翁氏《古泉彙考》，至今未刊行。前在廠肆見稿本八卷，有説無圖，每條備引前人之説，末附宜泉先生案語，後間有著劉燕庭先生校記者。此殆嘉蔭簃校寫本也。所載古幣，自燧人氏始，仍不能不沿前譜之失。其卷次：一上古至商、周，二秦、漢、三國、三六朝，四唐至五代，五六宋、遼、金、元、明，七外國及不知年代品，八壓勝打馬。此書宜泉先生無多發明，惟備載前説，於典制考之頗詳，將來作泉幣史，取資之處當不少。

鍾官圖經

陳詵園萊孝《鍾官圖經》，亦未見刻本。前在廠肆見舊寫本，乃沈均初舊藏。前有「沈樹鏞」、

「鄭齋考藏」印。陳氏《自序》稱依據乾隆庚午錢唐梁公、虞山蔣公奉勅所撰《西清古鑑》附載之《錢録》，而爲此書。計八卷：一古刀布，二秦、漢、三國、晉，三六朝，四唐及五代十國，五兩宋，六遼、金、夏、僞齊、元，七明，八外國及不知年代品。其所録刀布，仍蹈宋以來舊譜之説，以太昊、葛天、神農、黄帝等幣弁首。且僅刀幣有圖，圓錢則否，於圖經之名亦未稱。惟徵引前説，不無蒐輯之勞耳。

制錢通考　大泉圖録

記本朝錢制之書，有唐西源與崑《制錢通考》及鮑氏《大泉圖録》二書。鮑書流傳頗多，唐書傳本頗少。其書四卷，前三卷正用品，末一卷厭勝、吉語諸品。於國初天命至道光，所收三百三十四種。於本朝圜法，言之極詳，凡罏冶輕重，文字沿革，悉載靡遺，合之鮑書，昭代錢法備矣。唐，山陰人。書刻於咸豐初年，今已甚罕覯，安得好事者爲之重刊，予日望之矣。

道咸間藏錢家

道、咸間都下諸藏錢家，有劉青園、戴文節、吕堯仙、劉燕庭、李竹朋、鮑子年、楊幼雲諸家，其收藏均極一時之盛。劉青園所藏，散出最早。戴、吕不可知，恐燬于赭寇之亂。劉散佚較晚。予在淮安時，尚見山東估人持劉所藏覔售，裝飾至精，而中多贋品，恐櫝在而珠久亡，或存者皆下駟也。李氏所藏，蔣則先州牧楷言十餘年前，其後人方求售，今當已易主。子年先生猶子印亭太守恩綬曩過淮安，予遇之于亡友路君山夫坐上，詢以所藏，尚完好。楊氏則未知何如，然其所藏《蜀石經》，則已更數主，恐藏泉亦未必獨存矣。

咸同間藏錢家

咸、同間藏泉家，若濰縣陳氏、吴縣潘氏、黄縣丁氏及吴清卿、王文敏、胡石查諸家，或與鮑、李接軫，或稍後出，其收藏有突過前人者。陳壽老殁未久，聞所藏無恙。丁氏亦收藏完好。潘文勤身後，家屬出都時，聞廠友言，凡長物之不便取攜者，皆賤值售去。石刻專甓，載以數車，歸日照丁氏，所得才百餘金，恐藏泉亦未必載之而南也。清卿中丞身後，所儲蕩然無復存者。文敏所藏，庚子亂後歸丹徒劉氏，今又不知歸誰某矣。石查近年方没，然其身前，亦常以售人，或亦不能盡存也。合觀諸家所藏，未百年間，近者或二三十年耳，其轉徙已如此，而流入海外者歲有增益。今日若更不設博物館及歷史參考館等，以國力保存之，恐以後私家所蓄，不至蕩然無存不止，此固不僅古泉幣爲然矣。書罷爲之憮然。

現代藏錢家

現今海内藏泉家，予所知者，溧陽端氏方收藏至夥，然未得寓目。餘則定海方氏若所藏頗精，莽布有穿上、不穿上者二分，所藏六泉亦精。又揚州方君椽山、合肥龔君景張所藏亦不少。

蔣氏父子及自藏

予少時無錢幣之嗜。光緒乙未，吾友蔣君伯斧之先德敬臣先生清翊寄居淮安，于其寓居之抱布新築，縱觀所藏泉而羡之。蔣與胡石查交善，所藏圓泉精品至多，伯斧世守無恙，復爲之增益不少。予之藏泉，實伯斧爲予導師也。計今昔十餘年間，南北數省，所在蒐輯，至今始得古刀幣一千三百餘品，圓泉亦千餘品。甚矣，收采之難也！予所藏刀布，不讓前人，而圓泉則視伯斧有媿色矣。今年初夏，託婦弟范君緯君爲予拓墨，迨冬乃就，裝爲十二册，後有所增，則附益焉。緯君藏古刀布亦千品，蓋又薰習於予者。

再續古泉匯

予藏泉雖不足稱富，而可補《古泉匯》者尚數百品。擬就予所藏，並同好拓墨，爲之再續，並將其記載疏舛處，爲刊誤附焉。此在今日亟宜着手者，但年來事事因循，觀成未知何日耳。

璽印　古鉨

古鉨發見亦最晚。咸、同以來，收藏家懸重金求之，一鉨動至數百金。若陳壽卿、吳清卿、黃縣之丁、海豐之吳、濰之高，爭收競購。估人偶得一鉨，其所贏有可供一歲食者。今諸老大半殂謝，鉨之值不如前，而出土者遂亦日稀。

瓷鉨

吳清卿中丞藏一瓷鉨，約方建初尺一尺。文曰「[illegible][illegible]司工」。瓷面有光澤若油，即「釉」字，注見前。乃最晚年所得，古鉨中所絶無者。考有油之瓷，初不知始於何時，今以此鉨觀之，殆三代已有之。

著之以告世之箸中國文明史者。又濰縣陳氏藏車字鉩，乃似石非石之物所製。予未之見。以此鉩例之，或亦瓷者與？

矩形鉩

古鉩有作矩形者。予嘗見一鉩，狀作，曰「左屯鉩」。後來印章無用此式者矣。

順逆文鉩

予去歲得一銅鉩，二字一順一逆。文曰「」此前人所未知，書之以告後之再續《三十五舉》者。

料鉩

近得一印曰「邦當時」。以似石似瓷之物製之，色白如骨，而印鈕破處則破洞明如人之牙瓷然，殆燒料也，後來不復見矣。又漢人印亦有角製者。

石洛侯金印

諸城李氏舊藏石洛侯印，黃金龜鈕。李氏跋云：「此印制甚古雅，得自縣南某村土中。按：《史記·王子侯年表》：『石洛侯劉敬，城陽頃王子，元狩元年四月戊寅封。』則是石洛侯乃漢高祖六世孫，而武帝所封者。參校《漢書·表》，其世系及始封月日皆合。惟以石洛爲原洛，劉敬爲劉敢，元狩爲元鼎，蓋由轉寫而異。考《漢書》本紀，元狩元年五月晦爲乙巳，則四月不得有戊寅。元鼎或確，敬與敢無從審定。據此印足正原洛之誤，古物之有裨史學如此。諸城李仁煜書。」此印今不知尚在人間否。予有拓本，亟箸之以餉校太史公書者。浭陽端氏藏關中侯黄金印，亦精絶。

俊靡丞劉延印

去歲在滬得俊靡丞子母印。母印曰「俊靡丞印」，子印曰「劉延」。考《漢・地理志》：「俊靡屬右北平。」《後漢書・耿寬傳》及《馬武傳》作「浚靡」。以此印證之，則兩傳作「浚靡」者誤，《志》作「俊靡」者是也。此印官私二印合一，漢人每有之。予又嘗見一漢印，文曰「大司空士姚匡」。

竇武印

竇武印今不知存否，篆文精絶。予所藏印本，有未谷先生手題七古一首，不載其詩集中，録之於此：「闕下陳兵五校走，都亭竟梟將軍首。蒼黄家屬徙日南，官符私印俱不守。此印薶没千百年，今日等閒落吾手。土花點點朱砂斑，列侯爵重龜作鈕。印泥粱紙紅猩猩，此是忠臣血一斗。宦官乘勢弄國權，桓靈錯認看家狗。朱瑀盜發執政書，不顧官印封囊口。朝臣氣喪凶豎驕，更有何人帝左右。星辰錯謬天官占，果然上將當其咎。親戚誅滅孤兒逃，姓名已先白骨朽。天留一印與人看，多少黨錮冤皆剖。嗚呼！多少黨錮冤皆剖，猶恨胡騰不知此印今尚有。」《未谷詩集》又有《孔褒銅印歌》，此印今亦不知尚存否。

吉語印

古印有作吉語者。海鹽汪氏藏有萬歲無極玉印。《北史》魏正平二年詔曰：「朕于苑内，獲方寸玉印。」其文曰「子孫長壽」。此等印初不知何用。去年洛中古冢上出一印，文曰「千秋萬歲」。色瑩如銀，如新鑄者。知此等皆殉葬物。古人有官職者，許以官印葬。此等吉語諸印，殆庶民殉葬用與？

西夏印

鮑子年先生藏番篆印三，旁有正書，字與西夏書同，知此印乃西夏物。然史稱元昊製國書，不言曾製篆文。此二印雖不可識，然可據此以補史書之畧。

岳飛李綱印

西湖岳鄂王廟，藏岳忠武銅印，係漁人得之湖水中者。文曰：「武勝定國軍節度使開府儀同三司湖北京西路宣撫使兼營田大使岳飛印。」白文，刻畫極精，與傳世宋人官印迥別。印側刻「厶年勑賜」。壽州孫氏藏李忠定玉印。文曰：「尚書右丞親征行營使李綱印。」旁刻「靖康元年勑賜」。與岳鄂王印正同。二印皆出自勑賜，故備載官職、名氏，非尋常官印之僅載官職者比也。岳鄂王印，予曩從吳康甫貳尹廷康乞得一紙，聞此印乃吳君所典守，後竟攜去，不知確否。忠定印印本予尚未得，當從孫氏乞一紙也。

移相哥大王印

山陽丁氏藏移相哥大王印一枚，以建初尺度之，方約五寸許，厚僅三分許。兩面有字而無紐，仿佛漢人革帶印而無穿。一面刻「移相哥大王印」六篆字，一面刻「厶厶厶厶之寶」六字。「之寶」二字篆書，餘四字蒙古書不可識。移相哥大王，見《元史·宗室世家》，云「勢都兒者，太祖弟搠只哈撒兒之孫，而移相哥大王之子也」云云。此印道光間丁儉卿先生所得。光緒癸巳秋，予從丁氏借觀，手拓數紙。今頤志齋所藏，大率售去，此印不知歸誰氏矣。

古印譜

古印譜，道、咸以來，無慮百餘種，而至《齊魯古印攈》、《十六金符齋》及《雙虞壺齋印譜》歎觀止矣。濰縣陳氏《萬印樓印鉨譜》，聞已有印本，而絶未一見，必大觀也。二十年來，國學日就衰歇，恐今後無復繼起者，念之令人長太息也。

古封泥

古泥封初發見時，多以爲印範，後出土日多，始知爲古封泥也。翁叔均大年曾著《泥封考》二卷，予未之見。惟濰縣陳氏、海豐吴氏之《封泥考略》十卷，近已印行，考證頗詳。予所藏拓本，多有出二氏所藏之外者，異日當撰集之，以續陳、吴之書。

碑刻　盧氏摩崖

趙氏《訪碑録補》所載盧氏古摩崖，予於光緒甲午始見其拓本，紙長三尺許，細審絶無文字，惟有石裂痕交午紙上而已。拓本外附洪洞劉師陸《跋》一紙，略謂「碑在盧氏縣中山河口摩崖。其文作△各，從△水，乃古洛字。蓋導河自熊耳之後，始以𣲖稱。若曰前此本非一水，至是乃三合各水成川，宜名爲𣲖。以東方朔《十洲記》證之，其爲神禹遺迹無疑」云云。石本無字，而言之鑿鑿如此，好古之過，流爲虛造，可發一笑也。

紅崖古刻

紅崖古刻，詭異不可識，然絶非僞造。或以爲苗人書，其説頗近。鄒叔績先生有釋文，其穿鑿傅會，與劉氏之釋盧氏古刻同，令人絶倒。聞趙撝叔亦有釋文，又不知與鄒氏異同如何也。文人好奇，至今人不可思議如此。

紅崖古刻，拓本至難得，曩僅見獨山莫氏縮摹本而已。昨在廠肆見拓本四大幅，云是福山王文敏公舊藏，細審之則嚮拓也。嚴範孫侍郎視學貴州時，欲求一拓本，亦不可得。

秦石刻

秦石刻之傳世者，曩僅琅邪殘刻與泰山十字。近琅邪臺殘刻爲雷所崩，相斯石刻，宇内但存十字矣。

琅邪殘刻

琅邪殘刻，舊止拓一面。陳壽卿嘗請其客宫玉甫、何伯瑜監視拓工劉守業，並東面拓之，字行了了，而實不能辨一字。陳氏曾以一本贈吴平齋，今藏予家。

海州秦石刻

唐陶山《海州志》載海州有秦刻，在海濱，潮落乃可見。《鐵函齋書跋》卷一《漢甘泉瓦拓本跋》。亦言其弟楚萍客海州時，親見李斯「秦東門」三字，在馬耳山石壁間，次日再訪不可得云云。予嘗以詢沈雨辰侍郎，侍郎言曾於潮退時檥小舟其處，縋而下，覓之，終不可見也。據諸家所述，則此刻殆如海上三山，安得一旦豁然在前耶？令人企想無已。

孟琁碑

宇内漢刻，西漢最少。近雲南昭通新出《孟琁碑》，其上截每行約損七八字，年號已不可見，惟碑之首行，尚有「丙申月建臨卯」語。予依長術考之，乃河平四年所立。此石遠出荒裔，拓致不易。然當與麃孝禹石刻東南並峙，洵漢刻中之麟鳳矣。予有跋尾，載《唐風樓金石文字續跋》。

延年石室石刻

蜀中數年前，勘礦某山中，得一漢刻，凡三行。文曰「陽嘉四年三月造作延年石室」，字頗精。今藏倫貝子邸中，拓本流傳至少。

土圭

漢代有草隸，遺迹久不可見，惟齊魯所出古陶器有作草書兼隸體者，畧可窺見艸隸之一班，然每器不過二三字至四五字耳。端午橋制軍所藏土圭，字獨多，且有年號。文曰「延熹七年五月九日己卯日入□雨」，計三行十四字，字大者約建初尺五寸餘，雄樸渾雅，爲傳世草書之祖。此前人所未及知者，我輩生於今日，眼福乃過古人，可云幸事。

梧臺里石社碑

前年山東出一古碑額，篆書二行。文曰「梧臺里石社碑」六字，極勁雅，非漢人不能爲。又以碑之形考之，爲漢刻無疑。昨讀《水經注》，言臨淄梧臺西有石社碑猶存，漢靈帝熹平五年立，其題云「梧臺里」云云。然則此額之爲漢刻信矣，比不知尚在否，已遣人物色之。此歐、趙未見之奇迹，若一旦得歸予齋，豈非幸事！庚案：此碑今藏山東圖書館。

冠軍城石柱

冠軍城有古石柱，刻故吏題名，八分書，計三列，每列十行，已損缺，不見年月。以字迹考之，乃漢刻也。後有同治六年王紹羲《跋》，云是嘉慶時出土。顧諸金石家多未著録，近繆氏《藝風堂金石文字目》列目多至萬有八百餘，亦未之及。王文敏公《漢石存》亦不載，殆傳本罕見故耶？予既著録於《唐風樓碑録》，並記於此，以告世之訪碑者。

昌陽巖摩崖

山東文登有摩崖八分書六字，曰「昌陽巴嚴掾高」六字。金石諸書罕著録者，惟繆氏《金石目》載之，署爲昌陽巖題字。以無年月，附於漢末。予案：此六字極似西漢銅器欵識，視《三公山碑》

字尤古，疑是西漢刻，記之以質方雅。

祀三公山碑元字未損本

常山相馮巡《祀三公山碑》，首行□初四年，「初」上損一字。據翁閣學考爲「元」初，是翁氏所見，皆已損本也。予舊藏桂未谷先生本，「初」上亦損一字，後在金陵得一本，則「初」上「元」字完好，映日光透視之，確非黠工所僞爲。書之，以爲翁説之證。

樊敏碑

《樊敏碑》，洪文惠著録後，石久佚，咸、同間復出。予曩以校洪書，正誤字四，增釋字一。第六行光和之末，「末」字洪誤「中」；第十六行書載俊艾，「艾」洪誤「乂」；第十九行渾元垂像，「渾」洪誤「演」，又缺「像」字，金精火佐，「火」洪誤「大」。可見著録碑文，精核者自昔難得也。

小蓬萊閣漢碑五種

小蓬萊閣所藏漢碑五種：曰《成陽靈臺》，曰《朱龜》，曰《譙敏》，曰《魏元丕》，曰《范式》。久藉藉人口，近歸端制軍匋齋。五種中《魏》、《范》兩碑爲原石宋拓，餘皆舊復本也。予舊藏《成陽靈臺碑》復刻舊拓整本，乃徐紫珊寒木春華館物。以楮墨觀之，亦在數百年前。以校小蓬萊閣本，又有不合，知漢、魏碑版，明以前多有復刻者，或且不只一本也。

君車畫象

漢代畫象，其有文字者，皆細書淺刻。惟濰縣陳氏所藏《君車畫象》，題字極大，每字約建初尺二寸，爲海内漢畫題字之冠。此石出青州，予曩視學山左，過益都時，見漢畫象無字者甚夥，人家壁間及街市多有之。安得好事者一搜訪之，所得必不少也。

秦涼碑刻

兩晉碑刻頗少，閏位諸國則尤罕，僅苻秦有二碑。近《廣武將軍碑》又佚，僅存《鄧太尉祠記》一石耳。前年端午橋制軍觀政泰西，於德都博物館傳拓《涼且渠安周造象功德記》一紙歸，於是海内始見涼刻。予曩過金陵，從制軍借付影印，並著録於《唐風樓碑録》中。聞此石德人得之新疆。近歐美人之研究東方學者日增，故中國古物航載出疆者，亦歲有增益。而我國國學乃日有蕭落之歎，無識之商民又每以國寶售諸外人，以侔一時之利，殊令人歎惋無已。庚案：《廣武將軍碑》，近年復出土于陝西。

好大王陵碑

高麗古刻，以《好大王陵碑》爲最先。以前金石家不能決立碑之歲月，予考爲義熙十年。有跋載《唐風樓金石文字續跋》。鄭叔問舍人文焯謂立於東漢，亦未確也。鄭君所作釋文，亦有譌誤，去年予著録入《唐風樓碑録》，爲刊正八十餘字。蓋此碑善拓難得，以前廠肆碑賈李雲從拓此碑時，每次上紙二三層，故第一層字迹校明晰，其第二三層模糊不辨之處，輒以墨鈎填，不免譌誤。予所得二本，一本第十五行「而殘王困逼」之「而」字甚明了，他本則改「而」作「百」。今詳諦「而」字中間兩小豎筆尚存，絶非「百」字。且下文有「將殘王」云云，則「百殘」省稱「殘」，本碑再見，作「百」者非也。又第十六行「將殘王吊并大臣十人」，「吊」字甚明了，他本改作「弟」，鈎填之失如此。

紀功刻石狀與碑異

古人紀功刻石，與尋常懸窆麗牲之碑不同。今考之傳世古刻，若秦之《琅邪臺》，漢之《沙南侯獲》、《劉平國》，吴之禪《國山》、《天發神讖》、《禹陵窆石》，高麗之《好太王陵》諸刻，皆爲方形或圓形，其製與碑版迥異。唐之《平百濟紀功頌》，則刻之方塔上，塔累石高五級。此與古刻石已略異，然尚不作碑版形。此事考古家所未言，故識之。

伏生碑

山東濟南之齊東縣，故東朝陽城東五里，有土阜，上建碧霞元君廟。同治甲戌，以久雨水漲，阜前陷一穴，如郭門狀。邑人孟秀才往觀，於穴中搜得一碑，已損其首。文曰「徵君伏生冢」。「徵君」上有一字字，側書，字較小，筆力蒼厚，頗似《瘞鶴銘》。考《水經注》「漯水又東北逕東朝陽縣故城南，又東逕漢徵君伏生墓南，碑碣尚存」云云，則此碑殆即酈氏所見。以字迹觀之，殆齊、梁人書也。此碣雖出土未甚久，而知者甚少。繆氏《金石目》始著録，而未注出土年月，予故爲記之如此。

游雲峰山詩

盛伯羲祭酒昱藏詩五言《游雲峯山》石刻，已損下半，年代書撰人名已不可見。而字迹雋健婉麗，爲六朝人書之冠。祭酒身後，所藏尚完好，但都城庚子之亂，此石不知如何也。

孟縣四司馬墓誌

《孟縣四司馬墓誌》，司馬紹及司馬昞兩石久佚，今但存復刻者。《司馬昞》一誌，匋齋尚書及予家各有一本，吴子苾先生《攈古録》言吴門白塔程澹秋茂才藏一本，則《昞誌》原拓，尚有存者。予以復本與原刻校，神味全失，而「宗胤分否」之「胤」、「玄枵之月」之「玄」，復本並以避諱鑿去。《司馬紹誌》，繆筱珊京卿藏有原石本。吾友趙森伯舍人世駿言渠曾見原刻，「字元興」乃作「字玄興」，此殆不可解。《魏書》亦作「元興」，不作「玄興」也。異日當就繆氏藏本一考之。又《司馬昇誌》，光緒庚子，石歸丹徒劉氏抱殘守缺齋，今又歸洩陽端制軍。

舊館壇碑

上清真人《舊館壇碑》，石久佚，《攈古録》謂嘉善程蘭川家藏原刻本。去歲予見一本，後有張叔未先生跋尾，爲程蘭川題。然刻手凡近，拓墨亦新。此碑有顧湘舟重撫本，疑真本爲人易去，而以顧刻配真跋也。程氏原本，不知今尚在人間否。

鄭道忠墓誌

《鄭道忠墓誌》，相傳已佚。然近年時見拓本，皆由汴中來，頗疑石在河南。乃去年有友人自汴至，言此石尚在鄘禾農大令家，果未佚也。人家藏石，或多年不傳拓，便謁爲已佚，恐佚石之如此誌者，尚不少也。

宇文公碑

山東掖縣亞禄山《光州刺史宇文公碑》，不及宇文公之名，亦無年月。孫氏《訪碑録》附周末，蓋以宇文爲周之宗姓，非確有所見也。予以《齊宇文萇碑》考之，知此宇文公乃宇文萇。萇曾爲光州刺史，碑敍其刺光州時，勸學務農，民知禮節，與此碑所稱治方清美正合。則宇文公之爲萇，殆無可疑，則此刻當列齊代也。

法堅法榮比丘僧額

山東泰安之姚莊大雲寺，有《法堅法榮比丘僧額》，以前諸家著録者，皆不知其年代。去年予得一舊拓本，額之右方，存「延昌元年癸巳」等字，了了可辨。此爲前人所未及知，爲之欣快累日。

四大空王四大字

王文敏公致潘文勤尺牘，言鄒縣山上「四大空王」四字，須二百有零建方皮紙始可拓足，拓齊一分，須載以二小車云云。海内大書深刻，當以此爲之魁矣。

梁文昭公碑

涿州李芝陔在銛家藏宋拓《梁文昭公碑》，氈拓精妙，不異於豪素閒見之，乃賈秋壑舊藏。後有魏國公印，有成邸跋尾。予曩著《昭陵碑録》，據以補百數十字。芝老寶此碑，如護頭目，年九十餘，瀕死，乃以授諸其甥趙次珊制軍，洵宋拓中之最上乘也。

孔祭酒碑

昭陵諸碑，除《梁文昭公碑》外，又得見《孔祭酒碑》，宋拓至精，本爲謝安山舊藏。謝得之錫山華氏，後又由甬上陳氏而歸鄞縣李氏，今藏趙聲伯舍人許。計十三葉，存七百九十七字，拓墨至精。予著録此碑，據此本補釋八十餘字。惜僅拓上截，若并下截拓之，增釋之字，不知更幾許矣。然因此得知《昭陵碑》之拓半截，自宋已然矣。

崔敦禮碑　姜遐碑

昭陵諸碑中，《崔敦禮》、《姜遐》二碑已佚。劉燕庭方伯撰《昭陵復古録》，其客胡次瑶琨爲之序，言方伯無《崔敦禮碑》，知《崔碑》道、咸時已難得矣。至《姜遐碑》，予平生見兩本，一丹徒劉氏藏，存二百餘字，今歸徐梧生監丞；一朱君玖聃藏，存九百餘字，今歸端尚書。此外未見第三本也。

房仁裕碑

甘泉毛子靜鳳枝撰《關中金石存佚考》，載所藏昭陵諸碑中，有《房仁裕碑》。太倉陸星農增祥序《金石續編》，述所藏諸碑，陸邵聞《續編》未入録者，亦有《仁裕碑》。予于廠肆及收藏家徧覓之，訖不可得，安得一旦於無意中遇之，企予望之矣。

昭陵諸碑之鑿損

昭陵諸碑，下截多被鑿損，其他半截未損者，凡遇「王」字皆鑿去。且不僅昭陵諸碑爲然，凡關中古刻率如此。初不可解，嗣讀楊文公《談苑》，言王溥薦何拱帥鳳翔，拱思報溥，問所欲。溥曰：「長安多碑版，願悉（願）得見之。」拱乃獻石本三千餘，溥録爲《琬琰集》百卷。當拱訪碑，成蹊害稼，村民多鑱鑿其文字，或折爲柱礎帛椹云云。據此知昭陵諸碑之鑿損，當在此時，而鑿去「王」字者，恨溥故也。

唐山唐初造像

直隷唐山，多唐初造象，以前金石家所未見，十餘年前始見拓本，繆氏《目録》始著之録。予所藏二百餘種，以校繆目，互有不同，殆拓本彼此均未全也。近鐵路通行，唐山去京師密邇，異日一訪之，求一足拓也。

王知敬書金剛經

王知敬書《金剛經》，《萃編》所録，僅下半石耳。近來拓本則上半亦完好，蓋石已中斷，舊僅拓下半，未必佚其上半也。予篋中有舊拓本，亦有上截。

那須直韋提碑

東友平子鐸嶺君，寄贈彼國《那須直韋提碑》。此碑狩谷望之《京古遺文》著録，考證頗詳。惟碑首署「永昌元年己丑」，掖齋謂當是「朱鳥四年」，係洗者改作。予案：永昌元年下署己丑，爲武周年號無疑，且石上並無改刻之迹。蓋日本曾奉唐朔，其國《大阪八幡宫鐘銘》，亦署「天寳四年」，是其明證。掖齋謂是改洗，蓋以奉唐朔爲諱也。

宋拓郎官石柱記　唐拓麓山寺碑　新驛記

趙森伯舍人，言曾見張長史《郎官石柱記》原石宋拓本，又言泰州陳氏藏唐拓《麓山寺碑》。蔣則先直刺楷言李少温《新驛記》原石已出土，其友人某藏有拓本，恨不得一見。則先官莒州時，得漢宋伯望殘刻，又嘗訪得宋《郭景脩墓誌》。

顔書馬璘新廟碑　張敬因殘碑

顔太師書刻徧宇内，宋人著録者，大半散佚。光緒十七年，陶方之制軍模官關中時，得《馬璘新廟碑》，置之陝西藩署。近端午橋制軍得《張敬因殘碑》於許州，此皆宋人已著録，佚而復出者。現各省興治鐵道，顏碑或有繼是而出土者，予企望無已矣。庚案：民國十一年，顏《勤禮碑》復出于陝西藩署。

魏公先廟記

《魏公先廟記》，石碎爲五。王少寇《金石萃編》著録時，甚多舛誤，有「天」、「吳」倒裝之誚。予曩已訂正之，録入《金石萃編校字記》。光緒十七年，陶方之制軍開藩陝西時，又蒐得一石，凡百七十餘字。並前凡六石，又將碎石嵌爲整本，此後可無錯亂之虞矣。

宋廣平碑側記

予藏顏魯公《宋廣平碑側記》，氈拓極古，行書，字大於顏書，酷似黄華老人及趙閑閑，而無書人欵及立石年月。吾友陽湖董君授經亦有一本，金石家從未見著録者。惟《金石林時地考·北直隸》卷，載《宋文貞碑側記》，亦顏書，但已翻刻，非顏體矣云云。疑所見即予所藏本，彼蓋未知顏氏原刻尚在也。意此《記》當時既有復本，拓工遂僅拓原刻之三面，而以重刻之《碑側記》配之與？又吳子苾先生《攈古録》載《邸珍碑》有二：一文與前《碑》同，而書法似金元時刻。以此證之，殆金代頗重刻近畿古碑，則予疑此《記》出於王、趙諸人手者，或不誣與？

張希古高延福兩墓誌

唐《張希古》、《高延福》兩墓誌，畢秋颿先生得之，置靈岩山館，後爲嘉興張叔未先生所得。赭寇亂後，蔣敬臣丈又得之張氏之裔。此二石西安府有重槧本，而原刻流傳頗少。原刻每字有界格，隱隱可見，重槧本則無之，以是爲辨。

《張希古》、《高延福》兩墓誌重刻本，乃秋颿先生攜原石回里時，刻之留西安者。此意最善。夫石刻流傳，往往不如楮墨之壽。碑板既入人家，愛惜必甚，傳拓必少。至子孫之不肖者，不知古碑之可貴，則又往往棄之荒圃廢園，其湮没可立而待也。轉不如在名山大刹，永無轉徙。碑賈集其下，每歲傳拓數十百本，即使原石偶湮，亦可就墨本傳槧。予嘗謂古刻入人家，大非美事，必不得已，亦取真留贋，如秋颿先生之于張希古、高延福《誌》可耳。著之以質好古之士，以爲何如。

景教流行中國碑

唐《景教流行中國碑》，記西教入中國之始，故西人屢欲盗去。前年有某國人欲盗此碑，已刻贋者謀易原石。適吾友方君以告，予乃亟白之學部尚書榮協揆，電陝撫令迅移至碑林，並着地方官加意看護，此碑乃得無恙。某國人不獲已，乃運贋刻之石以去。

《景教碑》載貞觀十二年七月詔，見《唐會要》卷四十九，而字句有異同。《碑》「大秦國大德阿羅本」，《會要》作「波斯僧阿羅本」。《碑》「玄妙無爲」下有「觀其玄宗」四字，「生成立要」下有「詞無繁説，理有忘筌」二句，《會要》均無之。《碑》「即於京義寧坊造大秦寺一所」，《會要》作「即於義寧坊建寺一所」。案：《會要》同卷。又載天(定)〔寶〕四載九月詔曰[二]：「波斯經教，出自大秦，傳習而來，久行中國。爰初建寺，因以爲名。將欲示人，必修其本。其兩京波斯寺，宜改爲大秦寺，天下諸府郡置者，亦準此。」據此知景教雖本出大秦，而其傳實自波斯。初名波斯寺，天寶中始改爲大秦寺。則《碑》於貞觀十二年詔中已稱大秦者爲不合，殆出於彼教徒所竄改，以《會要》爲得其實矣。

南詔德化碑

唐《南詔德化碑》，漫漶日甚，初不曉其故。近有自滇來者，言滇人謂此碑歲久有靈，患病者每膜拜其下，鑿石屑少許烹飲之，故此石日損。古刻罹此，殊出情理之外也。

唐石刻十二神

劉燕庭先生《海東金石苑》，載《新羅角干墓》及《掛陵十二神畫象》並繪十二神，獸首人身，手執兵器，蓋十二時生肖也。二碑均無年月，以角干墓故，定爲唐時所造。予案：墓中刻十二時生肖，不但新羅爲然，實唐代風氣如此。予曩得《唐名州司兵姚君夫人隴西李氏墓誌》，大和五年。其蓋中央刻「大唐故夫」四篆字，四周亦刻人身獸首者十二輩，與《海東金石苑》所載之《角干》、《掛陵》兩刻正同，知新羅蓋倣唐俗也。唐《高延福墓誌》之旁亦刻十二生肖，但非人身耳。

雷詢墓誌蓋之四周，畫十二辰，題曰「夜半子，雞鳴丑，平旦寅，日出卯，食時辰，禺中巳，正南午，日昳未，晡時申，日入酉，黄昏戌，人定亥」云云。劉明德墓誌蓋之四周亦然。《雷誌》刻於天寶五載，《劉誌》刻於長慶二年，蓋唐代習用之也。

王君墓誌

唐中和二年《王君墓誌》，載王祖父之名，而不及王君。文字拙劣，而碑之下側，有「其年黄巢坐長安，李帝奔（屬）〔蜀〕」云云，尤奇特不可解，記之以資譚屑。

神樹題字

唐天祐乙丑，閩主作《庵池記》，刻枯樹上，故亦稱《唐神樹題字》。在福州城外四十里，至今未毁。然福州碑肆所鬻，多翻刻，不易得真本也。聞近年有牧豎縱火其下，燒損數字，尚未大損。由唐迄今將千年，此木刻之最壽者。宋洪氏《隸釋》載漢高朕脩《周公禮壂記》，亦刻木柱上。由漢迄宋八百餘年，此本更壽於彼矣。

蜀石經

楊幼雲繼振所藏《蜀石經》，計《周禮》、《左傳》、《穀梁》三經。海内所存《蜀石經》，以此爲冠。此本於光緒庚子李亦園部郎希聖以賤值於亂中得之，亦園身後遺書有售出者，此刻不知尚存否。楊氏曾撰《經注考異》三卷，鮑子年爲作《跋》，不知身前已刊行否。其後人有無稿本，異日當一訪之。又此石佚已久，予嘗叩合州張式卿廣文森楷，言即殘石一片，亦不可蹤迹矣。

李濤妻汪氏墓誌

五代傳世墓誌頗罕。同治間揚州濬治運河，得楊吴《李濤妻汪氏墓誌》，棺本完好，《誌》下截已爲刀斧所傷，惟「順義ㄙ年」字尚可辨。此石出土後，爲揚州李仲平觀察之太翁所得。石面之刀斧痕，殆在李時或用爲礪石所致也。李氏寓居淮安，予嘗手拓數十本，著之《淮陰金石録》及《再續訪碑録》。後此石又歸清河王氏，今不知尚存否。

徐鉉徐鍇題名

金陵攝山多宋人題名，孫、趙兩《訪碑録》皆未著録。千佛岩徐鉉、徐鍇題名四篆字，筆力渾勁，直入斯冰之室。以重摹繹山石刻擬之，判若霄壤。徐書傳世者祇此而已。據宋張敦頤撰《六朝事迹類編》，載徐書碑碣甚多，不知何以湮没殆盡。今睹此刻，益令人遥想已。庚案：洛陽近出土《温仁朗墓誌》，徐鉉篆額「大宋故太原温君墓志」九字，視題名尤勝。吴興徐鴻寶先生藏，承以拓本見貽，故記之以告同好。

虎丘唐宋人題名

蘇州虎丘多唐宋人題名。予以光緒戊子訪之，凡孫伯淵先生《訪碑録》及潘氏《虎丘石刻録》所著録者，十亡五六。質之吾友蔣伯斧，云近年有平湖王呈瑞者，于虎丘遍刻題名，故前人留題多所鏟滅。時撫軍爲崧鎮青中丞，聞之怒甚，並其所題滅去之，然不足以蔽其辜也。古今名刻糜碎于此輩者，不知何限，可爲痛恨。

北宋二體石經

山陽丁氏頤志齋所藏《北宋二體石經》，爲海内孤本，今歸劉聚卿京卿世珩。去歲聚卿出以屬題，留予齋中月餘。其中字迹頗不一，《毛詩》、《周禮》、《禮記》畧同，而《周禮》最勝，《春秋》則真書較小，《孟子》字尤劣。考宋葉水心言瑞安沈彬老北游程氏，師生間得性命微旨，經世大意，時方禁《春秋》學，《石經》甫刻即廢。彬老竊賂守者自摹藏之，後世孫體仁閣以庋焉，名曰「深明」。據此知《春秋》甫刻即毁，此出於補刻無疑。至宋人諸家，均不云汴學石經有《孟子》，則《孟子》出於補刻，又可知矣。

元李師聖《汴梁學修復石經記》言「汴梁舊有六經。《論語》、《孝經》石本，陵谷變遷，殘缺漫剥者，蓋不啻十之五六。今參政公也先帖木兒以完復爲己任，不數月復還舊觀，奈何《孟子》七篇，猶闕遺焉。亟欲增置，而期會拘迫，有司請爲後圖，公默然。蓋有待於後舉也」云云。由此觀之，諸經文字不一律，而較劣者必出於也先補刻。《孟子》之增置，尚在也先之後。出於何時何人，今不可考。然以字迹考之，蓋亦出於元代也。

九曜石

九曜石，舊在廣州學使署。惟藥洲一石，則在藩署。翁覃溪先生督學粤東時，請移歸，不果，乃復刻一石以補其缺。嗣英兵入廣州，藩署之石，爲某教堂所得。今相國南皮張公督粤時，索歸置督署。予癸卯遊粤，以此石叩之督署諸君，不能言所在。一日岑雲階尚書招飲，無意中於花臺竹陰下得之，爲之狂喜。乃與蔣君伯斧各拓數紙歸。此石安得好古者取置原處，若今日再不爲之，終當湮没耳。

劉季高題名

金陵胡煦齋觀察愚園中，有太湖石，上刻題名曰「劉季高父徘徊其旁，紹興丁丑六月乙未」十六字，正書。光緒癸丑，亡友山陽邱于蕃直刺崧生爲予致拓本。辛丑客金陵，游是園，時主人已逝，此石孤立荆莽中。今此園已售諸官，是石存否，不可知矣。

明陵碑

光緒甲午，見《明陵碑》，字大逾寸，極佳。文前署「孝子皇帝元璋述」，文極鄙俚，去元詔不遠。每句著一圈，碑板中每句著圈，僅見此碑也。

金石學著作　碑圖

宋洪氏《隸續·刻碑圖》，始著古碑之形式。嗣是有牛氏《金石圖》、萬氏《百漢碑硯圖》。牛氏乃鋟木，未甚精。萬《圖》精矣，惜久毁。予曩在吴中，見錢梅溪所摹《百漢碑》，乃各如其原式製之，其趺額追琢精妙，惜後人不能守。於肆中求售，今不知歸何氏矣。

墨林快事

明人於金石學甚疏。安世鳳所著《墨林快事》，雜論碑帖，並及書法，考證甚少，然收采頗博，在明人金石著録中，自是佳製，顧傳本至罕。昨於廠肆見舊鈔本，乃王蘭泉先生舊藏。前有「青浦王祖字曰德甫」及「一字述庵別號蘭泉」二印，「禾中汪伯子大經藏」、「好古」、「立庭藏玩」、「惜陰書屋」四印，又有「述庵傳誡」朱記。文曰：「二萬卷，書可貴，一千通，金石備。購且藏，劇勞勩。願後人，勤講肄，敷文章，明道理，習典故，兼游藝，時整齊，勿廢墜。若不材，敢賣棄，是非人，犬豕類，屏出族，加鞭箠。述庵傳誡。」其書凡十二卷：一、二爲三代（鼎彝及古鏡）至秦漢百十五則，三右軍書六十九則，四二王秦漢至隋六十則，五、六唐至南唐百有八則，七、八宋百三十二則，九宋元五十四則，十至十二明百五十八則。以索價昂，留齋頭三日還之，而記其目於此。

郯縣金石志

去歲於廠肆見鈔本《郯縣金石志》一冊，其書題「原任山東博山縣知縣偃師武億、郯縣知縣宛平毛師沅同纂」，殆即從《郯縣志》録出者。始於三代古金，終於明季。前有「何元錫印」、「壽華樓」、「勞格」、「季言」四印，後有「錢唐何元錫字敬祉號夢華又號蝶隱」印。予曩嘗欲將各志書中志金石者，彙鈔爲一書，以便觀覽，不謂前人已先我爲之也。

寰宇訪碑録

《寰宇訪碑録》，孫伯淵、邢雨民兩先生同撰。不出一人之手，故重複遺迮之處甚多。予嘗一再校之，糾正八百餘條，而舛迕尚指不勝屈。聞劉燕庭先生有校本，見《山右金石録》吾鄉凌君子與瑕校語，此書不知尚存凌君處否。

寰宇訪碑續録

嚴鋏橋先生曾撰《寰宇訪碑續録》一卷。此書在吾鄉趙悲庵司馬書之前，惜無傳本，僅于《烏程縣志》一見其目而已。趙録列目將二千通，予嘗撮拾遺漏，爲《再續訪碑録》二卷，亦將二千通。近來出土之碑，日多一日，書既定稿，補不勝補。于是别爲《三續》，所得亦二千通矣。近江陰繆筱山京卿荃孫《藏碑目》已刊行，列目多至萬餘。然以予所録校之，繆目所無者仍不少，安得暇日將諸家所編，彙爲一書耶？

於越訪碑録

吾鄉沈霞西處士復粲撰《於越訪碑録》，癸巳秋得其稿于其族裔字錫卿者。其書存佚並載，書撰人名，多未注明，蓋未竟之稾，故體例尚未密也。其佚碑目多采自《金石録》、《集古録》、《復齋碑録》、《太平寰宇記》、《剡録》、《吴郡志》、《名山勝槩記》等書，皆注所出。予曩嘗欲集古石刻之已佚者，泐爲一書，與處士此書之意頗合。有志未逮，今重攬沈書，爲之怦然矣。

續金石萃編

王蘭泉先生後，擬續《金石萃編》者凡數家，瞿木夫、吴荷屋、吴子苾、陸紹聞、魏稼孫、陸星農諸人是也。瞿木夫《續萃編》，河間龐氏藏其稾本八册，得之吴興丁氏，而中有佚卷。《古泉山館金石文編》，亦成而未刊。吴荷屋先生《筠青館金石記》，予曾見其目于吴縣蔣氏，當時亦未刊行。陸星農撰《八瓊室金石補正》，聞其家尚有稾本。吴氏《攈古録》但載目録。魏氏之非見齋、績語堂兩《碑録》，刻而未竟。其成書而刊行者，僅陸紹聞先生《金石續編》，而蒐輯未廣，校勘亦未精善。成大部書之不易如此。又聞歸安陸存齋觀察心源有《續金石萃編》，亦不知其成否。庚案：《八瓊室金石補正》百三十卷，民國十三年，吴興劉氏希古樓刊行。

金石宜録文

流傳金石之功，自以録文字爲第一。金石之壽，有時借楮墨以永之。洪丞相《隸釋》所載兩漢石墨，亡者大半，然洪書一日不絶，則文字一日尚存。若歐、趙所著之碑，其亡佚者，僅得知其名目而已。予嘗謂本朝金石之學，以蘭泉先生爲集大成。

寰宇石刻文編

予嘗欲舉宇内碑刻，凡孫、趙兩《録》所載，及予《再續訪碑録》所列諸碑，不下萬餘通，全録其文，不加跋尾，以省緐縟。以文體爲次，如神道碑、墓誌銘、造像記、題名之屬，各分門類，名之曰《寰宇石刻文編》，使如王蘭泉先生《金石萃編序》所云。得此一編，不煩它索者，豈非快事！但志大力薄，恐難集事，如何如何？

嘉禾志碑碣

元徐碩《至元嘉禾志》，碑碣一門，多至十六卷。自三國以訖南宋，皆全録其文。俞蔭甫先生樾

《九九消夏録》譏爲非體，且云「使碑碣必全載其文，則凡史藝文所收經史子集，亦必備載其文」。所駁甚精當。然予竊有説焉。金石文字，所以列入方志者，以其有裨于地方建置、人物事迹。意謂志書金石門，但應列目，其文字宜分列入各門，如修橋、建寺諸碑，即録其文于橋梁、寺觀門，墓誌、神道碑，即列入列傳或冢墓門，題名入山川門，皆備載其文，以資考證，似爲允洽也。

海東金石苑

劉燕庭先生《海東金石苑》八卷，書成未刻，旋燬于兵燹。鮑子年先生爲刻其《目録》、《題跋》一卷，入《觀古閣叢刻》。近年衢州張氏刻其前四卷。兩本蓋均從潘文勤公處迻鈔者。張《跋》稱燕庭先生成書後，以碑本予其婿沈念農少司成，後爲人竊去，不可復得。陳壽卿致吴平齋書，言曾見其大紙稾片。予前在滬瀆，於翁印若大令綬祺寄觀閣中，見燕庭先生所藏海東石墨，凡百餘種，索值二百金。每紙有先生手跋並籤題。蓋被竊以後，至是始出也。頗擬將後四卷録出，以成完璧，乃再過翁氏，則已售去，恐此書遂無完足之一日矣。書此，爲之憮然。庚案：《海東金石苑》八卷，民國十一年，吴興劉氏希古樓刊行。劉氏復爲《補遺》六卷《附録》二卷附于後。

漢石存目

孫氏《寰宇訪碑録》及趙氏《補録》，僅載碑在厶府厶縣，其在厶氏，抑在厶山厶鎮，皆未能詳記。曩以爲憾。蓋僅載府縣地名，于訪碑仍未便也。近王文敏公《漢石存目》，凡在厶學厶廟厶園厶山厶村厶家，皆一一注明。其用意精密，可爲金石目録家法。其書間有小誤，如禹陵窆石題字，字體仿佛禪國山碑，乃吴人篆書，誤以爲永康元年八分書，此沿《金石録目·永建元年窆石銘》之誤。亦智者之一失也。庚案：《漢石存目》，羅氏已收入《雪堂叢刻》中。

六朝石存目

文敏所著尚有《六朝石存目》八卷，亡友章碩卿大令壽康初擬刻入《式訓堂叢書》，以資盡未果。光緒己亥，碩卿以稾授予，予擬在鄂中刻之。文敏致書謝，並屬爲之補正。嗣匆匆去鄂，亦未果刊。庚子之變，文敏殉難，前年碩卿亦殁，鍵稾篋中，匆匆十載，每思前諾，良用疚懷。昨文敏門生沈太侔禮部，就予求文敏遺書，欲爲謀梓，因亟以授之。所冀早日殺青，俾予有以對地下故人，則幸甚矣。

攈古録稾本

廠友於日照丁氏得《攈古録》稾本十六册，合彝器、專瓦、陶石爲一書，書中時有「瀚案」云云。知是許印林先生爲吴子苾方伯作，此其手稾也。中間有二記云：「戊午二月二十六日，瀚力疾改正。」後又附注云「瀚以是年正月二十一日得中風疾，二月二十七日舁歸家。二十六日，猶能力疾補正此二條，亦奇事矣，閲之殊自詫也。庚申閏三月十六日記」云云。於此見前輩爲學之勤，雖篤疾不輟，此風未易得之今人也。

陳介祺遺著及手札

陳壽卿太史介祺收藏古器之富，甲於海内。又廣見洽聞，學術淵雅，顧其著作無刊行者。去年予於日照丁氏得其《金文考釋》十餘篇，合之《簠齋傳古録》潘氏所刻。及李竹朋《續泉説評語》，才見一斑半豹耳。昨於吾鄉吴穎臣舍人昌綬許，見所藏簠齋致吴平齋手札百六十紙，起同治壬申訖庚辰九年所寄。其中考證金石，可資異聞者不少。安得好古者取付影印，並會輯其遺著以流傳之乎！

庚案：《簠齋尺牘》，涵芬樓影印，十二册。致吴平齋手札已收入。又某氏影印五册，乃致吴清卿者。

帖考帖鏡

言帖之書極少，程南邨先生《帖考》至精核，而刊刻未竟。韓小亭先生泰華《無事爲福齋隨筆》載吴荷屋先生著《帖鏡》六卷，既列帖目次序，復詳著某刻何字殘泐，何處斷裂，一一識之。予案：此書未刊行。楊惺吾大令言，原稾曾在渠處，爲人賺去。又聞王文敏公於庚子春借得一本，迻録未竟，遽遭都城之亂，並原本失之，不知人間尚有他本否。

鳴野山房帖目

吾鄉沈霞西處士復燦曾著《鳴野山房帖目》，亦稾本，未刊行。光緒癸巳春，予在趙郡，其族裔字錫卿者，丐作序。然其書只録所藏類帖之目，頗不詳備，殆亦未成之作也。

帖目

仁和惠秋韶兆壬著《帖目》，稾本三册，予見之章式之主政鈺許。惠氏曾得何夢華先生所著《帖目》稾，增益而成此書，中多有目無録者，譌誤亦不少。予曩從章君迻録一本，爲之補正。江湖奔走，訖未卒業。異日當以數月之力，爲之校梓，以餉世之言帖學者。

金石存

廠肆有舊鈔本《金石存》十五卷，得之日照丁少山家，上有朱筆校語，不知出誰手，云據吳揖堂鈔本校。案：揖堂名進，山夫先生猶子。著《揖堂詩集》。以李刻與此互校，此本所録之碑，少於李本。李本百四十九通，此本則百三十一通，殆初稾也。惟此本載山夫先生《跋尾》一篇，又張賓鶴詩一首，爲李本所無，録之於此：

右鐘鼎欵識及古今碑板一百三十一通，皆拓本之現存者，故名曰《金石存》。非云存世僅此區區，竭我所存，如斯而止。就其中猶有舊拓秘本，人謹收藏，艱於購求者，往往宛轉假借，雙勾響拓，存其仿佛，遂亦據爲己有焉。其古有而今亡，或人有而予未及見者，概不敢循名泛列。又予性僻而嗜顓，篆隸之外，罔解其妙。鑑別既疏，收録遂少，章程行押稾中無一字，力所不逮，亦不必求備也。書成，閉之篋衍，不以示人，人亦自無眎者。鼠糧蟲養，亦復何言？如其不泯，以俟萬一。己未三月，頓根又書。

歐、洪、趙、薛不可見，金薤琳琅郇能辨。先生好古七十年，歸然海内靈光殿。嘗聞吾舅松石翁，與公相得兩角雄。鏗鏘均事播金石，軍背猶傳横槊風。吁嗟！世間碑板照四裔，誰尋枝葉窮根柢。宋珉魯鼎受譏彈，填海虚勞鳥精衛。先生事業不可量，一鐙千載縣孤光。草衣木食愛集古，詩工十憶垂星芒。莫謂廣文官太冷，汲古真能得脩綆。至今已賦《歸去來》，心隨老驥還馳騁。予生也晚公華顛，論交或許稱忘年。羣流派别百川導，公乎首踞崑崙巔。乾隆壬辰十月上旬，錢唐張賓鶴拜手題。

金石新著

近來金石著録，新刊者寥寥。惟胡蘄生中丞聘之《山右石刻叢編》，蒐輯頗富。烏程李君宗蓮所著《懷岷精舍金石文字跋尾》，考證頗不疏陋，然未刊行。予去年得其槀本于歸安丁氏，付友人爲印行。李君曾佐陸存齋觀察撰《皕宋樓藏書志》，於金石及目録學，頗有淵源。又近聞葉君鞠裳昌熾撰《語石》十卷，聞將發刊。葉君藏經幢拓本最富，顔其居曰「五百經幢館」。

專甓　齊字專

古專甓之著録者，自宋以來，大率皆始於兩漢，未見漢以前者。惟濰縣陳氏藏齊字專，篆文大盈四五寸，朴勁可愛。濰縣出土，簠齋定爲三代物。定海方君藥雨亦藏一枚。其質以沙爲之，似齊刀範。昔劉寬夫先生得君子館專，顔其齋曰「專祖」。今此專出，君子館專，不免減輩行矣。

竟寧專

兩漢專甓，予所藏拓本百數十種，而西漢則僅十數種。光緒戊子二月，直隸濬治河道，於盧台河中，得竟寧專無數。文曰：「竟寧元年太歲在戊子盧鄉劉吉造。」文在專側，字嚴勁如西京銅器款識，殆是古隸，非八分也。聞此專出土時，多爲法國人取去，予僅於王捍鄭太守許見拓本而已。

歸化城漢專

歸化城一帶，多出莽布及古鉩，又出漢專，專形正方，如近日人家廳事所用者。文在平面，字多雄勁，殆西漢製，咸、同以前金石家所未見也。予得三種：一曰「長樂未（英）〔央〕子孫益昌」，中有馬形；一曰「千秋萬歲子孫益昌長樂未（英）〔央〕」；一曰「富樂未（英）〔央〕子孫益昌」。端午橋尚書所藏尚有「宜子孫長番昌樂未央」及「單于和親千秋萬歲安樂未央」此專有陰文、陽文兩種。一種。潘文勤公所藏尚有「千秋萬歲千秋萬歲」一種，王文敏公所藏尚有「富貴昌意氣揚宜宮堂宜弟兄長相思爵禄尊毋相忘壽萬年」一專，多至二十四字。據濰縣范樹軒言，此專出殺虎口外四十里之榆林故城。

草隸專

濰縣陳氏有古專，文曰「⊠千」，陰文，在專面，字在篆隸之間，殆亦周秦物。陳氏又有一專，陰文二行在正面，曰「叔孫彦卿太凡即「瓦」伈疑「作」廿五枚」，草隸書，殆西漢物。草隸之傳於今者，惟此及匋齋尚書土圭刻字，而此尤早於彼。

漢墓專

洛中近治鐵道，出平面刻字之漢專無數，多永元、元和、延熹年號，多署髡鉗、城旦、鬼薪人名，乃葬罪人志也。字有極佳者，皆陰文，宛如石刻。匋齋尚書得三百餘枚，惜完全者無幾耳。

魏墓專

《攈古録》載「道光二十七年六月，許州旱，東鄉百秩店農人浚井，得古專三十餘枚。其文陰刻，在正面，記將士姓名」。海豐吴子苾先生得其四，僅一專有青龍二年，餘但著「二年」，而無元號。乃同時所作，蓋曹魏瘞將士專志也。古專甓平面刻字見諸記載者，莫先於此。

吉祥專

濰縣陳氏所藏吉祥專，陽文，字在平面者五：曰「長生未央」，作璧狀連環書之，專面排列多數與花紋相錯。曰「延年益壽」、曰「延年益壽長樂未央」、曰「未央」、曰「千秋萬歲」。皆篆文，如瓦當，極勁雅，殆亦西漢物也。又有似名印者二：曰「程大利」，曰「封萬年」。篆書，陽文，宛然漢人印章，此均以前藏專家所未見者。

記父母終年專

定海方氏藏一專，文曰：「父以建武廿年、母以建初四年終。少子侵行喪如禮，大歲在巳徉。」

疑即「祥」。計十三行，行二字，在專側。詳記父母終年，專文中之罕見者。

均語專

濰縣陳氏藏一專尤奇。專之四側皆有字，其文曰：「命非金石兮，有始有終兮，皇上之授予兮，若朝之有夜。」墓專中用均語，乃誌銘之濫觴也。

畫專

畫專前人多未見。王文敏公所藏七八枚，畫皆在側面，有車馬人物，仿佛武梁祠畫象。濰縣陳氏藏一方專尤奇，其畫在平面，中一人作舞狀，長袖拂地。兩旁各一人，左者跽，右者關弓，人狀至奇佹，乃畫專中之至罕見者。

長專

河南歸德府出長專，而空其中。人多以作琴牀，俗呼琴專。專面花紋，種類至夥，皆以橅笵印成，如印之印泥者然。其所畫人物車馬，酷似《孝堂山畫像》，殆亦漢物。而有字者少，惟吳縣潘氏所藏亭長專有文字。其兩側一面畫人持戈植立狀，凡六列，每列二人，最下一列，二人無首，上自肩下至足。蓋限於地位，如鏡銘之省後半或數字然。每人上署「門下亭長」四字，其一側書「買曹者後無復有大吉」九字，每字大幾四寸，字與畫皆陽文，隸書極古勁，爲漢人書無疑。文勤身後，此專不知尚存否。

君子專

大興劉氏所藏君子專，後歸濰縣陳氏，故亦顔其居曰君子專館。諸專文字殆無一同笵者。惜多殘損，完者一枚耳。

麟元專

光緒癸巳，蕭山魯瑶仙觀察燮光以麟元專見示，文曰「漢麟元元年九」下斷六字，反書。案：漢無麟元紀年，而專文非贋，殊不可解。瑶仙好作贋專，吾鄉王子獻所印越郡專文多是魯君僞造，此獨非贋。

陰文永康專

晉專傳世最多，而陰文者罕見。光緒癸巳，金陵雨花臺出古專數十枚。文曰「永康元年五月卅日揚州丹揚秣陵王氏制作」十八字，在兩側，反書陰刻。書在《范式》、《孔羡》兩碑之間。專面有泉，文曰「大五當千」，蓋「大泉五十」、「大泉當千」合文也。聞此專出土時，尚有一碑，土人不敢掘而止。

反左書專

《書苑菁華》載庾元威論反左書爲大同中宫學士孔敬通所創。案：金陵蕭氏陵墓諸刻多反文，即所謂反左書也。然蔣君伯斧處有「普通元年」專，已爲反左書，是普通時已有此體。《書苑菁華》云「大同中孔敬通所創」者，殆未確也。

舍利塔專

福山王氏藏梁舍利塔專，文字朴勁，陽文，凡四行，行七字，字約四分許。文曰：「大同三年，歲在丁巳，十月十五日，勑建長干寺如來舍利塔磚。陳慶之造。」此梁專文中之至佳者。此專應在金陵，而王氏得之蜀中，殊不可解。

浮圖專

南朝專多而石少，北朝則反是。予篋中藏魏浮圖專拓本，文十二行，行二字，在專側。文曰：「普泰元年，歲辛亥，十月十五日，賈道聞爲亡息紹祖造浮圖磚。」字迹似北朝造象記之精者，亦專文中異品也。

專誌

北朝雖用石誌，然亦有用專誌者，但皆於專之平面刻字，不似南朝之笵字於專側也。予所藏北朝專誌拓本十餘種，而魏胡儆貴專得二紙，文同而行列不同，蓋北朝雖係刻字，而藏中之專甚多，專文皆同。亦如南朝笵字者然，不似誌石之僅一石也。

丹墨書誌

古人專誌，亦有書而未刻者。予今年得齊專誌一，文三行，曰「天保七年潤八月廿三日，林慮郡人□□妻江妙養記」。墨痕宛然，沃以水，尤明晰。又匋齋尚書所藏尚有隋比丘尼厶木楬，墨書如漆，聞出山東某寺塔中。又有武周時某君墓誌，亦書而未刻，丹書粲然，均古人手迹之僅存者。

大悲菩薩專

正定龍興寺，即隋龍藏寺也。近寺中出巨專，文曰「大悲菩薩」。大書，陰刻，極豐峻，乃隋製也。吾友定海方君得其一。

倉專

方君又藏隋倉專，文四行，陰刻，曰：「大業五年十一月廿五日，納社倉粟壹萬伍阡碩訖。倉史劉□、□史趙方、倉督劉□、□正李璣。」

虎丘塔專

光緒甲午秋，蔣君伯斧歸自吴門，以虎丘塔專見示，文曰「武丘山」。唐人諱虎改武，蓋此塔修於唐代也。塔上又有開元□年專。予於甲辰、乙巳間再游此塔，見塔之東面北面圮者盈丈，聞因土人探鴿卵所毁。嘗言於端午橋尚書，擬爲修葺，並製鐵柵以衛之。嗣尚書去蘇不果，恐此塔之圮，殆不遠矣。

宋墓專

南朝禁立碑，故墓專甚多。唐宋人墓誌行而墓專亡。然予所藏拓本中，有宋墓專二。一曰：「宋大宗正丞朝請大夫□□府路轉運判官范公墓。」字二行，八分書，陰刻在專面。一曰：「大宋太尉曹公之墓。貪者不取，有咎無鑒。」文二行，正書陰文在兩側。專出臨海。臨海宋氏《甎文考略》，考爲曹勛墓專，均宋墓專中之僅見者。《考略》載陳寅東言，曹勛所書《佛窟出塗田碑記》，筆致絶類專文，意專笵乃其親筆，自書墓專，尤爲僅見。

宋專

淮安府城，築于南宋，故宋專甚多。山陽丁儉卿先生晏嘗撰《南宋專録》，然所收才十餘品。西江黄峴亭司馬靖蒐得最多，至七八十種，身後蕭落，僅存其半。予輯《再續訪碑録》時，所見將百種，亦宋專之大觀矣。宋專之見前人著録者，僅錢竹汀先生有建康府專，見《潛研堂題跋》。瞿木夫先生有安撫使專，《古泉山館初集》有《何夢華贈安撫使專》詩。江鄭堂先生有許浦都統司專見《半氈齋題跋》。而已。

宋專考

寶應甯國寺，亦有宋專。江寧甘耆任先生攝寶應教官時，曾得宋專三十有六，並爲作《考》。吾鄉趙撝叔司馬，據以載入《訪碑録補》者，才三種，蓋未窺全豹也。甘《考》見寶應劉亞卿太守《食舊德齋雜著》中。

淮安宋專

淮安宋專，多在城趾及府學，鎮淮樓與漕督署亦有之。近城人家，犁地亦往往得之。黄氏所藏諸專，後歸亡友山陽邱于蕃直刺崧生，又增益之。予載入《再續訪碑録》者，大抵其所藏也。邱君嘗與予及蔣君伯斧相約續《金石萃編》，積稿數寸，乃以薄官潦倒，中歲以没，其藏專今又不可知矣。書之令人腹痛。

明宫牆專

邱君又藏明宫牆專一枚，兩側皆有欵識，其左側爲「池州府官通判陳翰宗、司吏朱仲實、青陽縣提調典史王希賢、司吏胡樞」，其右側爲「總甲胡伯高、甲首鮑伯祥、小甲林子成、窰匠奚興、造磚人夫陳原」。字畫隆起，甚樸厚。

古專紀月

六舟言「古專紀月，皆六月至十月，偶有四月五月者。蓋以四月之前，十月之後，時方寒沍，專墼易凍，不能就笵。而四月至五月梅雨，專不易燥」云云。驗之傳世專甓所紀之月，良如所言。

嚴氏古專存

古專譜録，以吴中嚴眉岑福基之《嚴氏古專存》爲至精。卷中諸專，皆就專拓之，與以拓本上木者不同。然拓本至費時日，故流傳甚罕。予篋中有一本，擬他日付石印，以廣其傳。

專文考略

臨海宋心芝經畬著《專文考略》四卷，《餘録》一卷。其書成於道光乙巳，所録諸專，皆吾浙所出。惜不著其圖象，而考證至詳。此書未刊行，世無知者。予去歲得舊鈔本，安得好古者爲之刊行乎？

庚案：此書已編入《廣倉學窘學術叢編》第一集。

專録

吴康甫少府廷康藏專甚富，所著《專録》雖刊行，然其書未竟。予以光緒辛巳見之杭州旅舍。吴君年已八十餘，長髯修幹，精神强健。向索所著書，時無印本，贈古琴拓本四紙。十餘年後再至杭，則吴君方没，其藏專充牣於骨董肆，殆數百，後不知歸誰某矣。予嘗謂古專最易損壞，携帶既艱，淪失尤易。嘉、道以來出土古專甓，存於今者十不得一二。故予以爲專文舊拓尤可珍，嘗欲就予所藏拓本千餘，編爲《古專圖録》，付諸影印。但長年苦飢，訖不能副其志，如何如何？

千甓亭專録

陸存齋觀察心源《千甓亭專録》六卷，皆就其家所蓄者著録。其漢專中有僞造者。蓋兩京遺迹，多出關洛，吾浙瓦甓，大率始於孫吴而盛於晉以後也。魏晉以來，禁用墓誌，燒專之風大盛，故南中瓦甓之多，幾與河朔之石刻等。而嘉、道以來，吾浙藏專之風亦熾，今傳世譜録，若嚴、若吴、若吕《百專考》所著録者，皆吾浙所出也。今風流衰歇，令人慨然興嘆！

南北藏專之盛衰

嘉道以來，古專譜録，大抵成於南中諸君子之手，所著録者，亦南中所出。二十年來，南中藏專之風衰，而北地轉盛。若榆林故城之方專，若濰縣陳氏所藏秦漢以來古專甓，洛中近年所出專誌，皆以前好古家所未見，而尚無爲之著録者。然則予《古專圖録》之作，又烏可已乎！

古專銘

宋劉昌詩字興伯，江西靖江人。《蘆浦筆記》卷二，載周益公藏漢范皮闕旁土中所出巨專二。甲專文曰：「嗟痛明時，仲治无年。結偅孳孳，履踐聖門。智辨賜張，口噍孔言。寬博□約，性能淵泉。帶徒千人，行無遺愆。」乙專文曰：「積德未報，曷尤乾巛？茂而不實，顔氏暴顛。非獨范子，古今皆然。相貌覩形，列畫諸先，設生有知，豈復恨焉。」案：古專文字最多且爲銘體如此專者，絶不可得。然方今各省興治鐵路，或一旦有出土如此專者，亦未可知，附記於此以竢之。

瓦當　瓦當著録之始

歐陽公《研譜》言：長安民獻秦武公羽陽宮瓦十餘枚，若今人箭瓦然。首有「羽陽千歲萬歲」字。《研北襍志》亦載：宋元祐六年，寶雞縣門之東百步，居民權氏浚池得羽陽千歲瓦，面經四寸四分。是瓦當之出土，始於宋而著録則自羽陽瓦始。今此瓦尚有出土者，然至罕，一枚值二三十金矣。

羽陽瓦

予所藏羽陽千歲瓦一，無萬歲者。福山王氏藏有羽陽臨渭瓦，爲羽陽瓦中最奇者。

秦瓦

秦瓦傳世者，羽陽以外則櫜泉宮當。至蘭池、上林，則秦、漢皆有此宮名，不能確定爲秦。又衛字瓦，前人或謂是秦瓦，然亦未敢以爲信。濰縣陳氏於琅邪臺得千秋萬歲瓦十餘種，與關中所出者文字不同。壽翁亦定爲秦物，然均不如羽陽、櫜泉之信而有徵也。

秦十二字瓦

秦十二字瓦，真者至少，其真者多缺損。福山王氏藏瓦頗富，其所藏亦殘瓦也。前年予在京師得一枚，僅存全字四，半字二。而字間之乳，大幾如含桃，瓦當字間之乳，無更大於是瓦者。

漢并天下瓦

漢瓦當殆以「漢并天下」爲最先，疑是蕭相國造關中宮殿時所作。予所藏有作「漢廉「兼」之別字天下」者，字尤偉麗。福山王氏，亦有一枚。

佐弋瓦

佐弋瓦，近數十年來始出土，前人著録皆未及，僅吴氏《攈古録》載之。去歲予得一枚，文字精絶。考佐弋爲西漢署名，史作左弋。

枍詣宫瓦

濰縣陳氏藏漢枍詣宫瓦。陳九蘭厚滋《跋》「《關中記》『建章宫有枍詣殿』，《三輔黄圖》『枍詣宮。枍詣，木名。宮中美木茂盛也』。《文選·西都賦》『洞枍詣以與天梁』，《西京賦》『枍詣、承光』，《玉篇》『枍詣，宮名也』。《類篇》『枍詣，木名。如五柞、長楊之類，用木爲宮名也』。據此爲漢宮殿瓦，碻有可徵」云云。玉案：此瓦文字精勁，又不類贋造，殊不可曉。予以觀之，絶非西京物也。

紀年瓦

瓦當紀年者甚少。予篋中有永平五年殘瓦拓本，四字直行，在當之中，兩旁爲花紋，此瓦當中最奇者。陳氏又藏壽昌萬歲瓦，中有「大泉五十」錢文，四角分列「永和六年」四字。瓦文之紀年者，僅見此兩瓦耳。

千秋萬歲瓦

千秋萬歲瓦，關中及山東出土者均不少。其文字奇詭百出。予所見殆不下二百種。尤奇者，則其周郭上尚有小字八，不可辨，僅識一「宜」字，亦瓦當中之異品也。山東又出七字瓦，文曰「千秋萬歲餘未央」。其範亦不一。「餘」有作「余」者。

歸化城近出千秋萬歲瓦，文字與關中、山東者又異。四字環讀，字勢雄偉。今年予得二枚。前人無知歸化城出瓦當者。恐異日更有奇品發見，如以前之吉祥語方專之類，未可知也。

七字以上瓦

瓦文七字以上者，前人圖録中所載甚少。海豐吳氏藏「長樂毋亟常安居」「常安居」之字在中央。七字瓦，杭州徐氏藏「千秋萬歲與即「與」字地母極」八字瓦，嘉興張氏藏「延壽萬歲常與天久長」九字瓦，並見《攟古録》。三瓦拓本，予皆有之。福山王氏更有七字瓦，文曰「千秋利君長延年」。近年關中出瓦當，文曰「五穀滿倉」。文字精絶，殆倉瓦也。倉瓦傳世者最罕，歙縣程氏有「萬石君倉」，見《攟古録》予藏拓本有「百萬石倉」，疑「萬石君倉」乃「百萬石倉」之誤。與此二種而已。

壽成瓦

近關中出一瓦，文曰「壽成」。考西漢有壽成門，殆門瓦也。以索值奇昂，乃拓一本還之。

塗朱瓦

古瓦當皆塗朱。予得一瓦，文曰「千秋萬世長樂未央，昌」。「昌」字在中央。朱塗宛然。此九字瓦，亦前人譜録所無者。濰縣陳氏所藏衞字瓦及長生未央瓦亦朱塗，尚存。

長寧無亟瓦

關中去歲出長寧無亟瓦，文字勁偉，其排列甚奇。「長」字横書，「寧」字逆書，「無亟」字順書。廠肆索價至高，空囊無以應，而愛不忍釋，乃鬻一畫購之。長安人海中，殆無如予之癡絶者。

大瓦

瓦當最大者，莫如福山王氏之「益延壽」，長建初尺一尺。次則黄縣丁氏之「曲成之亯」，殆即「當」之别字。長建初尺九寸餘。又「長樂未央千秋萬歲」瓦，亦有逾建初尺九寸者。他瓦之大者，率八寸左右耳。

濰縣陳氏藏瓦

濰縣陳氏藏瓦出山東者，多乾嘉諸君所未見。壽翁嘗拓所藏瓦贈吴平齋，計百九十五種。其拓本今在予家。其中奇品不少，摘載其尤異者於此：

千利萬歲瓦，「利」字反書，出齊地。陳氏《跋》云：「千利萬歲，以『利』代『秋』，猶予古玉印千西萬年，以『西』代『秋』也。」

萬歲萬歲瓦，出東萊。陳氏《跋》云：「掖之東北羅臺村，古有萬里沙祠，秦皇、漢武皆嘗禱此。此其遺址也。又云萬歲河之兩岸，即萬里沙。」

陽遂富貴瓦，缺「貴」字。出關中。文字極小，環讀。

殘瓦，存下半，其文右曰利，左曰幸。陳氏《跋》云：「末一字從犬羊，與秦漢印舊釋『大年長年』余釋『幸』字者同。疑是大利長幸，或千利萬幸，如千利萬歲當文也。」

千秋萬歲瓦，出關中。上列「千萬」二字，直書；下列「秋歲」二字，横書，相向。文字偉峻。其排列之奇，殆與予之長寧無亟瓦同。

吉月昭登瓦，出關中，文字宕逸可愛。

陳氏有一瓦，文尤奇，曰高彖萱頌。（即出）〔出即〕墨。簠齋《跋》云「此種古於秦漢瓦當，奇如鐘鼎。疑瓦當有文，不始於秦，而爲周末物矣」云云。案：此瓦四字中，僅第二字爲「昜」，餘均不可識。簠齋以爲周物。考羽陽宮作於秦武王，其即位當周（赦）〔赧〕王之六年。羽陽諸瓦，必武王時作，則周末之有瓦當，洵非誣矣。

福山王氏藏瓦

福山王氏藏瓦，亦多異品。庚子兵後，文敏殉節，歸丹徒劉氏，近由劉氏歸匋齋尚書。予有其拓本全分，摘記其尤異者於下：

宜錢金當，四字環讀。海豐吴氏亦有之。千金此二字在中央宜富貴當，桐城吴氏亦有之。然此二當均罕見。

王氏二殘瓦，最奇。一存前半，文曰「孝大」。一存後半，文曰「后深」。又有一字瓦曰「焦」，皆他氏所無。

薪氏所作瓦，文方勁如第一權錢，殆莽制也。「薪」殆「新」之異文。

王氏有墓字瓦二，乃冢當也。丹徒劉氏又有冢字瓦，均字大逾建初尺五寸。予所藏拓本中，又有冢上瓦，字下一鴞，形尤奇。

王氏有八字瓦，左曰「飲酒」，上曰「宜侯」；左曰「王富」，下曰「口昌」。其文當是「宜飲酒」、「宜侯王」、「富口昌」。二「宜」字作兩字用，其文實九字也，甚奇。

與天九長瓦，借九作久，文字雄偉，疑與「漢并天下」瓦一時所作。

道德順序瓦，文字疏宕寬博，殆亦西京制。王氏藏瓦中，以羽陽、臨渭及此瓦爲之魁。

瓦當文字中，間以花文者，前譜所載，僅延年甲天下等二三種。今所見益多，若王氏藏瓦中之千秋萬歲，中爲樹形，千秋萬世，中爲龜形，皆前人所未見。予所藏拓本中，尚有長樂富貴，中有二鳥二樹，濰縣陳氏藏。長生未央，中作鳳形，定海方氏藏。千秋樂□，中有黽形者。

丹徒劉氏藏瓦

丹徒劉氏藏瓦中最異者二：一曰「[illegible]」。第一字爲幹，第三字爲不，餘二字皆不可識。一曰「折風闕當」，今亦歸匋齋制軍矣。

瓦範

瓦範前人無著録者，惟張叔未先生《清儀閣題識》，載衞瓦母白沙土質，秦中人以贈趙謙士太常，即瓦範也。南海何伯瑜有千秋萬歲瓦範，又見萬歲萬歲上列「萬歲」二字，順書；下列「萬歲」二字，逆書。瓦範，並陰文，至精，不知尚有他範否。

易州出土瓦

頃得易州出土瓦當，文曰「安樂未央」，四字環讀，與關中諸瓦文字迥異。制亦較小，朱塗宛然。此瓦福山王氏亦有之，然不知其出燕地也。

小瓦

山西近出千秋萬歲瓦一，極小，字與尋常千秋萬歲瓦大異，「千」字作「禾」。晉與燕均出古瓦當，前人所未知也。

畫瓦

瓦當之有畫者，四靈瓦以外，福山王氏有半瓦。中有一樹，旁縶二鹿，最精。予亦得一枚，予尚有一枚，與此同，而鹿上跨一人。又一枚，則僅一樹，扶疏彌滿。此均僅見之品。

鹿瓦

吴清卿中丞在得鹿瓦當時，得者甚多。今則絶迹。予來都下，求之四五年，不可得也。

雙麐半瓦

去歲得雙麐半瓦，甚奇，作兩麐相嚮，此亦前人所未見，豈麐閣瓦歟？又有一半瓦，上畫一物，如螭，舌與爪及尾甚長，不能定其爲何物，亦福山王氏舊藏，庚子以後散於都市者。

蒐瓦之難

都中近日殆無蓄瓦者，然價仍日昂，每出一瓦，輒歸予。然數年所得，仍未逾百枚，甚矣！蒐采之難也。

陶器　陶器文字

古陶器之著録，自《考古圖》之陶鼎始。然彼鼎無文字，而著録其文字，則始於吴中丞大澂。濰縣陳氏藏古匋文字二千餘片，爲三代古匋軒以貯之。王文敏公所得亦不少。庚子之亂，文敏殉國，所藏歸丹徒劉氏，今又散佚矣。

古陶器有三代、有漢，而三代之器，以登爲最多。其文字自一字至五六字，皆以範印器上，如古銅器之鑄字。然漢器有二種：一以印印匋器上，一於匋坯上畫字，多用草隸，亦有燒成後畫字者。

齊魯與燕趙陶器文字之異

齊魯匋器出土最先，而燕趙匋器則晚出。其文字齊魯醇而燕趙則肆，一覽可辨也。

齊魯匋器文字，無在十名以上者。惟燕趙器，則或至十餘字以上。潘文勤公所藏有四片字多至十六七。其二片有「廿一年八月」字，尤奇品也。此亦直隸所出，文字獨醇而不肆。

燕趙匋器，多著工人姓，如曰右匋攻湯，左攻□，匋攻□之類。「攻」殆即「工」字。齊魯則多著里名，此又齊魯與燕趙器之辨也。

潘文勤藏陶及陶甕

潘文勤藏匋，今不知尚在南中否。其身後眷屬出都時，藏石載以數車，售之日照丁氏，恐此匋片，更不知零落何所矣。惟其所得匋甕三，大可貯水石餘者。每器三字，陽文，今尚存都下江蘇會錧中。此器予亦得一枚，乃與潘器同時出土者。惜鄉人以貯穀，字頗漫漶，爲可惜耳。

陰陽文

齊魯匋器，陰文者多，其單字者尤精。陽文者字必多，其單字者則罕見。

刻字

陳氏藏匋中，有一枚字大於常器，計九字。亦以錐刀刻字者，爲三代器中絕無僅有之品。予藏一漢器，刻小隸書，頗似武梁祠畫題字，多至數十。惜多漫漶，亦匋器中奇品也。

字類碑版

定海方君若藏漢匋片一，僅「類王子」三字，分書如漢人碑版，極精。予平生所見匋器字類碑版者，此以外，即予所藏一品耳。

陶器印及花紋範

予嘗見古匋器印二枚，即以匋爲之。蓋以印文字於匋器上者，予得其一，他一枚則以價昂尚未能得。此前賢所未見，其可珍更在古鉩與泥封之上也。予又得匋器花紋範，乃以印花紋於匋器上者，亦以匋製。長方形，上有瓦鈕，正面與四周皆有花紋，如古人之六面印然。

鐵雲藏陶

匋器文字，以前無專書刊行者，有之自丹徒劉氏鐵雲藏匋始。其匋片皆王文敏公故物，後歸劉氏者。予藏陳、潘、王三家匋器拓本不少，若益以予藏品及二三同好所藏，會爲一書，有裨於小學不少。安得好古而有力者，爲成此志乎！

補説文古籀補

許君撰《説文解字》，頗取資於山川所得彝鼎。顧漢時古器出土者至少，今則古器出土者日多。頗欲就近出金石文、瓦文、龜卜文，凡吳中丞《説文古籀補》所未載者，勒爲一書。數年以來，屢作屢輟。近吾友蔣伯斧諮議黼方從事於此，但祝其早日殺青，勿如予之悠忽無所成也。

陶損

吳縣潘文勤公藏古匋塤二枚，此前人所未見之奇品。其文字一頗草草，一則工整。此二塤今亦不知尚存否。

秦瓦量

濰縣陳氏所藏秦瓦量，至多數十片。其文字嚴整，乃合多數之四字範，而印成全文。予以爲活字版之濫觴，或疑此説太奇，然卒莫易予言也。陳氏更有列國瓦量數品。

殘罌文

漢殘罌文有數種，陳壽卿藏者曰「宜子孫飲百口」，曰「宜子孫飲百口壽長久」，分書。曰「樂未渠央」篆書。予所藏二種，曰「取□□家常富貴」、「□家常富貴」。篆書。皆以範印於罋口，多出營丘故城址。

明器　明器記載之濫觴

古明器近年出土者甚多，直隸、陝西、河南諸省皆有之，而河南爲多。宋岳珂《桯史》中有《古冢桴盂記》一篇，爲記明器之濫觴，宋以後則闃焉無聞矣。

漆書及墨書陶器

端午橋尚書藏陶器一，上有漢人漆書文字，其年號爲延熹。字尚可辨，漢人手迹，得存於今日，至可寶矣。又汴中宋元人古墓中，時出白瓷甕，多墨書。嘗見有宋元紀年者，但字上或加以釉，西人購取，每一枚，價有至三四百金者。

陶車馬

午橋尚書又藏陶車馬，云出魏李憲墓中，惜予未之見也。

陶竈

明器中陶竈最多，亦有以銅製者，多作∩形。其鋭端爲突，其前爲口，上列釜或二或三，釜上有甑，於此可考見古竈之式。

予嘗得一竈，長方形，正面及四周，花紋至精。正面二釜，釜旁有二魚，左側一人豢龍，右側一人刺虎。前端竈口上一梟，口兩旁畫玄武，後端畫朱雀，其精妙爲平日所見諸明器之冠。

撲滿

吴氏《攈古録》載古撲滿二種，其文一曰「巨萬」，一曰「宜金」，隸書，陽文。予以藏一枚，文曰「日利」。予又藏拓本，文曰「大富昌，宜侯王」。其製與今撲滿略同而較小，口在上面，蓋亦明器也。

陶井

明器中又有陶井，長方形。其闌形如井，四面皆有花紋。其一端爲雙魚形，又一端及左側，均爲飲牛圖。其右側，中畫一人，肩荷長竿，後隨一鳥。前題「戎火」，後題「東井」，四分書，並至精。前數年汴中古墓間出一枚，予曾手拓二紙，今不知歸何人矣。又丹徒劉氏藏陶杵臼，方形，約正方六寸許。

水甕

明器中之水甕，皆有文字。丹徒劉氏藏一枚，小如茗甌，隸書四行，文曰「河一二石五十斤」。予所藏一枚較大，文二行，曰「河一大石」。均陽文，皆漢物也。

六朝俑

偃師多六朝以前古冢。前年冬，墓中出四俑，廠肆以求售，乃陶土爲之。形製頗奇佹，女俑二，皆作高髻。一髻上飾一鳥，一額髮中分歧而作髻，頗似滿州婦女裝。男俑冠如風兜，下跛至肩。其一人鬚上翹，酷肖今之歐美人。出土時有劍鏡等物，有五銖貨泉等錢，知是六朝以前物。此可考見古衣冠裝束制度，考古者向未之見也。

胡俑

今年又得一俑，亦偃師出土，狀尤異。其面目枯槁，斷髮拳曲，短衣瘦削，衣領左右折，宛如今歐人。意是西域賈胡象，否則或是晉東渡後諸胡之葬中土者。

李基墓中明器

前年定州有古墓圮，誌石出焉，拓視乃唐李基墓也。誌文極馴雅。基官至越州都督府長史，封燉煌縣公，以咸亨元年四月葬。基有墓碑，宋人已著録。墓誌則後數百年乃出。其壙中明器甚多。予得瓷器一，狀如僧鉢，瓷坯堅如石，釉瑩如玻璃，仿佛如定窑然。與後世定窑之色白而滯者不同。初唐瓷器世希得見者，況完好無損，不至可寶乎！

陶屋

蔣君伯斧藏匋製之小屋，乃其先德敬臣先生，得之吾浙錢唐之下溪古塚中。以建初尺度之，廣一尺一寸，高七尺，深六寸，疑是宋元物。北方明器，出土日多，然從不見有屋舍也。

明器種類

北方古塚中之明器，除盤、匜、尊、罍、甕、瓿、井、臼之外，更有牛、豕、羊、兔、鷄、駝之屬。歐美人爭購之。其陶器上之有緑色粗釉者，價尤昂，俗謂之金銀釉。

瓷蓮盆

福州東嶽廟有瓷蓮盆二。盆口之四周，刻文曰「宋元豐元年，鄭德並室中林三十一娘，供養瓷蓮盆二枚」，凡二十二字。此器向未見著録。俗云懸其拓本，可解産厄。以流俗無稽之談，此盆因得保護不毁，亦古物之幸也。

羅氏《俑廬日札》一卷，記關於古器物學之見聞，兼及議論，蓋《簠齋筆記》、《天壤閣雜記》之流亞也，而條理過之。雖所立説自今視之或有可議，要其博物淹雅，固治斯學者所不得廢也。顧獨不記甲骨，豈殷虚方發，藏家僅有王、劉，遂無故實可言邪？其言古化幣，分配列國，尤多創見。趙幣有「白人」，「白人」者「柏人」也。余案：卜辭亦言「㚇白人」，見《鐵雲藏龜》四三葉一片及五三葉四片。此可證「白人」之稱，自商已然矣。此書只載于《國粹學報》，購求不易。容君希白爲加標題，商之羅氏，重印以惠同好，故爲記數言如右方。二十三年三月，唐蘭。

民國二十三年七月，東莞容氏頌齋校刊

松翁當年十月跋尾

右稿，戊申歲刻之滬上雜誌中，邇日東莞容氏又以活字排印。顧海桑以後，故家文物每多轉徙，此編所記，往往今昔頓殊。爰以三日之力，口授長孫繼祖爲之改訂並校其譌字，重付影印，爰記歲時於卷尾。甲戌十月松翁記。

〔校記〕

〔一〕據《史記正義》補。

〔二〕唐無「天定」年號，據《會要》改。

石交録

序

予夙好聚集寰宇古金石刻文字。顧三十以前，里居寡交游，耳目苦隘。壯游四方，聞見稍擴。四十備官京師，爲四方文物之所萃，凡五六年間，得古金石刻至萬餘通，凡前人所著録者，雖未悉備，亦略具矣。嗣是山川之寶，日出不窮，因之歲有增益，久乃得古金文三四千品、古石刻萬餘通。意欲編三代秦漢以降金文爲《集古遺文編》，石刻文字依文體類次爲《寰宇石刻文編》。但以人事物力所限，故雖已編印《三代吉金文存》、《秦金石刻辭》，而兩漢以後之金文尚未編定，至寰宇石刻則僅編印《冢墓遺文》若干卷，即此一類尚未能竟事，遑問其他。今遲暮之年，精力衰敝，區區之願，殆不克償。又居遼以後，念古金石遺文出于近三十年者多于乾、嘉盛時，惟朝出重泉或夕入市舶，又或爲人家購藏，不能致墨本，矧神州喪亂，古物亦因之轉徙亡佚，頗欲就近時所出先事寫定，而景迫桑榆，即是願亦懼不克副。年來深山戢影，朋舊日稀，或已隔人天，或山川修阻，索居偶影，終歲無憀，時披覽墨本以遣羈懷。每展對舊藏，如逢舊雨，偶有新得，如締新交。文編寫定，既無觀成之日，爰于藥裹餘閑，略記新舊古刻之轉徙存佚，或于未著録及佚石孤本並録其文字，編爲四卷，顔之曰《石交録》，以傳之藝林。至文編之作，當世同好有能成予之志者乎？予且跂足以俟之。己卯春，歲寒退叟書于七經堪。

石交録卷一

海内貞珉之最古者，爲岐陽獵碣。若峋嶁、若朝鮮之錦山磨崖、貴州之紅崖古刻不合六書，當世乃有爲考釋者，不免愚誣欺人。若趙氏《補訪碑録》言，曾藏一古篆碑，係出蜀中，一筆斜出，屈曲轉折盡五尺餘不斷，向無識者，疑爲石裂文。此碑予四十年前亦有一本，附木刻劉師陸跋，强識爲「洛」字。詳細諦審，爲石裂文無疑，好古之過致流爲穿鑿，予不能附和也。岐陽獵碣移燕京國學數百年。予丁未入都往觀，石在紅闌内，可遥觀而不能摩挲其下。嘗擬商之典守者，就石親施氊墨，乃居京師六年，竟未果斯願。近年乃爲移至南京，聞運送中第三鼓已損壞，然移南後未嘗拓墨，究不能得其真相。頻歲兵燹不已，移南京者聞又他徙，或竟燬滅於礮火，已成齏粉亦未可知，亦斯文之奇厄已。

傳世石鼓拓本向推天一閣范氏本，海鹽張文魚徵君首爲傳橅，阮文達再刻之杭州、揚州兩都庠，光緒間黄木甫士陵又橅刻於國子監南學。范氏原本久亡，今尚得見宋拓者，諸傳橅之力也。宣統間，錫山秦氏又得明華氏藏宋本，以玻璃版印行，於是世人乃見第二宋本。聞華氏所藏尚不僅一本，此次南中兵火，不知成刼灰否耶？

石鼓復本，宋廬山陳氏甲秀堂帖刻之，然字已縮小，傳橅未精。予曾得宋拓本。又松江顧氏硯本，字尤小而橅刻甚精，拓本至難得，予懸百金求之南北收藏家，久乃得於濰縣陳氏。往在海東，撰《石鼓文考釋》，以玻璃版影印《考釋》中。於是，兩復本遂得流傳藝林矣。

予平生所見石鼓舊拓本，曾於寶瑞辰宫保處見第二鼓「汧」字完全本，黄帛之間泐痕尚未損字，乃明中業以前所拓。其他則均第二鼓五字未損本，乃明季至雍、乾間拓本也。然有黠賈，復刻此五字補拓入原石拓本上而充舊拓者，不可不細審也。

宗室伯羲祭酒盛昱長國學時，曾命國子生黄君木父精拓石鼓文，於石泐處加意施墨，故宋拓所不可辨之殘迹轉可辨識，其拓本最精善。至汪柳門及王文敏公先後繼長國學，亦選工精拓，然視黄氏拓本有遜色矣。宇内古刻安得盡如黄君之拓石鼓，豈不善哉！

岐陽石鼓，今存毀既不可知，求與並世之石刻不可得也。惟濰縣陳氏曾藏一小石，長建初尺約四寸，廣不及半。正面文二行八字，曰：。側面三字，曰：。文字精絶，真周、秦間物也。顧陳氏矜惜，不以示人，間於金文拓本中見之，初不知其爲石也。予往厲津沽，陳氏後人索重值求售，亟購得之。近印《貞松堂吉金圖》，附載卷末，世人始知有此石刻。此不僅爲寒齋鎮庫物，亦人間之瓌寶也。

海内秦刻，泰山廿九字，今僅存十字，又諸城瑯琊臺石刻，存十數行而已。三十年前，聞諸城石刻又爲雷火擊燬，或云土人放火所燒，迄不得真相。往官學部，部員中有諸城人，言石雖燬，尚有碎塊殘字。然彼亦得之傳聞，非目擊也。此碑舊僅拓十三行，後陳壽卿太史請粵東何蘧廬往精拓，並拓他面十餘行，每行字迹宛然，然實不能辨一字。何所拓者，有「曾登瑯琊手拓秦刻」印記，然流傳甚少。予篋中所藏乃太史贈吴平齋太守者，今不可更得矣。

（閩）〔關〕中《繹山碑》爲宋代重刻，紹興郡學《會稽石刻》爲元申屠駉重刻，今關石具存，越郡元石久經妄人磨去，拓本亦希。予藏盛澤王任堂話雨樓藏明拓本，曾據以影印入《秦金石刻辭》中。拓本後徐問渠先生楙跋言：「吾浙有秦篆石刻二，一在於潛石柱山，一在會稽何山，即會稽頌。宋王十朋登山墨片紙而還，已云漫漶。同里趙丈晉齋云其文尚可辨，屢邀予往訪，因憚於虎豹叢中，卒亦不果。」據此跋，則何山原刻尚在，何又數十年竟無訪得之者耶？爰記之，以告當世之好古者。

漢代金石刻，金文多出西漢，石刻大率皆東漢。近世流傳西漢石刻，除曲阜五鳳石刻外，僅李山農觀察漢石園中麃孝禹及直隸趙廿二年羣臣上壽二石而已。近年出土漢石不少，其有西漢紀年者，惟山西出土左元異墓石二：其一書「河平元年西河中陽光里左元異造作萬年廬舍」，又一書「使者持節中郎將莫府奏曹史西河左表字元異之墓」。書迹完好精勁。因兩石均有采畫，運京後賈人不肯拓墨，僅拓一本，即爲西人購去。予購求墨本不得，僅借得，手自鈎勒，今尚存行笈中。賈人但知獵利，致古文字不得流傳，亦藝林之恨事也。與二石同出土者，尚有郭季妃椁刻字，文曰「西河圜陽郭季妃之椁」九字。書法與前兩刻不同，殆非一時物也。當時亦歸市舶。予百計求之，始得一墨本。

雲南古刻僅《爨龍顔碑》，無更古於此者。乃光緒二十七年，昭通府南十里白泥井馬氏舍旁治地，得《孟琁碑》。文十五行，上截每行缺七字，存二十一字。首行有「丙申月建臨卯」語，文末有「十月癸卯於塋西起墳」，又有「十一月乙卯」字。丙申殆是卒年，十月癸卯爲葬日，十一月乙卯殆爲立碑之日，而年號則在碑首，已缺佚不可見矣。依長術考之，有漢一代六值丙申，一在景帝中元五年，二在昭帝始元二年，三在成帝河平四年，四在光武建武十二年，五在和帝永元八年，六在桓帝永壽二年。考中元五年十月爲癸巳朔，十一日得癸卯，而十一月爲壬戌朔，是月不得乙卯。始元二年十月爲戊辰朔，是月不得癸卯。建武十二年十月爲壬辰朔，十二日得癸卯，而十一月爲辛酉朔，是月不得乙卯。永元八年十月爲癸卯朔，得癸卯矣，而十一月爲癸酉朔，是月不得乙卯。永壽二年十月爲乙卯朔，是月不得癸卯。惟河平四年十月爲庚辰朔，二十四日得癸卯，十一月爲庚戌朔，初六日得乙卯，與碑中所叙甲子吻合，然則此碑爲河平四年所立耶？西漢石刻傳世至稀，乃於滇南僻壤得之，豈非宇内之瓌寶乎！碑側刻二龍，碑文下刻玄武畫象，今置城内鳳池書院。文録後：

□□□□□□□丙申月建臨卯，嚴道君曾孫武陽令之少息孟廣宗卒

□□□□□□□遂廣四歲失母，十二隨官。受《韓詩》，兼通《孝經》二卷，博覽

□□□□□□□改名爲琁，字孝琚。閔其敦仁，爲問蜀郡何彦珍女。未娶

□□□□□□□十月癸卯於塋西起墳，十一月乙卯平下。懷抱之恩心

□□□□□□□其辭曰：

□□□□□□□結。四時不和，害氣蕃溢。嗟命何辜，獨遭斯疾。中夜奄喪，

□□□□□□□慭，忽然遠游。將即幽都，歸于電丘。涼風滲淋，寒冰北流。

□□□□□□□期。痛哉仁人，積德若滋。孔子大聖，抱道不施。尚困於世，

□□□□□□□淵，亦遇此菑。守善不報，自古有之。非獨孝琚，遭逢百離。
□□□□□□□覆。恨不伸志，翻揚隆洽。身滅名存，美稱脩飭。勉崇素意，
□□□□□□□時，流惠後昆。四時祭祀，煙火連延。萬歲不絶，勛於後人。
□□□□□□□失雛顔路，哭回孔尼。魚瀹臺忿，怒投流河。世所不閔，如
□□□□□□□武陽主簿李橋字文平，書佐黄羊字仲興。
□□□□□□□記李昺字輔謀，鈐下任繯。

嵩高三闕近在中州，然舊拓少室一闕，文字實未足。據黄小松先生《嵩洛訪碑記》知「神𦸗」行以前尚有殘字，「神𦸗」上一石亦有殘字二處，共約十餘行。往庽春申江，曾從亡友章碩卿大令壽康許得黄氏手拓本，則文字均全。及館吳門，爲端忠敏公索去。求第二本，不可得。乙卯夏，從海東歸國，訪古嵩洛，欲親往手拓，逆旅主人戒山中多盜，不果往。乃託洛陽會友齋碑估劉姓者，約令精拓足本三十紙。乃僅拓十本。及由中州友人寄滬轉寄海東，則均爲滬上同好分取殆盡。越二歲，乃又託開封山東估人宗姓拓二十本，令以佳楮香墨，用整紙並畫象拓之，乃更完足。今行篋所儲，才餘二三本耳。宗估當時曾多拓十餘本，故頗流傳至都門，然近人尚未知其可貴也。

葉氏《語石》言世傳墓誌始於顔延年，晉以前無有也。然洛中近年出漢新息侯馬援女膠東侯賈武仲妻馬姜誌石，立於東漢殤帝延平元年，凡十五行，記事甚詳。雖無墓誌之名，實墓誌也。其製爲方石，重數百斤，亦不類六朝以後之墓誌爲薄石而加以蓋。此實墓誌傳世之祖。石出土後，首行之首損「惟永平」三字，末損「膠東侯」三字。石高建初尺二尺，廣二尺五寸。文十五行，行自十三字至十九字不等。出土後，予即以重值得之。亡友陳淮生學部復爲予購得首行脱下「膠東侯」三字殘石及在壙中時「惟永平」三字未損時拓本，於是全文乃可讀。録其文於左：

惟永平七年七月廿一日，漢左將軍特進膠東矦
第五子賈武仲卒，時年廿九。
夫人馬姜，伏波將軍新息忠成侯之女、
明德皇后之姉也。生四女，年廿三而賈
君卒。
夫人深守高節，劬勞歷載，育成务媛，光□
祖先。遂升二女爲
顯節園貴人，其適高侯朱氏，其
次適陽泉侯劉氏。朱紫繽紛，寵

禄盈門，皆猶
夫人。夫人以母儀之德，爲宗族之覆。春秋
七十二，延平元年七月□日薨。
皇上閔悼，兩宫賻贈，賜祕器禮殯。
九月十日葬於芒門舊塋。□□子孫懼不
能章明，故刻石紀□。

濰縣陳氏藏漢專二。其一四周有字，合之可讀云：「皇上之授予，天道難諍在側面。兮，若朝之有夜。在專端。命非金石兮，有始在專端。有終兮。在專側。」又一專側有字十三行，行二字，文曰：「父以建武廿五年，母以建初四年終。少子侵行喪如禮。大歲在己佯。殆即祥之假借。」前一專且有銘文，後一專記父母終年，其子名侵，是亦墓誌類也。與宋劉昌詩《蘆浦筆記》載周益公藏漢皮闕旁土中二專，爲四字銘文，均漢人壙中已有墓誌之徵，惟文在專而非石耳。吴縣潘氏又藏魏專二，均有缺損，而合兩專則全文可讀。文凡五行，行八字，曰：「魏景元元年，使持節、護烏丸校尉、幽州刺史、左將軍、安樂鄉侯張普先君之墓。」隸書，陽文，有界格。此專亦置墓中，是亦魏有墓誌之證，特但載年月、官職、姓氏，與劉韜同，與後世誌墓之文繁簡大異耳。

河南安陽漢殘石四種：曰「劉梁殘碑」、曰「元孫殘碑」、曰「正直殘碑」，又一曰「允字子游殘碑」。前人均已著録。三十年前，予從天津青縣姚貴昉大令許得一殘漢刻，十二行，行存八字，中有「元初二年六月」字。予訝其書體與《子游碑》同，取篋中藏本合之，知即《子游碑》之上截，兩石間僅闕一字。兩石先後出土，相距幾百年，竟爲延津之合，亦一奇也。予往在海東，手橅其文入《漢晉石刻墨影》中而爲之考證。嘗擬購之與前石合置一處，乃不久聞安陽四石爲人所盜，至今不復出。或云乃山東估人所爲，石尚在山左，祕不敢售也。予終冀二石之得合併，但不知何日得償此願耳。

吾浙兩漢刻，一爲餘姚客星山周氏所藏「三老諱字忌日記」，一爲「跳山大吉買山地記」，均在吾郡。海桑後，歲己未，周氏後人以「三老」石刻售於滬上，京江陳渭泉嗣、錢塘丁君輔之以吾浙僅二漢刻，乃醵資購歸，置之西湖西泠印社。予復捐所藏漢畫象石同置一室。但人世陵谷不常，不知將來終能保存於吾浙否也。

漢人篆書傳世者，舊僅嵩高、開母、少室三闕，近三十年來洛陽新出袁安、袁敞二碑，敞碑雖已殘，而字之存者刻畫如新，予以重值購之，與「賈武仲妻馬姜墓記」同列廱齋。安碑尤完好，十行，行十六字，各行闕末一字，今尚在中州，不知歸何氏矣。敞碑上下均損，予曾爲之考證，今與安碑同録文於後。予於近日新出各碑未經著録者，悉録其文字，仿《東湖叢記》例也。

司徒公汝南女陽袁安召公授《易》孟氏

永平三年二月庚午，以孝廉除郎中。四

十一月庚午，除給事謁者。五年正月乙

遷東海陰平長。十年二月辛巳，遷東平

城令。十三年十二月丙辰，拜楚郡

守。十七年八月庚申，徵拜河南尹。

初八年六月丙申，拜太僕。元和三年五

丙子，拜司空。四年四月己卯，拜司徒。

孝和皇帝加元服，詔公爲賓。永元四年

月癸丑薨，閏月庚午葬。以上《袁安碑》。

字□平司徒公

□月庚子，以河南尹子

□五月丙戌，除郎中。九年

□□侍郎。十年八月丁丑，

□□□□月甲申，拜侍中

□□□步兵校尉。延平元

□□□其十月丁□，拜東

□□丙戌，徵拜大僕。□年

□□初二年十二月庚戌，

□□薨。其辛酉葬。以上《袁敞碑》。

八年前，洛估康秉璋寄漢永元十年石刻來，凡十九行，行字多寡不等。驟視之，書迹似了了，而實難辨認。予亟酬以重值。石存洛中，令伺便起運，乃久不至。函令先拓數十紙來，亦不答。洛估素狡詐，或以此石又別售矣。篋中但存一紙，録之如左。其文頗難通。大意因道逢大雨積水，不便捕盜，故加以通利也。

永元十年十月十一日，都鄉□□□□

佐掾□書□□訾大道□郭□東曲王

□□□□下𠩺亻長梁國氵訾追捕

盜賊，大雨多水，泥淖道不通，使東□里戸民保

泥□里□□徙土增道中卑下，通利，水大道□□

回保不上渠道後世子孫。時長吏

王君即使東□父老馮孟□户民□□□

亻□氵徙上增其下通水□道□□□保時將作

□鄧孫張仲有□□約束，決取瓦石□□

□以中□以上罰錢五百。若有寄客□

□□保任當□□出之不宀□者□約泐十一字。

言語□□約泐八字。

治大老□蔡□□約泐十二三字。此下三行皆不可識，但識行末一「任」字。

上泐約十字。左右氵下泐。

□使作彊末

甲子秋，寓春明履安坊，與亡友王忠慤公閱廠肆尊古齋，見漢殘碑。存字十二行，上下皆闕，其年月正當闕處。第四行至第八行鑿一長方孔，損十字。書迹質朴，似《郙閣頌》，漢碑中所罕見者。

文稱處士，而紀其先世有克侯、剌侯，殆功臣之後歟。當時索值昂，力不能得，乃墨一本以歸。此石後不知歸何人矣。碑文録後：

處士之高[illegible]□□□[illegible]□□

侯克侯子即剌侯，剌侯子□

[illegible]游竄郡内武安名山因□

失史體或爲□□□卿至光

伯先冀州三辟□□□苗不

忼慢術[illegible]弘□□□□仰厥

冀要雖州郡騷□□□稱[illegible]

喪是以人时不□□□故白

其辭曰：

然特秀沶俗間兮爰暨慈

夙零兮逝將明明赴幽冥兮

而不朽垂令名兮崇表德

《酸棗令劉熊碑》石久佚，沈均初有拓本，後歸毘陵費峐懷太史。太史没，歸端忠敏公。亡友劉君鐵雲曾於揚州張氏得一本，則文字多於沈本，後亦歸寶崋庵。亡友蔣伯斧學部曾就兩本爲碑圖，訂正洪丞相《隸釋》行款文字之誤。乃太倉陸氏《金石祛惑》詆翁閣學據巴氏鉤本著録於《兩漢金石記》者，以爲僞作不足信，盖未見墨本而輕於立言也。廿年前，顧鼎梅部郎燮光訪古中州，得劉熊碑陰殘石，存字八行，其碑側有楷書京兆王評漢卿跋，上下均斷缺，不見年月，字亦漫漶，後有蘇邁名。碑陰文字校之洪丞相《隸釋》，均合，録之如左：小字旁注者據《隸釋》。

故兖州書佐尹雄彦真五百

故雍丘守尉李謙子山二百

故外黄守尉誠感升卓二百　從掾

故功曹尹慎元節二百　從掾

故功曹邴磐世高二百　從掾

故功曹蘇信君咨二百　從

故功曹馬昂卓擧二百

故功曹三頌季寧二百　「三」字疑「王」之誤。

碑側字亦八行。前二行均不可辨。三行存「訖今亡□□□來祠於」等字。四行存「又翰□之及傳乃如此□之□□□行畢世」等字。五行存「後之君子建詩云：蒼苔滿字土埋龜，風雨消磨絶妙辭。不向圖」等字。七行存「叔文，其字也。好古博雅，趣尚高逸，杜門□閑，人罕知者，家書」等字。末行存「癸巳，承議郎知縣事京兆王評漢卿記，縣尉眉陽蘇邁」云云。案：洪氏《隸釋》跋云：「唐王建題此碑詩云：『蒼苔滿字土埋龜，風雨消磨絶妙辭。不向圖經中舊見，無人知是蔡邕碑。』元祐中，蘇邁書胡戢之語，此與《劉寬碑》同，建詩爲不誣。予謂此固漢隸之上品，似非中郎筆法。」其云蘇邁書胡戢之語，殆即指此《跋》。然此《跋》題王評記，後有邁名耳。其云書胡戢之語，胡戢名殆當殘缺處。《跋》中有叔文其字，殆即戢耶？洪氏又謂元祐中蘇邁云云。《跋》文中紀年已失，而癸巳字尚存，考元祐無癸巳，癸巳乃政和三年，意元祐中者，殆亦洪氏誤記耶？

予返國後，第二次游洛陽，聞偃師孫氏藏一漢碑，字多且精，往訪之。主人欣然出石相示，全石已縱剖爲三，今存前二石，佚後一石。第一石存字五行，每行首一字已截去。第二石存六行，上有碑額篆書二行，存三字半，曰：「□□□陵相尚□□府君之碑。」其全文當是「漢故甘陵相尚書□府君之碑」，與碑文參讀而知之也。惜「府君」上一字已缺，不能得其姓，但於碑文中知其諱博，字季智而已。書法至精勁，爲漢刻中上品。雖年月不可考，而以甘陵王國考之，知在桓帝之後、獻帝之前矣。予有跋，在《遼居乙稿》中。中州屢遭兵事，此石不知今如何矣。孫氏偃師人，家洛陽。予嘗詢以武虛谷先生後裔，云已式微，其遺書板尚存，孫購得之。予以刷印流傳敦勉之。此碑傳拓頗少，予當時手拓一本歸。滬上近亦有石印本。録其文如左：

□諱博，字季智，司空公之少子也。孝弟昭於内，忠□燿於外。聰叡廣淵，兼□七□。《墳》、《典》、《素》、《邱》，河雒運度。該三五之藉，歆周、孔之奧。常以《易》、《詩》、《尚書》授，訓誨不倦。□其食弗食，非其服弗服。羣儒駿賢，朋徒自遠。有韓、魏之家，自視欿然。得士若□，聞善若驚。思純履勁，經德不回。學優仕，歷郡席，坐再辟。司隸公薨，拜郎中□，察孝廉，平除，悉以病去。司空辟，遭公夫人憂。服闋，司空、司隸並舉賢良方正。此間缺一行。去官，辟大将軍府，復登憲臺，遷□州刺史。疾讒言比周，愠頪頻之黨，□唐、虞之道。於是操繩墨以彈耶柱，援規柜以分方圓。饕餮致節，寇暴不作。封畿震駭。每懷禹、稷恤民飢溺之思，不忘百姓之病也。徵爲尚書，肅恭國命，傅納以言。轉拜僕射令，三辰明，王衡平，休徵集，皇道著。拜鉅鹿太守，施舍廢置，莫非厥宜。刑政不濫，絀掊克，采儁桀，猶仲尼之相魯，悼公之入晉。斟酌仁義，下不失望，上以□□。屢獲登□，□□□應。田疇有讓畔之萌，商旅有不爭之民。换甘陵。以後缺佚。

予乙卯游洛，訪新出漢魏石刻。於碑估劉姓者得皇女石殘刻二行，因告以嗣有新出漢石，可以拓本郵寄海東。越兩月，乃寄一漢殘碑，約高建初尺四尺餘，廣不及三尺，上端有穿，穿下約一尺。石泐爲仰月形，廣約二尺，其上下均有字迹，然可辨認者甚寥寥。書體則婉孅，類《曹景完碑》。上截文之可識者曰東、曰范、曰宣、曰宣□□審、曰和、曰以春、曰長史又遷、曰司勳、曰顧、曰乾，下截曰辛、曰資、曰行、曰云、曰初、曰之、曰後人、曰崇，僅此二十餘字而已。以文中有「長史」字，姑題之曰《長史殘碑》。然得此拓本後近又二十餘年，拓本不復再見，何耶？

新疆巴里坤兩漢刻，一爲永和二年敦煌太守裴岑紀功碑，一爲永和五年沙南侯獲摩崖，均在永和中。顧裴岑久著録，侯獲石刻，道光間薩湘林始訪得。翟氏《隸篇》、徐氏《西域水道記》、吴氏《攈古録》均載其名，作《沙南侯碑》。南皮張文襄公始釋其文，謂是沙南侯獲，太倉陸氏據以録入《八瓊室金石補正》，並載潘文勤、王文敏、吴清卿中丞三家《題跋》。潘《跋》謂道光間吴子苾閣學、劉燕庭方伯止見前三行。同治秋，始見後三行。其前三行文襄釋：「惟漢永和五年六月十五日，伊吾司第一行。馬雲中沙南侯獲，字祖奮。二行。孝廉菑邱烏埒張掖長。三行。」其後三行釋：「君父字伷緒。隔二字。羽林監。首行。次兄字仲德。隔五字。議郎。次行。井陘安國。三行。」予曾得兩本，詳細審諦，拓本首行至「伊」字止，不見「吾司」二字。次行「祖」字又似「伯」，故陸氏以釋祖爲非。「奮」字及第三行「孝廉」以下諸字均不可辨。此後尚有第四行，則字均泐矣。至所謂後三行，首行

「君」以下、次行「次兄字仲」以下，與第三行張釋諸字，均不可見。《水道記》言，後人於此石刻「焕彩溝」三字。予今年始於無意中得此三字拓本。始知此刻文字甚多，「焕彩溝」三大字徑尺四五寸，乃横刻，其下隱隱有字十餘行。首行第一字爲「支」。三行首一字爲「寧」，末一字爲「是」。四行首一字存太半，似「斯」。七行首一字爲「中」，下隔三字爲「亻〇何」。九行爲「將兵敦煌□睦」。十行首一字爲「徂」。以下尚有二三行，則全不可辨。其存者十二字，較前三行爲明晰。惜石上刻字處當高建初尺七尺，拓本才得太半，若精細拓足，所得必不止此。「焕彩溝」三字後署「唐義全」名。又一行書「十五年菊月六」，此行上下殆必有字，拓紙不足，不可見矣。此刻爲世所知近百年，然初但知爲三行，嗣知爲六行，不知尚有十餘行也。又其「將兵敦煌」字獨完。此刻距裴岑立石甫踰三年，意侯獲必與裴同時立功西域者，惜文字爲惡札所掩，不能備知，爲可惜也。

（新莽）（宣帝）地節二年買山刻石，太倉陸氏載之《八瓊室金石補正》，謂是巴縣出土，後歸平湖吴辛仲重光。髮逆之亂，石久佚矣。予篋中有舊拓，雖書迹尚近古，而文曰「巴州民揚量」。漢有巴郡無巴州，與史不合，而陸氏未嘗致疑，何也？趙氏《訪碑録補》、葉氏《語石》均徑詆爲僞。

四川之榮經有《楊君銘》殘石，但存碑額五字，碑陰存「議□」及孝廉題名一列，道光時出土，分書至佳。以僻在蜀中，好古者多不得見。予往在吴中，得韓小亭先生手拓本，今尚在篋中。後又得一本，亦有韓氏印，則但存碑陰而無額。此二本外，未見第三本，殆石佚已久耶？

光緒季葉，蜀中勘礦，於某山石室中得漢刻三行。文曰「陽嘉四年三月，造作延年石室」，凡十二字。字大約建初尺二寸。蜀中當道運京以贈貝子溥倫。貝子矜惜不輕拓墨，故傳本至少。予從寶瑞辰宫保乞得一本，用玻璃版影印。十餘年前貝子身後，延鴻閣中收藏古彝器悉歸廠肆。此石則歸膠西柯氏，而次行「造作」、三行「石室」字均漫漶不可見矣。蓋置雜物庫中，置重物其上，遂致損也。嘗謂古刻入人家則矜惜不拓墨，而家人無知，遂取以墊物鎮户，往往致湮滅，洵古刻一大厄也。

漢刻文字之最小者，爲端忠敏公舊藏之陽三老刻石，山左金石保存所之□臨爲父作封記次之。此石舊在嶧縣西曹馬社田中，光緒三十年采入縣志，宣統元年昆明蕭紹庭觀察應椿爲羅學使正鈞移至省城金石保存所。此石刻於延熹六年二月，文十五行，行廿四五字不等，近人因文中有「孫伯度」語，謂臨爲杜伯度之父。此石當爲杜臨爲父作封記，亦墓誌類也。濟南近有兵事，不知此石能無恙否也。

山東金石保存所，有光和六年張表造虎函石刻，亦近三十餘年前出土。文曰：「光和六年十二月丁丑朔廿一日丁酉，東平中尉河南匽師張表元先造作虎函，傳□□□承□无窮位。」下尚有二三字已泐。予初得拓本僅五行，而虎函之「函」字明晰可辨，及歸金石保存所，始得足拓，然「函」字則已漫滅不可辨矣。虎函不知何物，曩游歷下，惜未往一觀也。

予歸自海東，廡居津沽，青縣姚貴昉大令贈予所藏石刻數種。予往得子游殘碑上截，鈐「姚氏貴昉藏石」印，初不憶其人，及相見，知往在鄂渚，姚君爲張文襄巡官，國變後訪古河朔，售古物以給朝夕。於時在鄂同鄉同寮多登膴仕者，貴昉未嘗與通請謁，席帽芒鞋，獨策蹇往來大河南北，訪求古金石刻，亦振奇人也。所藏漢刻子游殘碑外，則爲熹平殘石，僅七行半，所存不逾三十字，而字大建初尺二寸弱，書勢雄偉，爲漢石中所罕見。首行存半字二，曰「筭策」。次行曰「君子」。三行曰「光被海内」。五行曰「孝廉司隸從事」。六行曰「用矙察百」。七行曰「六十四以熹」。八行曰「靡不悼傷功」。九行曰「後人永有」。貴昉有女字湘雲，精拓墨，所藏石皆其所拓，亦藝林中一韻事也。後此二石均歸定海方氏舊雨樓。

張勤果公從左文襄公平定關隴，於新疆阿克蘇得《龜兹將軍劉平國治路頌》。光緒間，勤果撫山左，吴興施均甫觀察在幕中，介亡友劉君鐵雲以拓本見贈。軍中無佳墨良楮，拓工亦不緻。後陶勤肅公撫新疆，始得精拓。然視初拓，則第二行趙當卑之「當」，四行闕上之「谷」，五行首萬歲上之「堅固」諸字已損泐。予曩既箸其文於《西陲石刻録》矣。後又得一精拓本，與陶勤肅拓本同，上鈐「徐鼎藩印」、「徐桂發手拓本」、「塞翁姑墨舊令」諸印，意即承勤肅命往拓之人，未可没其姓名，爰附記之於此。

李固殘碑，庚午得墨本。其書迹略似子游殘碑而遜其古穆博厚。初頗致疑，而亦不能確定爲僞，且考之范《書》，所記顧一一吻合。予曩作跋尾箸之《遼居乙稿》，然終不能無疑，爰録其文於左方，以俟考。

□故太尉李府君之銘

□□固，字子堅，司徒之元子也。根仁義之性，秉聰

□□春秋，參綜六藝。年及弱冠，道行卓立，鄉黨善

□。詔除議郎，侃侃敢言，不畏强禦。時梁冀專政，不

□剌史。永和六年三月，到官視事。未幾，遷泰山大

□。□德齊禮，化行如流。杜喬表奏君之政事，

□□□□君謀。乃以剛直□□□□時相遭。

邇來漢刻出土者，中州爲多，山左次之，關中則甚少。惟廿年前閻甘園孝廉得朝侯小子殘碑，但存下截，計十四行，行存十五字。其爲何人之碑及立碑年月，均不可知。首行有「□朝侯之小子」語。小子即少子，此漢人碑版常例，猶《夏承碑》之稱太尉掾之中子，《孔彪碑》之稱潁川君之元子也。其人曾署郡主簿、督郵、五官掾，復舉孝廉，除郎中，拜謁者。文中更頌其討姦雄，除蝥賊，曜德戢兵。又稱贈送禮賻五百萬已上而不受。又以毀卒，其孝行有可稱者，惜名姓翳如矣。書迹姿致橫出，爲晚近所出漢碑之至精者。碑陰有字，惜均漫漶，其可識者僅君、諸、徂、持、種、樹、不，七八字而已。此石今歸建德周氏。

近年出土漢刻於學術關繫最巨者，推洛中所出《熹平石經》。方辛酉歲，洛陽出《正始三體石經》後，予在春明與二三同好約，至洛一訪漢太學遺址，乃以事不果。吴興徐君森玉鴻寶與其友往，瀕行，予告以魏文《典論》與石經同列，石經既出，《典論》或有殘石，幸留意。徐君諾之。既抵洛，郵寄小石墨本數字，詢是否爲《典論》。予閱之，乃漢石經《論語·堯曰篇》殘字也，爲之狂喜。亟移書請更搜訪，遂更得殘石十餘。此漢石經殘石發見之始。爾後歲有出土者，多歸徐君及四明馬氏。

爾後則中州許氏、吴氏，膠西柯氏，毘陵陶氏諸家分得之。予僅得《詩》、《禮》殘石二三而已。石既散歸各家，歲戊辰，閩中陳君淮生承修擬向諸家集拓，旋南歸不果，乃由大興孫君壯成其事，予始見諸家墨本。已而北京圖書館、北京大學又得《石經後記》，予乃撰《漢石經殘字集録》。已又見江西文氏、關中于氏所得《易經》數百言，隨見隨録，先後成書四編。已又得山左圖書館所藏，乃爲之增補，並合前四編爲一。近續有增訂，復改訂爲《集録》二卷。蓋是書予已三易稿矣。淮生舊爲學部同僚，好古甚篤，雖處濁亂之世，其行己尚有所不爲，晚近佳士也。乃中壽物故，予最後《集録》彼竟不及見，爲可憾也。

殘石分藏各家，已有屢易主者。陶氏藏石歸西充白氏，後又歸皖江李氏。文氏所藏亦歸之。許君藏石太半歸予齋。大學及圖書館之《後記》，由北移南，不知存否。山左圖書館所藏，近日兵事，不知能無恙否？其入市舶者，則日本京都藤井氏藏《儀禮》、《春秋》百餘字。予頻年所得，計《魯詩》四十八石、校記十二石，《書》六石，《易》八石，《禮》八石、校記一石，《春秋》廿三石，《公羊傳》十二石，《論語》九石、校記二石，《後記》五石，不知爲何經者十九石，總得百三十九石。方今神州陸沈，龍戰未已，今之所見，未知將來存亡又何如也，念之憮然。

予最近集録，計七經及經校與後記，共得六千一百四十四字，所存字數視宋人爲多。又，比較諸經存字，《易》最多，次《詩》，次《春秋》，次《禮》，次《公羊傳》，次《論語》，而以《書》爲最少。

予集録石經，其有裨學術最大者，爲可證《隋書·經籍志》漢刻確爲一字七經。又知《魯詩》編第與《毛》不同，章次亦或異，爲從來治三家《詩》者所未知。又《易》用梁丘氏本，《禮》從大戴編。至古今本之異同，指不勝屈，則已具見《集録》中，此不復贅。

石經刱建當季漢，不久以兵事殘毀。今出土殘刻有字迹不類者，若《魯詩·唐風·杕杜》、《鴇羽》，《春秋》莊公五年至十年、凡二石。三十九年至閔公二年，凡二石。共五石，均爲後人補刻。予初因《晉書·裴頠傳》載「頠爲國子祭酒，奏修國學刻石寫經」語，疑爲晉代所補，嗣考《三國·魏志·王肅傳》注引《魏畧》，有「黄初元年補舊石碑之缺壞」語，始確知補刻出於魏之黄初，非晉世，此亦前人考石經者所未知也。

聞洛估言，出石經之地有碑坐數枚，尚完好，以無花紋刻鏤，土人棄置不一顧。予疑此當是石經碑坐，雖無文字，然於此可考石之廣闊厚薄，乃當世竟無留意及之者，可慨也夫！

龔定庵《秦漢石刻文録·序》謂有三恨：不生晉以前，不見《熹平石經》，恨一；不與蘇望並生，不見邯鄲氏《三體石經》，恨二；東漢緐多，西漢蹟蔑如，恨三。乃予生晉、宋之後，得見漢、魏兩刻，且見西漢《河平石刻》，至三種，眼福足傲定庵矣。

濰縣陳氏收藏古物最富，藏石亦二十餘品。然漢人石刻則僅君車畫象、貸用爵千等殘石，寥寥一二十字而已。端忠敏公匋齋所藏若楊叔恭殘碑、蘭臺令史碑、陽三老石堂題字、黄腸石、墓中鎮石、漢畫象石刻，收藏爲海内冠。然十餘年間，均已星散。楊叔恭碑今歸建德周氏。周君季木，二十年來專搜求漢、魏、晉石刻，並殘字計之，總得數十品，近來新出土者，若朝侯小子碑、皇女殘碑，均石刻中上駟，所藏又突過匋齋。近季木溘逝，所藏又將星散矣。季木所藏罕贋刻，惟秦石權確爲僞物。

予早歲在淮安，東估寄漢殘石墨本，云出洛陽，詢爲何碑，不能對也。然確爲真漢刻，非贋造，計存殘字十三行，行存五六字不等。首行存二字，不可識，書迹潦草荒率，殆是草隸。第十行有「淀」字不可認識，乃竟是艸書。及讀《匋齋藏石記》，知此石後歸匋齋，稱之爲辟陽殘碑。其傳録文字譌誤甚多，第三行「深」下一字不可識，而録爲「宅」；四行「自相聚合差」，失書「聚合差」三字；五行「繇使」，誤作「繇吏」；八行人名下乃「録」字，誤作「并」；九行「者千罰二百」，失録「者罰」；十行「如淀令」，失録「如淀」二字；十一行「有豪民𡆧受」，誤作「有慶民𡆧叓」；十二行「彈」上一字作「吉」，不可識，誤作「攴」；而其跋尾謂書勢神似《郎中鄭固碑》，竟不言書體似草書。不知此碑字何處似《鄭固碑》。箸作出門客手，其言往往荒唐不經至於如此，可異也。

古石刻丘墓間物爲多，著録家往往不知爲何物。如漢陵中黄腸石其一也。此石始著録於《匋齋藏石記》，漫稱永建五年墓石題字、冷攸石題字、禹伯石題字、建寧殘石，凡四品。予據《周禮·夏官·方相氏》鄭注及《水經·濟水篇注》，始定爲黄腸石。洛中先後所出甚多，開封圖書館所藏多至三十石。聞洛估言，各處所見尚不少，以重大難運，且數見不得善價，大半棄置。豈知於此可考見古帝王陵中制度，所關固非細耶！

又漢人墓中恒置鎮石，亦前人所未知。上記五方帝，以鎮凶禍。山東莊氏鈺藏一石，凡六行，每行下殘數字。文曰：「熹平二年四月己卯朔十九日丁酉，時加午，東方青帝禹青龍，患禍欲來。南方赤帝禹朱鳥，患禍欲來。西方白帝禹白虎，患禍欲來。北方黑帝禹玄武，患□□□。中莛。」以下無字，殆未刻。於此可見漢末喪葬風俗之一斑。文中「禹」字不可識，疑即「屬」字。

漢代鎮墓或用石羊。建德周氏藏小石羊四，高約裁衣尺四寸弱，身長約五寸强，乃近年出安徽壽州劉君墓中。詳下。羊身均刻字三段：曰大吉、在脊。曰宜子孫、曰傳世老壽。文在兩側。又有二大者，則高約一尺□寸，長約一尺四寸餘。兩羊均文字甚多，書刻潦草，大半不可辨認。惟後半略可識，曰：「祀鰞魚□同黄米二升，與祖□卷轉世無有死者。即欲有死者，須石羊能顧□□，足可□□。乃應召呼：以爲不信，石羊爲真，如律令。」語亦不可解。其曰爲真，殆爲證之譌耶？

劉君冢石羊以外尚有三石。其一曰西岳神符，高七寸五分，廣一尺。前有大字二行，首行上鑿方孔，方廣約寸有半，其文僅「凶息鬼佐」四字可識，「凶」上一字及「佐」下之字狀若符篆，不可曉。以後文字七行，雖潦草，大約可辨，曰：「西岳神符，金師之精。其斧越積石，巖位在西岳參拔之旁。□□百適及与□形魂以下，咸歸窈窔。□□□□□□□除□□□定死人名魂門主□乃与三精。急々如律令。」語殊不可曉。然知五方必有五石，此乃西方一石也。往觀唐人墓中有女青文，亦五方各置一石，觀此，知此風已權輿於漢季矣。

其第三石殘後半，高七寸二分，廣存六寸弱。石上角亦鑿方孔，孔後存字五行，文曰：「天墒建立，靈燿主守。天門建立，十二□以山精主壓。□墓奎十二□獄丞主□刻石□書□不□來鬼不得去。其有犯者執。此間約缺四五字。天門以厭冢。」此後缺損。文末亦必有急急如律令。此石不載方位，不知置墓中何處矣。

同諸鎮石出土者尚有一圓石，狀如大璧，中有圓穿，直徑一尺三寸强，回環刻字凡五匝。其文字潦草，不能盡識。其可辨者首行當中穿處首稱「居巢劉君冢」，又有「東方青帝主曰天帝，西方白帝主除青□□□□之凶吉，南方赤帝主除西方白氣之凶吉，北方黑帝主除赤帝之凶吉，中□黄帝主除北方黑氣之凶吉」云云。此諸語大略可讀。末又有名曰「侯社」，下刻「五氣之英，□除刻去凶，孫孫壽考，如律令」。亦粗可辨認。蓋亦記五方帝，與莊氏所藏鎮石相同。以上諸石均藏建德周氏。書雖不工，乃漢刻中之特異者也。

其第二石高七寸弱，廣一尺。石上角亦鑿方孔，孔以後有字七行，文曰：「西南□精□精出入人生□際命□□執法□建六虚塞除劉元□家冢□青黑洓書之以除百適急急如律令。」前有「西南」字，豈五方之外，西南、西北、東南、東北四隅，亦有鎮石歟？

端忠敏公亦藏遲氏墓中鎮石，箸之《陶齋藏石記》，稱降命殘石。高今尺一尺五寸，廣約九寸。文六行，字之上端亦有孔，方逕寸許。首行僅一「西」字可辨，他不可識。次行以下以居巢劉氏冢第二鎮石文參讀，則朗然可讀。云：「□□際命□□執法以建六虚塞除□國西安□里亭部遲元宗遲尌宗遲季宗遲伯世遲伯卿此□□□冢之青黑洓書之以除百適急急如律令。」《藏石記》所釋譌誤甚多。其稱「降命殘石」，「降命」亦「際命」之譌。此石，忠敏完大節後歸東武王許閣大令，緒祖。肊定爲西漢石刻。今大令又物故，此石不知尚存其家否。

山左臨沂王氏藏孝子徐奂石羊刻字。字四行，大者幾二寸，小者徑寸。文曰：「永和五年大歲在庚□□月九日，西郭記子、丁次角、孫仲喬所作羊。孝子徐奂。」文頗漫漶難辨，殆亦冢中物也。二十年前亡友濰縣高君瀚生寄予此紙，且允異日求精拓本以贈。乃高君未久物故，披覽墨本，如見故人。高君博雅好古，藏專瓦甚富，爲其後人斥鬻殆盡，今不知何所歸矣。王氏所藏聞尚有永元十三年造冢刻石，則無由致墨本也。

往歲亡友高君瀚生曾贈予漢石獅子題字。文曰：「雒陽中東門外劉漢所作師子一雙。」字甚精，雖無紀年，一見知爲漢物。傳世石獅，殆莫古於是矣。

漢碑石亡額存者，往見「孫大壽碑」四字額，篆書姿致極工。又往居京師，於金陵碑估袁裕文處，得馬硯珊藏拓本二十餘紙，中有漢殘碑額二行，存六字，曰「漢騎都此下當是『尉』字李君之此下當是『碑』字」。篆書尤精雅。不知此二石者何時出土，今亦不知尚存否耶？

梧臺里石社碑，著録於《水經注》，予三十餘年前從山左估人得此碑額拓本，篆書六字，頗工，額陰有畫象，碑則已佚。往歲湘中羅順駉提學山左，予勸令貯之濟南圖書館，於是拓本始傳人間。又濟南府城東七十五里平陵古城西門外墓前，有琅邪相殘墓表，存字二行。首行存「邪相劉」三字，次行存殘字「一五」。十年前亡友諸城尹竹年彭壽曾以墨本見貽，考爲漢劉衡兄。予亦勸提學物色之，乃得提學報書，謂訪求不可得矣。予曾橅篋中藏墨本於《漢晉石刻墨影》中。古刻之易佚如此，預謀保存，此固地方長吏之責，然亦豈可望之今日長吏耶？

漢畫石刻多出山左。予往歲視學過青州時，見城壁及敷地之石屢見漢畫象。時益都令毘陵李君，非俗吏也。勸以蒐聚，又以告羅順馴學使。學使乃以公牘檄各縣，將以前著録各畫象聚之省城圖書館，實未能收拾散佚也。至武梁祠諸石之後出者，或爲紳士私運家中，亦有歸匋齋者，今均入市舶歸歐洲矣。

嵩廟石人頂馬字，予丁酉在滬江得黄小松手拓本，上有題字，蓋初訪得時拓贈江秬香者。繆筱珊太史過滬假去，云將鈎作書牘牋，後乃不復見還。往歲游洛，託汴估精拓嵩高三闕，並令拓得十餘紙，一時爲同好取去，篋中才存一紙耳。葉學使昌熾引授堂《金石記》「嵩太室闕後兩石人埋土中，僅露其首，視之漢製也，疑下胸背間必有銘字，屢告當事發出不果」，遂謂漢石人題字皆在胸前，無在頂者。此兩石人如頂上果有字，授堂摩挲其首，不容不見，疑後人因授堂之言而增刻耳。學使蓋僅據孫氏《訪碑録》載頂上題字，而不言何字，又未見墨本，遂有此疑。抑知小松與授堂同時，小松已手拓，其非後人所刻可知，且其書迹古雅，爲漢刻無疑。近人於古刻真僞往往是非倒置。如朱博殘碑，乃尹竹年廣文所僞造，廣文晚年亦不諱言。予曾以書質廣文，復書謂少年戲爲之，不圖當世金石家竟不辨爲葉公之龍也。其言趣甚。又靈臺功苗李夫人靈第之門，確爲漢刻，而至今尚有疑其僞者，真不可解也。

河南省城之白沙鎮，廿餘年前出漢畫象石題字凡十六榜，彫刻甚淺，然頗工緻完好。其題字曰「偃師刑渠至孝其父」，曰「此上人馬皆食大倉急如律令」，曰「減谷關東門」，曰「□□父身」，曰「豎王丁蘭」，曰「木人爲像」，曰「伯臾母」，曰「後母身」，曰「伯臾身」，曰「原穀親父」，曰「孝孫原穀」，曰「原穀泰父」，曰「敏子愆父」，曰「敏子愆」，曰「後母子御」，曰「子愆車馬」。文多別字。「刑渠」即「邢渠」，「減谷關」即「函谷關」，「豎王」即「野王」，「敏子愆」即「閔子騫」。此石出土未久即入賈客手，隨市舶售之法京。予篋中墨本乃出土時所拓，恐無第二本矣。簠齋所藏君車畫象字最大，爲畫象題字中所未有，亦久歸歐洲。邇來兵事不已，恐傳世古物將零落殆盡。然中土數千年道義綱常，今且日就泯没，則此戔戔古物復奚卹耶！

周氏藏方石，徑尺餘，文二行，曰「吕仲左郎石」五字。字逾數寸，雄偉可愛。予往以振衈京旗貧民在春明，洛估來乞售，議價未成，遂歸周氏。洛估云石出白馬寺舊址，一時出小石頗多，或記人名，或記數字。予藏「百卌」一石，亦白馬寺基所出也。周氏尚藏有「西掖門衛士穎川張□」一石，疑亦出白馬寺，殆施石修寺而記其名歟？

周氏藏漢殘石文字稍多者曰「毗上殘石」、曰「州里殘石」、曰「故吏廷尉魏□殘碑陰」、曰「河南平陽殘碑陰」、曰「李脩偉高殘碑陰」，諸品中以「毗上」及「河南平陽殘碑陰」文字最精，今録其文如左：

□毗上列出
終君□没矣
年十二月廿以上殘字三行。

餘萬
來學分銖之
州里後乃進
□以義合以上殘字四行。

□吏廷尉魏
故吏宗正南
故吏執金吾
故吏□隸校
故吏越騎校
故吏長水校
故吏南陽□以上殘字七行。
□河南平陽
頌河南雒陽史武
頌河南鞏胃乾字元
頌河南平張永字伯
□河南匽師孫羊字
□□南雒陽董忠字以上殘字六行。
曹晉□李脩偉高
官掾中都魏應君山

官掾陽曲許敬伯字

□掾京陵郭戩叔嚴

□掾祁温恁子真

□□兹氏梁謀子智

□□兹氏梁恭季敬

□□□陶郝演元

□□□曲郭琦

□□□□逸君以上十行爲一石。

元行

子河

浮子雲

羌仲叔

叔甫

平以上六行爲一石，均小字，徑三四分。

安陽馬太史吉樟藏漢石，三十餘字，凡十一行。首行僅存一「忠」字，次行曰「道之以禮」，三行曰「攸同冝軒」，四行曰「吏安其政民」，五行曰「以和民泙」，六行曰「雀鳴於」，七行曰「被病十月」，八行曰「奠乎寂卹」，九行曰「哀乃相與」，十行曰「生烝民」，十一行曰「陟台階翼」。名字紀年均不可見，不知爲何碑矣。

予齋所藏漢石，馬姜、袁敞二石外，尚有殘碑陰，計十六行，行一字至六七字不等，大不踰寸，書迹頗婉妙。其他藏數字者尚七八石，零礫碎璧，不足數矣。碑陰文録後：

□　魏郡韓妙□　趙國

□　魏郡張漢興　趙國

□　魏郡馬□□　趙國

□　魏　□陵

□　魏　□陵

□　魏

□

起

誦
岱
孝
臺
春
□　□□□卩○公
□　□海歐陽
□　□海

予篋中有殘碑陰六行，首行曰「樂安利」，次行曰「馮翊郃湯」，三行曰「尹絳氏」，四行曰「臨濟」，五行曰「河南尹」，六行曰「事河南」。不知誰氏所藏。字大逾寸，頗端厚，類《熹平石經》。邇日中州出漢殘石不少，頗多贋刻，然終不能亂真也。

傳世漢石，福山王文敏公撰《漢石存目》，分《字存》、《畫存》二卷，四十年前尹竹年廣文刻之濟南。葉氏《語石》謂尹竹年撰《漢石存》，殆未見其書，致有此誤。予往在海東，曾爲之增訂，刻之

《雪堂叢刻》中，今又廿餘年矣。續出之石未及增入者不少，暇日當命兒孫輩重輯録之。

曹魏石刻，孫氏《訪碑録》著録者八品，趙氏《補録》僅增曹真殘碑。若孫二娘、孫五娘題字，則明知其僞而載之。若道光廿六年許州所出青龍二年陳祚冢中記五種，皆專文，上刻亡者官氏年月，乃專誌之最先出者，河北古墓中恒有之。前于此者若漢之修陵罪人專，後于此者近年所出，予家所藏凡數十品。趙氏謂與《三老忌日記》相似者，誤也。

曹真殘碑，端忠敏官陝時運歸京師，載之《匋齋藏石記》。匋齋又得西鄉侯殘碑于中州，書法豐厚朴雅，與他刻不同，乃魏刻中之上駟也。此二石近均歸建德周氏矣。

光緒甲午，予在淮安，山東碑估劉金科以正始石經《尚書·君奭篇》殘字拓本乞售，一紙索一金。予驚爲奇寶而訝其值昂。劉曰：「此石乃黄縣丁氏新得石，拓本一紙十金，此同鄉范某在洛時所拓，價才什一耳。」乃質衣購之，嗣乃不見第二本。及庚子客滬江，遇山左范估，以此詢之。范乃詳言，此石乃彼得之洛陽賣茶人某，乃以爲坐石，置茶棚下者，訝其有字，乃以他石易之。拓二本，以一寄丁氏，一寄王文敏。丁出重資先得之，文敏愠甚，且當時見者皆不能斷定真贋，或且逕斥爲僞，丁氏怒，乃不出一紙。因出其所携在洛拓存者三紙見贈。予以一贈亡友章碩卿大令，一贈繆筱珊太史。辛丑至武昌，以所存一本贈楊惺吾廣文。廣文一見驚詫，亦以真贋爲疑。予以所聞告之，乃謝曰：此真至寶矣。此爲正始石經流傳之始。葉氏《語石》言魏正始石經自宋以來未聞著録，乙未在會典館，福山王廉生祭酒忽以拓本兩紙見示，莫能定其真贋。即指丁氏藏石。但僅一石而云兩紙，則載筆之誤也。及海桑以後，壬戌秋，洛陽城東三十里復出大石一，乃《尚書·君奭》。其陰刻《春秋》僖公，上截完好而損下少半，以丁氏藏石校之，則正在此碑下截。農家得石，售之賈人。賈欲密運入城，石大，車不能載，乃剖而爲二，載以兩車而覆以薪。然卒爲當道所聞，乃没入官。幸石未剖時先拓十本，予以五百金得一紙。同時並出《尚書·多士》一石，存十一行，其陰爲《春秋》文公，亦没入官。爾後殘石時有出土者，皆歸四明馬氏、吴興徐氏諸家。近年《君奭》石最下截一石復出，由蜀人某售諸日本京都藤井氏。予又於某手見大殘石至二三百字者數紙，書勢殊孱弱，不能定爲真品矣。

《正始石經》皆首古文，次篆，次隸，三體蟬聯書之，而所見殘石中之《尚書·帝典》則三體分兩列，上書古文而其下篆、隸二體並列，略如「品」字式。初疑一代制作不應參差如此，嗣見山東圖書館所藏《堯典》殘字五行，仍是三字蟬聯書之，始悟作「品」字式者，乃永嘉亂後補刻者也。該館尚有六行一石，亦三體蟬聯書之。予後於洛估手亦得一石，亦六行，與山左圖書館藏石二石正相銜接。三石皆漫漶特甚，蓋兵燹燒毁所致。予藏熹平殘字百餘石，而正始殘石則僅二三石。此石雖刼燒之餘，然於此可知作「品」字式者爲後來補刻，亦藝林之快事矣。

近年魏刻出土者，又有魏故騎督平寇將軍關中侯廣平曲梁蘇君神道出中州，魏公丘長鉅鹿霍君神道出直隸，均篆書。霍君神道陽刻，書尤精雅。關外則毌丘儉丸都殘刻，洛陽又出鮑捐、鮑寄二神坐，凡五種。

鮑氏二神坐。予往據《周禮》注及《晉書·禮志》，考古人藏中有神坐，有跋尾，載《遼居乙稿》。不言神坐之狀。據此知以石爲之，上刻姓名、官位，且知上下貴賤均得用之。古刻能考知禮制，其裨益如此。

孫〔吴〕古刻之最先者，爲黄武四年九江男子浩宗買地塼券，道、咸間，望江倪氏所藏。高工部營造尺七寸八分，廣三寸，厚一寸三分，文五行，隸書，甚精。予曾録其文入《地券徵存》中，蓋傳世塼地券此爲最先也。相傳已亡於髮逆之亂，故予先後得兩本，價至二百金。嗣聞沈子培尚書言，此塼實尚存皖江劉聚卿京卿世珩許。予乃亟移書聚卿，乞墨本，諾而久不踐。未幾，聚卿遽委化。其嗣子移寓吴門先後十餘年，聞去歲吴罹戰事，兵士入門，以驚怖死。此磚今不可知矣。

傳世吴刻除葛祚碑額、谷朗碑外，江甯之神讖碑已燬。其存者，僅禪國山一刻。吾越禹陵窆石，下豐上斂，狀如稱錘，乃纍石爲之，其狀正與神讖碑同。神讖碑亦纍三石成之。考其形制，爲吴刻無疑。矧尚有數殘字，與國山碑字體正相同耶？前人或以爲漢刻者，可不辨而知其誣矣。

十年前，於滬上得甘露二年郎中盛沖碑，聞出湖州之長興。碑制與漢人碑同，額篆二行，曰「吴故郎中盛君之碑」，篆書甚工，似神讖碑。碑文十三行，行二十四字，隸書，朴厚而少精采。《元和姓纂》載，廣陵盛氏，吴有盛沖，殆即其人。然碑稱甘露元年十一月五日己卯卒，依長術推之，則甘露元年十一月爲辛亥朔，五日當得乙卯，與碑不合。尚未能斷其真贋，爰録其文於後以俟考。

君諱沖，字毅操，吴郡烏程人也。北海太守之長孫，元□君之元子。□先盖帝高辛之苗裔，在周之初受封于盛，因以爲家焉。君□□和之淑□，挺珪□之高姿，恭□博𥎊，脩道□□。治《魯詩》，兼通《嚴氏春秋》，□究羣籍，名溢州里。出□□□□瑯琊□□□□納讜貢仁□□□□□尊寵□□。永安元年，詔拜博士，□遷郎中。君忠□自矢，進退維禮，翊□辶義，不辭殫力。庶從咸慕其行，遐□僉仰厥德。上嘉乃勳，□□方□□□君志意恬退，樂□衡門，□□□休，得從所好。□□□載，□□無樂。年五十有一，昊天□□，寢疾罔瘳，以甘露元年十一月五日己卯卒，明年三月甲□葬。邦喪□彥，族掩榮華。戚眷悼慟，朋故感□，謂宜□述芳馨，用言碩德。於是勒銘刻石，垂示後來。其辭曰：

於穆盛君，明德孔彰。□□□直，國之幹梁。夙夜匪解，式遵道常。皇矣上帝，降茲□殃。淑人君子，胡命不長？令名不朽，億載聲揚。

石交録卷二

晉代石刻傳世不多，諸家著録碑版之巨者，僅孫夫人碑、郛休碑在山左，太公吕望表在中州，爨寶子碑在雲南。郛休碑曾爲端忠敏公購藏京邸。忠敏身後，此碑由在京魯紳醵貲購歸山左。但移魯後，不知安置何地，亦未見墨本。碑經遠運，又不知有無殘損否也？

太公吕望表有陰側，而新舊拓本均遺而不拓。往厲津沽，姚貴昉大令訪碑河朔，囑往補拓，乃墨一本歸。漫漶殊甚，僅存「議曹掾鉅鹿程□」等廿行，及「主簿汲吕□」等題名十七行而已。

劉韜墓版原石久佚，《陶齋藏石記》所著録、得之武進費氏者，乃複刻本也。予以武虚谷翁正三舊藏拓本相校而知之。他如潘宗伯造橋題字，則相傳久佚。至後來出土之石歸匋齋者，若蜀中之楊陽神道，今歸建德周氏，山左之安丘長、王君二神道，則不知所歸。古刻轉徙無常，往往遂致淪佚，可慨也。

《水經注·穀水篇》載，漢太學遺址「漢石經北，有晉辟雍行禮碑，是太始二年立，其碑中折」。往歲漢魏石經既出土，並遣人求是碑，久不可得。歲辛未，洛估寄《大晉龍興皇帝三臨辟雍皇太子又再莅之盛德隆熙頌》拓本及碑陰凡二紙，云出縣城東大郊。碑以咸寧四年立，文三十行，行五十五字，凡千五百餘言。鴻篇巨製，一字不損。陰載博士及弟子題名凡十列，文字亦無損泐。此碑出，遂爲傳世晉碑之冠。武陵余季豫部郎嘉錫爲《考證》三篇，至精核。部郎爲老友貴陽陳松山給諫猶子壻，好古博聞，尤邃於目録之學，所撰《四庫提要辨證》十二卷，訂譌糾繆，足爲紀文達之諍友，南方學者之晨星碩果也。兹録碑文於後：

大晉龍興／皇帝三臨辟雍／皇太子又再莅之／盛德隆熙之頌額字四行，行七字。

曰昔在先代，肇開文教。殊風至化，發跡乎黄唐；備物致用，具體於三代。歷自列辟，廢興存立，以降于秦、漢，雖開國立統，而皇道不融，帝典闕而未備，王綱有所不張。累世彌久，有由來矣。至于大晉龍興，當魏氏多難而天命未壹，豪桀虎爭，三方分崩，寔賴　宣皇帝櫛風沐雨，經營寓内。是時正朔未加于華陽，王教不被於江表，西嵎抪摀，楊越内侵，戎車屢駕，抑有不暇。雖誕敷神武，光被四海，流風邁化，惠懷黎元，而未遑治定之制，儒道不得並時而施。至于　文皇帝，方寇負固，猶未帥職，左提右挈，虔劉邊垂。乃振威域外，盪定梁益，西戎既殄，遂眷東顧，文告江裔，爲百姓請命。南蠻順軌，革面款附，九服混同，聲教無貳。彭濮肅慎、織皮卞服之夷，楛矢石砮、齒革大龜之獻，莫不和會王庭，屈膝納贄。戎夏既泰，九域無事，以儒術久替，古典未隆，乃興道教以熙帝載，廓開大學，廣延羣生，天下鱗萃，遠方慕訓，東越于海，西及流沙，並時集至萬有餘人。暨　聖上踐祚，崇光前軌，闡五帝之絶業，邁三代之弘風。敦禮明化，以庠序爲先，乃遣相國長史東萊侯史光、主簿東萊劉毅奉詔詣學，延博士，會學生，諮詢讜言。又下丙辰詔書，興行古禮，備其器服。大常樂安亭侯琅耶諸葛緒、博士祭酒騎都尉濟南劉熹、博士京兆段溥考合儀制，述造絃歌。泰始三年十月，始行鄉飲酒、鄉射禮，馬、鄭、王三家之義並時而施。然後罍樽列於公堂，俎豆陳于庭階，鄉縣之樂設，百拜之儀陳，縉紳之士始覩揖讓之節、金石之音。六年正月，熹、溥等又奏行大射禮，乃抗大侯、設泮縣、用《肆夏》、歌《騶虞》，邦君之制，於是而顯。其年十月，行鄉飲酒禮。　皇帝躬臨幸之，正法服，負黼扆，延王公卿士、博士助教，治禮掌故、弟子門人，咸在列位。莫不被文相德，祗服憲度，穆穆焉，濟濟焉，搶搶焉，禮行樂奏。

詔曰：羣生勤學務禮，遵脩舊典，朕甚嘉之。遂斑饗大燕，上下咸周，三家之禮，庭肆終日。既而錫寺卿丞博士、治禮學生，下至樂工，束帛幬巾，各有等差。厚施豐備，人知所勸，宇内承風，莫不景慕。于時方國貢使及款塞入獻之戎，倍于海外者蓋以萬數。若夫耆老嘔歎於邑里，士女抃舞於郊畛，歌詠升平之謠，咨嗟大同之慶，布濩流衍，充塞四嵎，飛英聲騰，茂實足以盈天地而冒六合矣。咸寧三年，大常脩陽子平原劉寔命博士京兆段暢、漁陽崔豹講肆大禮。冬十一月，行鄉飲酒禮。四年二月，行大射禮于辟雍。　皇大子聖德光茂，敦悦墳素，斟酌道德之原，探賾仁義之藪，遊心遠覽，研精好古，務崇國典以協時雍，乃與大保侍中大尉魯公充、大傅侍中司空齊王攸、儋事給事中光禄大夫關内侯珧，及百辟卿士同升辟雍，親臨禮樂。降儲尊之貴，敦齒讓之制，屬咨軌憲，敷納話言。堂列不臣之客，庭延布衣之賓。緝柔學徒，接引衆心，温温其仁，翼翼其恭。故夫洪烈之美可述而不可及，規模之格可衍而不可階。是以髦士駿奔，華夏嚮臻，緝熙聖緒，光融至化，儀形萬國，作孚四方，盛德大業，於斯爲美。於是學徒沐浴純澤，承風感化，伏膺詠歎，不知手之舞之，乃相與言曰：蓋享帝王之位者，必有則天之象；成厚載之功者，必建不朽之業。是以順應交泰，莫崇乎三皇；開物興務，罔隆於五帝。前聖之所歸美，永守鴻名，常爲稱首，唯斯而已。然夫品物咸亨，以廣被爲貴；天下化成，以同風爲大。光于前人，可得篤述者鮮矣。觀今變通之符、典模之則，順天承運，肇造區域，則虞、夏之烈也；建皇極之中，恢配天之範，則羲、農之略也；韜威邁德，樹之風聲，則湯、武之軌也；闡化本，垂道綱，則宣尼之教也。兼六代之美跡，苞七聖之遐蹤，魏魏蕩蕩，大晉其是也已。在昔先葉，德化可述，儀形可像，皆發之於雅頌，播之于金石，故使風流長存，暉光不隧；且古詩之興，采遊僮之歌，收牧豎之謡。今遇不世之運，被覆燾之施，豈無風人之作，奚斯之志哉？於是禮生守坊寄學散生，乃共刊石，讚述洪美。遂作頌曰：

悠悠皇羲，承天作帝，幽讚神明，觀象天地。三墳五典，八素九丘，發原在昔，邁兹清流。大道陵遲，質文推移，樸散爲器，醇澆爲灕。降逮三代，世篤軌儀，郁郁之美，莫尚於斯。六國從横，禮樂消亡，秦焚其緒，漢末之詳。鑠哉皇氏，時惟大晉，龍飛革命，天應人順。敷演彝倫，亮采賢儁，神化罔極，風翔雨潤。明明大子，玄覽惟聰，遊心六藝，再臨辟雍。光光翠華，騤騤六龍，百辟雲集，卿士率從。儒林在位，爰暨生童，升降有序，行過乎恭。祗奉聖敬，曠若發蒙，玄冥司節，饗飲嘉賓。大射之儀，講于元春，執弓鷹揚，百拜逡巡。金石迭奏，兩禮並陳，容服猗猗，宴芺斌斌。德感庶類，洪恩豐沛，東漸西被，朔南式賴。遂作頌聲，永垂萬世。

咸寧四年十月廿日立

碑陰

大常脩陽子平原劉寔子真

散騎常侍博士祭酒潁川康純謀甫

散騎常侍博士甄城公譙國曹志允恭

大常丞陽丘男譙國蔣林永元

高功博士中山張靖彥貞

典行鄭大射禮博士京兆段暢永弘
典行王鄉飲酒禮博士漁陽崔豹正雄〔一〕
博士東郡周暘彦春
博士新興秦秀玄良
博士京兆杜琬文琰
博士東莞孫毓休朗
博士梁國項𣓊建政
博士京兆韋永元舉
博士平原宋昌茂初
博士陳國謝衡德平
右弟一列
助教中郎長廣下泐。
治禮議郎魯國孔胤宗明
治禮議郎大　常賁忠直
治禮議郎河南陳嚴敬平

治禮郎中濟丘戴雍公孝
治禮中郎勃海王誕承宗
治禮舍人趙國耿陵偉發
治禮軍謀掾樂安孫亻泰元
治禮軍謀掾東海戴珍偉琦
大學吏舍人齊國徐龍伯虎
大學吏軍謀陳留帥囿邵虎
都講汝南南樝泰賓
主事樂平段干琰伯齊
禮生平原邴悝梁緒
禮生東萊王遵宗甫
禮生燕國鮮于造長元
禮生泰山劉昇休龍
禮生安平張智承謀
禮生平原徐豐茂元

禮生漁陽王如顯元
禮生安平王蹈景叔
禮生河間劉振君初
禮生高平陳宣玄宗
禮生樂安樂式泰儀
禮生陳留秦曜少先
禮生趙郡郄超士儁
禮生安平王沈弘道
禮生平原言輔宣世
禮生樂安孫汏初權
禮生陳國陳博熙平
禮生安平李軼泰宗
禮生鉅鹿董膺季龍
禮生高平代綽處仲
禮生江夏王甫季和

禮生樂安董閎奉機
禮生義陽韓儉彥恭
禮生高平李始長蘭
禮生中山孫潛仲龍
禮生廣平趙整文脩
禮生范陽酈臭亻仁
禮生陽平毛兆林甫
禮生平原王謐道玄
禮生頓丘吳震道明
□□□□□茂道
右弟二列
禮生樂□□□□
禮生北　公沙虎陳寶
禮生安平張根季牙
禮生平原張範陽元

禮生熒陽張斌長叙
禮生陳國汝承慎宗
禮生河東路雄元英
禮生汲郡李啓肇陽
禮生濟北謝偉道元
禮生勃海張倩季載
禮生遼西路融稚明
禮生清河夏頎靈芝
禮生襄城王羕公興
禮生趙郡王察長理
禮生陽平馬權長玄
禮生平原趙斌長元
禮生天水王獻祖文
禮生渤海程碩令儒
禮生遼西韓逢景時

禮生代郡張襲仕法
禮生廣漢楊綜宗元
禮生安平李默道玄
禮生樂陵王湛玄升
禮生東萊季登長春
禮生漁陽王震世雲
禮生勃海王潛處英
禮生安平吴洪正翌
禮生高平李初長始
禮生陳國戴祈恭先
禮生潁川頓奉正元
禮生濟北淳于榮長暉
禮生中　王准季休
禮生鉅鹿房□苐伯
禮生濟南　宏君休

禮生濟南李訓洪休
禮生平原馮怡洪弈
禮生陳留史肇季初
禮生沛國劉烈公休
禮生東萊徐輿長權
禮生趙郡解肇長倫
禮生勃海孫陵士幹
禮生清河孫鋒穎伯
禮生東海周震子彥

此行全泐。

右弟三列

禮生陳留朱纂徽宗
禮生始平陳婁子嬰
禮生東莞許榮初和
禮生河間東鄉芬子□

禮生頓丘邵林應龍
禮生齊國薛雲玄叔
禮生濟南梁丘龍士玄
禮生南陽孫歆顯倫
禮生常山邵和德泰
禮生梁國吴穆孝韶
禮生河南左閣伯予
禮生北海鄧明朱虎
禮生廣平馬信長明
禮生勃海李彦景林
禮生樂陵宋　叔龍
禮生汝陰夏榮季原
禮生趙郡趙京叔武
禮生上黨程發李玄
禮生常山邸兆宗林

禮生河間劉汏休叔
禮生襄城路虔長元
禮生高陽劉春休先
禮生潁川蓱虎季良
禮生大原張龍延龜
禮生陳留張孜士英
禮生潁川公孫贊國安
禮生上黨李淵志元
禮生平原杜昊元夏
禮生任城唐乾叔元
禮生大原程瑶始宗
禮生魏郡李璋延明
禮生樂陵閭丘弘休基
禮生中山張輦國舉
右鄭大射禮生

都講平原韓終始儒
主事樂安王穎延武
禮生高平鄭岐士伯
禮生高陽劉沉彦靜
禮生濟北丁洪靜元
禮生平原楊儁允叔
禮生中山楊曾宗元
禮生汝陰陳正士弘
禮生范陽高權宗元
□□□□□□□
右弟四列
□□□□□□□
禮生濟丘□□始亻
禮生中山侯岐季嶷
禮生勃海張　伯申

禮生濟丘顔朗長舒
禮生濮陽汲正玄平
禮生鉅鹿馮弼不韋
禮生廣平李延叔儒
禮生廣平張景叔平
禮生廣平張孜孔文
禮生漁陽徐　叔桃
禮生鉅鹿張恒伯林
禮生高平司咸景璜
禮生汝南孫恢弘熙
禮生廣平閻乂佐治
禮生安平劉林元徵
禮生高陽王濬叔濳
禮生魯國于茂延先
禮生廣平李弘季伯

禮生東莞鍾驤延秋
禮生鉅鹿馮龕始平
禮生勃海王嗣承祖
禮生廣平趙膺元休
禮生趙郡宋康玄處
禮生平原王緯惠先
禮生清河單遵稚元
禮生陽平樂宗國嗣
禮生高陽韓徵休譽
禮生潁川吕札穎季
禮生常山王璠長思
禮生遼西范進令機
禮生平原張則叔承
禮生廣平閻羲令叔
禮生汲郡梁琦彦思

禮生趙郡苗謐公儀
禮生代郡董奭叔開
禮生中山張藺季時
禮生扶風段敦文厚
禮生樂安廉儀令年
禮生汝南黄景伯龍
禮生河東姚雲叔龍
禮生梁國夏侯珍玄初
禮生高平尹　孝璋
禮生勃□□□□□
右弟五列
□□□□□□仈
禮生常山樊弈熙元
禮生安平霍遵偉祖
禮生潁川劉參玄彦

禮生陽平張倫延行
禮生高陽馬宗巨仲
禮生遼西韓瑗偉琚
禮生安平石超始儁
禮生勃海祁祐雍初
禮生趙郡解慶長雲
禮生襄城宋松孔休
右王鄉飲酒禮生
掌故熒陽傅宣孝周
弟子汲郡王洪孔範
弟子汲郡焦胤宗嗣
弟子河東上官楨德幹
弟子河東上官雄季幹
弟子平陽相里揮茂英
弟子弘農許鮑延叔

都講河間李奧淵沖
弟子清河牟徵允休
弟子清河成寂君孫
弟子清河邢儁文英
弟子清河孟珪偉璋
弟子安平李擢延宗
弟子安平李該道休
弟子安平崔柔士援
弟子安平張隨士世
弟子安平馬臨世長
弟子安平趙烈靈基
弟子安平董超士倫
弟子廣平竇衡叔淵
弟子廣平張誠叔休
弟子廣平高愷巨悌

國子主事廣平高盛巨謀

國子司成廣平張隨玄時

弟子鉅鹿霍慮友林

弟子鉅鹿賈余允桓

弟子中山張遵德舉

弟子中山趙卓初季

弟子高陽王統世倫

弟子高陽齊游偉龍

弟子高陽劉開宗明

□□□□菅□□之

右弟六列

此行全泐。

弟子勃海程莠伯苗

弟子渤海樊商廣容

弟子勃海李舒思平

弟子勃海孫儀令宗
弟子勃海陶沖靈默
寄學倍位陽平劉雄儁英
弟子陽平解种休徵
弟子頓丘張宣子叔
弟子常山張詢元中
弟子常山趙倫曼英
弟子章武孫昌元時
國子司業陳留董康興元
弟子陳留崔誕景舒
弟子陳留馮徽賢先
弟子陳留吴基茂初
弟子陳留胡慮顯思
國子司成陳留焦岐宣周
弟子高平翟洪長業

主事高平夏茂季倫
弟子高平江榮初玄
弟子高平王劭士南
弟子濟北萊嘉世弘
弟子東郡伏歆舒伯
弟子泰山王楊宣叔
弟子任城孫造士元
弟子東平曹尚次先
弟子平原榮深淵仲
弟子平原西門佩士容
弟子平原杜頎長旗
弟子平原縣伏　光
弟子平原王紹芳伯
弟子平原孟胤玄嗣
弟子東萊唐陽令泰

弟子濟南彭祈叔謀
弟子濟南梁业熊承伯
弟子濟南用粲紹世
弟子北海后爽世高
弟子北海無選乾儁
弟子樂安國悝廣元
弟子樂安王弨成叔
弟子樂安車度世文
弟子樂安接禮兆文
弟子樂安王輿世林

右弟七列

此行全泐。

弟子樂陵子恪元恭
弟子城陽淳于恢晧裕
弟子城陽令振□明

弟子城陽侍其熊彥雄
弟子琅耶盧權良伯
弟子彭城紀瑾季偉
弟子沛國傅康德初
國子都講汝陰謝韶南伯
弟子汝陰龔運孔機
弟子梁國王悝元淑
弟子魯國脅施初伯
弟子潁川張顥休明
弟子汝陰鄭穆季恭
弟子新平李琛玄舒
弟子京兆王造元始
弟子馮翊楊殷泰宗
門人遼東狼休子脩
門人遼東吴頵令伯

弟子武都王璆弘琳
散生西海陳參元起
散生西海陳基元聲
散生西海鄭嵩申伯
散生西域朱喬尚建
散生西域王邁世光
散生西域隗景大卿
散生西域隗元君凱
散生金城馬林伯儒
散生金城淳于光顯□
散生金城竇震伯宗
散生金城竇良脩伯
散生金城毛祉偉道
散生金城毛條偉達
散生金城馬稱宣衡

散生金城張立子尒
散生金城淳于文顯章
散生敦煌馬訓子道
散生敦煌蓋壼思文
散生敦煌竇蟠鴻舉
散生敦煌田絢巨蘭
散生敦煌馬斌世義
散生敦煌孟祈長休
散生西平田龜玄象
散生西平鞠輿伯始
右弟八列
□生西平□□□
散生西平馬育亻阝
散生西平衛鮮世明

散生西平衛琨允元
散生西平鞠仁仲興
散生西平麴晃巨明
弟子樂淩李順建忠
散生西平衛深少明
散生西平蟜祈玄龍
散生西平衛直正平
散生西平麴康休祖
散生西平衛其令章
散生西平郭豐文盛
散生西平彭泰文平
散生西平孫術孔儒
散生西平楊欽仲明
散生西平馬营玄仲
弟子清河卞曾正子

散生西平楊達顯通
散生西平麴崇巨元
散生西平王初長發
散生西平衞斐儁雄
散生西平田敷威國
散生西平田法長則
散生西平北宫默叔治
散生西平楊敷公演
散生西平郭平叔直
散生西平馬達文伯
弟子廣平王建弘基
寄學樂陵崇翼長基
弟子平原王忠初平
禮生趙郡趙粲叔烈
弟子平原王嘉士賓

弟子濟南朱宗長南
弟子勃海歐陽曼季茂
弟子平原范宣伯海
弟子平原許盛長休
弟子平原劉旂万龍
弟子平原楊淮稚叔
弟子平原孫瑁禮才
弟子清河聶洓偉重
弟子平原言坦建世
弟子勃海杜攄季□
□□□□□□□□

右弟九列

此行全泐。

弟子常□□□□寧
弟子平原王綝欽宗

弟子勃海程肇處明
弟子勃海韓嗣偉宗
弟子平原言讚奉國
弟子平原傅濯彦叔
弟子平原李奉令和
弟子趙國張允國元
弟子濟南孟雄叔才
寄學中山張俊洪元
弟子高陽玄裕宗舒
弟子北海杜調稚休
弟子趙國靳常景宗
弟子趙國石鸞龍伯
弟子趙國張余玄波
弟子趙國張恒季龍
弟子京兆楊衮元謀

弟子京兆劉純仲賢
弟子大原常烈公舒
弟子扶風段奉叔時
弟子鉅鹿馮𤥜不遺
弟子清河郭羆世祖
弟子鉅鹿馬銓令忠
弟子平原邢稚延季
弟子高陽韓羆稚休
弟子安平崔景令逸
弟子平原邴顗康伯
弟子平原王述稚舒
弟子平原滎琦士仲
弟子平原西門澗源膚
弟子河内欒邵長玄
弟子濟陰華徵子獻

弟子河間張鸞元鳳

弟子河間東鄉亭令□

弟子東莞王乂叔康

弟子魏郡王亢延寶

寄學濟陰董原休安

禮生高平蕭朗孝開

弟子河南衛翌令孫

弟子清河單种長玄

弟子趙國李施令之

弟子鴈門王進泰龍

右弟十列

往在春明，於洛估雷姓許見晉殘碑。上截十五行，行存十五六字。下截已損，不見年月，亦不見碑題。審其文，乃《當利里社碑》也。碑陰存題名三列，上二列社正、社老、社掾、社史八人，均有畫象，下一列則均社民也。予與以厚值許售矣，後又售之建德周氏。晉人石刻中未見有畫象者，僅見此一刻耳。文録後：

□昔勾龍能平后土，祀以爲社，列仙氏，能爲春祈秋薦，柴降於萬葉，聲垂于雅篇。且宇於是，社正朱闡祏奉神祇，詶咨三老。僉百靈靡□□□□□咸履信思順□憑

芒芒大古，悠悠□民，樹以儁哲，經□緜靈□無幽求□□人顒顒，庶□翼翼，四峩峩崇基仰仰□□□□煙□□宇弘陽雀軒翼陰□□□□龍若□□虎⿱艹○煌煌祠主萬□□□□□□節□□祚與晉降神其□□當利里社者□□舊□處洌澗之天下之至靈，□□合德，日月齊明。女，風靡草傾。心同斷金，志合意並。虉，流水淨淨。鳳皇來儀，朱鳥嚶嚶。

洽，永安且寧。

右碑陽

社□□□□遺字子□

社老化郡趙秋字承伯

社老京兆唐昊字巨伯

社掾河内王鈞字孝叙以上弟一列。

社正涪淩朱闡字玄方

社掾鉅鹿李忠字信伯

社史陳郡陳脩字文烈

社史趙國范肇字弘基以上弟二列。

社民千人督都鄉侯

社民殿中校尉關中

社民騎部曲將關内

社民騎部曲將關中

社民偏將軍勃海孫

社民偏將軍河間龐
社民大醫校尉廣平馮
社民大醫校尉京兆劉
社民歸義侯大原王洪
社民大中大夫潁川鄭
社民大中大夫弘農涓
社民大中大夫勃海王彪
社民騎部曲將河南褚劭
社民騎部曲將大原玄蘭
社民騎部曲將高陽齊午字
社民騎部曲將常山張龍字
社民騎部曲將鉅鹿韓囧字
社民騎部曲將勃海徐遵字季
社民武猛校尉長樂馬休字元
社民騎都尉常山高奮字長南

社民散將代郡菜生字玄茂
社民散將廣平裴恭字元茂
社民陳郡陳慈字文威
社民河內毛奇字仲伯以上弟三列。
右碑陰

中州近出晉誌頗夥，予行篋有墨本者若《馮恭冢中記》、太康三年。《廣野將軍和國仁碣》、太康五年。《徐君夫人管氏墓碑》並陰、永平元年。《處士成晃碑》、元康元年。《中書侍郎荀岳墓誌》、永康元年。《賈充妻郭槐墓誌》、元康八年。《徐文□墓誌》、元康八年。《貴人左棻墓誌》並陰、永康元年。《沛國張朗碑》、永康元年。《幽州刺史石尠墓誌》、永嘉二年。《處士石定墓誌》、永嘉二年。《鄭舒夫人劉氏殘墓誌》、年月缺。《左郎中張盛墓記》，無年月。凡十三種。

《馮恭冢中記》，文一行，刻冢中墓門旁。文曰「晉故大康三年二月三日己酉，趙國高邑導官令大中大夫馮恭字元恪」。其上端横刻字四行，記馮君三子，曰「有子曰螽」、「次曰徵」、「次曰貴」。其例甚奇。此石今藏建德周氏。

《和國仁墓碣》廣約建初尺一尺餘，高約二尺餘。文四行，行八字，曰「晉故太康五年十一月辛卯朔十九日己酉，廣野將軍、趙國中丘和國仁之墓」。隸書，朴厚，字逕二寸弱，殆樹於墓門非立於壙内者。石出磁州，今藏膠西柯氏。

晉人墓誌，皆爲小碑直立壙中，與後世墓誌平放者不同，故無蓋而有額。若徐君夫人管氏、若處士成君、若晉沛國張朗三石，額並徑署厶厶之碑，其狀圓首，與漢碑形制正同，惟大小異耳。予家又藏晉元康八年魏雛塼碑，亦圓首。其額稱「晉故武威將軍魏君侯柩」。賈充妻郭槐，無額，有題，亦曰「郭氏之柩」。其署之柩，知必植之柩前者也。

近世出土諸晉誌，以《荀岳》文字爲最精，圭首陰側均有字，上端無額，而首行署「荀君之墓」。其文體亦與後世墓誌大異。前載賜葬地、賜錢及弔祭詔，後記岳生卒歷官，末記夫人及子女，末記夫人劉氏附葬。此石出土未幾，即有複本。予曾出重價購之，不可得。其稱荀君之墓，與劉韜同。

予藏一小殘墓碑拓本，僅存額字，曰「晉故□陽裴府君之墓」。

《荀岳誌》外，文字尤精者爲《貴人左棻誌》、有陰。《張盛墓記》及《石尠誌》，陰、側均有字。《石定》及《鄭舒夫人殘誌》次之。《左貴人誌》歸關中于氏，《張盛》及二《石誌》歸建德周氏，《鄭舒夫人殘誌》有複本，其原石今不知所歸矣。此諸石亦均植立墓中者。

《徐文□墓碣》，五行，字大逾寸，文曰：「元康八年十月庚午朔廿六日，晉故東萊盧鄉新樂里徐君諱文□，年九十七，不禄，薨。其子其丑卜吉改葬，西去舊墓七十一都國治卅有五，西南去縣治七。」詳記改葬之地距國治縣治里數，他刻所未見，殆樹之墓前者。石出山左，今亦藏膠西柯氏。

古人墓表皆列之墓前神道，然亦有置藏内者。十數年前，洛中出《晉虎牙將軍王君表》，三行，行三字，凡二石，方廣僅建初尺五寸左右，蓋列之壙内柩前者。此前人所未及知者也。

予在海東得見《荀岳誌》，詫爲奇品，以一本寄沈子培尚書。尚書以書謝，言「《岳誌》精善，爲傳世墓誌之祖，至可寶翫。且於此知晉人誌墓但記姓名、官閥、卒葬、子女，並無銘文，其有韻語，殆刱於六朝也」。乃《荀誌》出土後，復見《徐君夫人管氏碑》、《張朗碑》及予所藏《魏雛碑》，則文末均有銘。尚書所言雖近理而未得實。蓋晉人誌墓實有有銘、無銘二者。惜尚書墓草已宿，不及語之矣。

濟南金石保存所藏晉石磑，文曰「韋子平大得□雖，可直二千，以大康九年四月十五日着功，至六月廿日都訖也。昌盧石也」。螺旋書之，書迹至古雅。石刻中奇品也。

吾越山陰童氏藏《大康五年楊紹買地券》，久亡於赭寇之亂。予曾以重價得何子貞太史藏本。近二十年前，吾浙平陽南鄉鯨頭村農耕地得《晉咸康四年二月吴故舍人立節都尉晉陵丹徒朱曼妻薛買地塼券》，篆書，極類吴《國山碑》。予已載其文入《地券徵存》中。顧求拓本，至今弗能得，僅見滬上影印本而已。新出石刻求墨本有更難於佚石者，此其一也。

《代王猗盧墓碑》殘石，存六大字，文曰「王猗盧之碑」。予門生柯燕舲昌泗得於山西，其陰刻狩獵圖，審其文字，殆碑額之末行，「王」字之前行末，必爲「代」字。《魏書·帝紀》：「穆帝猗盧，桓帝之弟。昭帝崩，總攝三部以爲一統。立三年，晉懷帝進帝大單于，封代公。八年，晉愍帝進帝爲代王，置官屬，食代、常山二郡。九年，帝召六脩。六脩不至。帝怒，討之，失利，乃微服民間，遂崩。」《晉書·愍帝紀》：「建興四年春三月，代王猗盧薨，其衆歸於劉琨。」案：猗盧效忠晉室，屢援劉琨。此碑殆猗盧薨後，琨統其衆時所立。碑額之首必冠以「晉」字，下署晉所授官爵，惜僅存此六字，不能徵吾言矣。此石殆立於晉之中葉，下距昭成建國尚二十年，故書體在隸、楷間。使其碑尚存，必能裨補史書之缺遺，惜乎其已佚也。

後趙石虎泰武殿猨戲絞柱刻字，二十年前出磁州，文曰「趙建武四年泰武殿前造猨戲絞柱石孔」十六字。予有跋尾，載《後丁戊稿》。石趙石刻，《金石録》載《横山神李君碑》、《西門豹祠殿基記》，均立於建武中，今均不存。此石自予得墨本後，至今不復見傳拓本，石之存亡，盖又不可知矣。

宇内苻秦石刻三。《吕憲墓表》立於皇始四年，當晉永和十年，最在先而稍晚出。予初得本於山左估人劉金科，乃複刻本，既箸之《再續訪碑録》，及在海東，校補《魏晉石存目》，以拓本字迹壅腫，疑爲贋作而去之。後檢笥，得匋齋原石拓本，乃知其非僞也。至蒲城之《鄧太尉祠碑》，乃兩面刻字，向來傳本僅拓一面。予嘗得黄穀原藏本凡二紙，今人未拓之一面首有額字二行，可辨者曰「故太□首行。公祠碑次行。」，又隔一行有一「道」字可辨，碑文則已漫滅。惟首行末存「□立存」二字半，次行末存「帝室」二字而已。案：蒲城鄧祠，苻秦碑外尚有《金承安四年段繼昌重立鄧太尉祠碑》。其文有「距蒲城東北五十餘里洛水西涘，廟貌斯在，有碑鋭上而竅，文多漫滅。首云『魏故太尉鄧公祠碑□』，其陽云『大秦建元三年，鄭能邈謂太尉祠，張馮翊所造，歲久頹折』」云云。記此碑額字與拓本正同。惟今拓本惜紙，僅從「故」字拓起，故魏字不可見。首行「故太」下知爲「尉」字，次行「公」字上乃「鄧」字也。予近又得舊本一，亦兩紙，惟拓墨不如黄本之精耳。此事前人多未言及，故記之。

此碑次行「城安縣侯華山鄭能□」，「能」下一字，諸家多釋「進」，承安碑作「鄭能邈」。今細審此本，果是「邈」字，知金源時是碑雖泐，尚較今爲明晰也。惟金碑引是碑「歲久頹折」之「折」，實「朽」之誤。段碑見《八瓊室金石補正》，予未見拓本。

《廣武將軍碑》在白水，前人著録誤以爲在宜君。拓本傳世甚少，遂疑石爲久佚。吴清卿中丞視學關中時，於宜君大索不得，益信以爲久亡，致一本貴至數百金。乃辛亥後九年庚申，陝人雷氏訪得之白水史官村山麓倉聖廟中，于是爭先拓墨以充饋遺，故傳本甚多。今又十餘年，神州兵事不已，近又不得此石消息矣。

南朝石刻，傳世甚少。劉宋碑版舊僅滇南《爨龍顔》一碑，趙氏《訪碑録補》言此碑有碑陰，然新舊拓本皆無之，趙氏殆本《滇南古金石録》。《爨寶子碑》亦有陰，今亦不拓。後出之石若王文敏舊藏之《元嘉廿五年□熊造象記》，後歸端忠敏公者，忠敏完大節後，復歸文敏嗣子翰甫孝廉，翰甫身後，又不知所歸矣。

《大明七年笠鄉侯劉懷民墓誌》未出土時，冢中先出墓塼甚多，文曰「平原劉氏大吉」，分書，小字，陽文，在專側。予初於碑賈劉金科得拓本。劉賈云：「聞尚有墓碑，乃宋朝物，爲土人所匿。彼方人士以宋物不足貴，乃無究之者。」予告之曰：「以墓專文字驗之，若石有宋字，必劉宋，非趙宋也。」乃移書尹竹年廣文。未幾，廣文寄墨本至，云果是劉宋，但此石已歸長安貴人，拓本不可再得矣。此爲《劉誌》出土始末。石歸端忠敏後，矜惜不肯輕拓。及身後，諸石皆散，惟此誌及《隋張貴男墓誌》尚存。《張貴男誌》亦忠敏所最愛賞者。久乃歸之曹鋭。鋭後爲國民軍所殺，此二誌者，今又不知何往矣。聞宋徽宗之艮嶽石亦歸曹氏，今亦不知存否。

二十餘年前，徐州農人耕地得《元嘉九年王佛女專買地券》，爲鄉紳張君伯英所得。上截少半土漿不可去，有二三十字不可辨，餘皆清晰。書迹似輯安之《好大王陵碑》。彭城古刻舊僅《唐新使院石幢記》。至雲龍山之「阿彌陀佛」四字，雖相傳爲魏道武書，無實證也。先是數年出《北齊韋署墓誌》，刻於隋代，及此券出，徐州遂有劉宋及隋刻矣。予在海東，曾集傳世地券爲《地券徵存》。此券得於成書之後，不及增入，録其文於左：

□元嘉九年太歲壬申十一月壬寅朔廿日辛

□，□□□□□□都鄉仁儀里王佛女薄命

□□□□□下□黄泉。今爲佛女占買彭城郡□□□北鄉垞城里村南龜山爲墓田百畝。東□□龍，西至白虎，南至朱雀，北至玄武。雇錢四□□□有丹書錢券，事事分明。時知者東皇父，□□母，任者王子僑，傍人張亢根。當□今元嘉□□□□□□日辛酉，歸就后土蒿里，如女青□□。此處當是「律令」二字。

南齊石刻，舊僅存吾越永明維衛佛背題字。嗣丙辰冬，吾越觸陽謝塢出《隋郡王國中軍吕君墓誌》。石碎爲三，後半文字漫漶，不見年月，誌首亦不箸朝代。郡人范君壽銘考爲南齊物，甚是。惟吕君名超静，超下静字可辨，而署之曰「吕超墓誌」，則其疏也。

近年蜀中新都出《永明元年釋玄嵩造象》，於是海内南齊石刻又增一品。此象如方柱，記文六行，其側字二行。此石遠在西川，拓本不易得。近日予門生柯燕舲爲予致一本，録其文於左：

齊永明元年歲次癸亥七月十五日，西涼曹比丘釋玄嵩爲帝主臣王、累世師長、父母兄弟、六親眷屬及一切衆生，敬造无量壽當來弥勒成佛二世尊像，願一切羣生發弘曠心，明信三寶，瞿脩十善，遭遇慈氏，龍華三會，矗豫其昌，永去塵結，法身滿足，廣度一切，共成佛道。

比丘釋僧成摻□值□共成此□右在正面。

諸行無常，是生滅法。生滅滅已，家滅爲樂。在側面。

時鎮主性莊丘□部亦值□福願□□亦在側面。

蕭梁石刻，江甯之蕭氏諸碑闕，孫、趙二《録》所載外，其嗣出者已悉載於《江蘇志》中。近年江甯屢興工役，土中薶藏應有續出者，乃除三年前出梁大吉大富五銖土範外，未得一石刻，不知何也。至天監井闌，經端忠敏移至京邸後，近年復經估人手售於日本京都藤井氏，今陳列於有鄰館。甘氏所藏《朱异造象》，其文曰「梁太清丁卯改元，善男子朱异敬造獲福」。語殊鄙陋不文，決爲贋品。趙氏《補録》屏而不録，宜也。乃《續江甯府志》及《江蘇金石志》並載之，何耶？

《康勝造象》，數年前出成都。文凡十一行，行五六七字不等。文曰「梁普通四年二月八日，弟子此字脱書旁注。康勝發心敬造釋迦文石像一軀。願現在眷屬常安隱，捨身受形，常見佛聞法，及七世父母合一切有形之類普同此願，早得成佛，廣度一切」。此象彫鏤甚工緻，惟上截損少半。蜀中造象，明季之亂多遭斷首之厄，此其一矣。

往在海東，友人寄襄陽出土《梁程虔墓誌》拓本，云石出後即佚。披覽其文，鄙陋不通，幾不能斷句讀，爲古誌石中所罕見。文末但書「太歲己巳丁巳朔二月廿八日甲寅」，不箸年號，以歲次己巳月朔丁巳考之，乃太清三年也。石既已佚，拓本難得，録文如左：

梁故威猛將軍諮議參軍、益昌縣開國男、宋新巴晉源三郡太守程虔，字子猷。陰時六十八。扶業承基，辯和意續，素品積孱，安定南陽白土人也。少烈才過崇謀，自敢駈率六戎，鎮翼羆虎，謦聲甘風歌，示之國寶，四幐嚮傑，万化美同。是故忠誠三王獻聞，天子授印，爵斑三品，食邑封侯，邽之婚蜀。夢世馨保金存，捨身恭造乘願正道，詔表之神道。

太歲己巳丁亥朔二月廿八日甲寅營訖韋

癸亥秋，予寓津沽，予友四明趙君叔孺時棡寄《梁虞思美造象坐》墨本。凡十行，行六字，惟次行七字。文曰：「中大通二年歲次庚戌四月八日，吳興人虞思美敬崇釋迦像一區，上爲皇帝陛下國祚永固，邊方安太，水災了絶，民生休寧。又願一切受苦衆生咸同斯福。」字大約建初尺寸許，書迹至精，爲傳世梁造象之冠。云刻碧玉上，匣盖有趙撝叔大令題字六行，曰：「天地間有數文字，梁玉象題名，舊臧江甯甘氏。撝叔趙之謙。」此石不載《寰宇訪碑録補》，殆得之成書之後也。趙君博雅好古，精鑒別，刻印直入漢人之室，兼擅書畫，稱三絶。海桑以後，避地滬江，鬻書畫自給，其節行尤可欽也。所藏《虢叔鍾》及帳構銅，得此石後，專刻一印志之，曰：「辛酉十一月，四明趙叔孺得《梁玉象題名記》。」邇來江干烽火，仍歲不休，苦不得君消息，披覽墨本，益動我懷人之思矣。

潘文勤公所藏梁永陽王蕭敷及永陽敬太妃兩《墓誌》爲海内孤本，往客吴中三年，謀一見不可得也。歲丙寅夏游滬江，乃得見之於文勤姪壻吴君湖帆許，因勸吴君以寫真玻璃版早日印行，俾傳之藝林，乃至今尚未見傳本。今年吴中兵事，聞此尚未入刦灰，則印行之事不可再緩，暇當移書湖帆，更申前請。湖帆爲清卿中丞嗣孫，博雅嗜古，擅古篆籀書，尤精六法，能繩祖武，嘗爲予作《遼東僑舍圖》卷，華潤雅絜，直合張墨岑月川爲一手，非時流所及也。

石門李笙漁太守嘉福藏《中大同元年釋慧影造象》。予壬午秋試得墨本於杭州，後客吴門，太守女踵門求見，以《要離墓碣》乞售，始知太守久寓吴門，没已數年，無子，僅弱女尚未字人，門祚彫零，其收藏久星散。詢以《慧影造象》，則已由肆估手售去，不知歸誰某矣。乃爲介《要離碣》於端忠敏公，時忠敏方撫吴也。太守收藏至富，予所藏宋拓《雁塔題名》二卷亦其故物。

〔校記〕

〔一〕崔豹，劉孝標注《世説》謂「字正能」，唐馬縞則謂「字正熊」。形近致譌，今碑作「正雄」，知「熊」乃「雄」音同而譌。

石交録卷三

拓跋石刻，中州爲多，大抵皆在孝文遷洛以後，其在太和以前者甚罕。乃數年前易州貓兒窪出太武皇帝東巡碑，立於太延三年丁丑，書迹朴厚，上距晉末僅二十餘年，故頗近分隸，傳世元魏碑莫先於此，且曾載《水經注·滱水篇》，謂之《御射碑》。惟《水經》載碑陰列樹碑官名，今拓本無陰，不知乃失拓抑已殘泐否〔一〕。予曾取此碑以考《魏書·太武紀》，爲之跋尾。載《後丁戊稾》。今併録其文於左：

皇帝東巡之碑 額字二行，行三字，篆書，陽文。

澤歷定冀。此行下泐。 峘山北行而歸。十有二月□□□五□之嶮□□崇□之□峙 □□駕路隅，援弓而射之，矢踰于□□五百餘□。於是爰命左右將士善射者射之，若武衛將軍昌黎公□□、前軍將軍浮陽侯阿齊、中堅將軍藍田侯代田、積射將軍曲陽□□□、射聲校尉□□子□亡興、次飛督安憙子李羔等數百人，皆天下□□也。射之莫有過崖者，或至峰旁，或及巖側。於群臣内外始知上□□之遠□代絶□□□咸嗟歎聖藝之神明，雖古有窮、蓬蒙之善，方之於今，□□□□□□□□辶〇鎮東將軍定州刺史樂良公乞立石□□□□□□立□□廣德美，垂之來世。三年丁丑，功訖。會樂良公去□□刺史征東□□張掖公賓周初臨，纘讃其事，遂刊□□□。乃作頌曰：思皇神武，應期挺生。含弘寬大，下濟□□。□□不□，□□不□。肅□四海，遠至邇平。蕩蕩聖武，民□能□。□□□□，□下咸寧。

《大代華嶽廟碑》，歐、趙並著録，《通志·金石畧》及《寶刻類編》亦載之，而明以後著録家均不之及，殆石佚久矣。劉燕庭先生校刻《寶刻類編》，於各碑皆注存佚，於《華嶽廟碑》下注存字，殆偶得孤本，疑爲未佚也。往聞亡友章碩卿大令壽康言：王文敏公藏《華嶽碑》，質諸厰肆得寶齋，同好多未得寓目，殆燕庭故物。及予丙午入都，以所聞告劉君鐵雲。鐵雲詢之得寶齋主人，果出公手。券及碑乃質二百金，期三年，時已踰期，再倍矣。予勸鐵雲以三百金贖之，並付之影印。今鐵雲身後遺物都盡，此碑又不知所歸。撿笥中印本，爲之憮然。録其文於左：

太極剖判，兩儀既分，四節代序，五行播宣。是故天有五緯，主奉陽施；地有五岳，主承陰化。所以統協渾元苞含之至用，光濟乾坤覆載之大德。於是造化之功建，三材之道顯。然後天人之際粲然著明，可得而述。羲農造創，觀像立法。王者父天母地，仰宗三辰，俯宗山川。夫西岳者，蓋地理金官之宮府，秋方隱仙之都會也。上應□□太白之配，而宿值西陸。其山也，南及荆嶓，北□岐梁，西踰秦隴，東連峭潼，四塞周固而厥田上上，故謂之陸海天府，即宗周仁聖之本鄉。是以巖岫懷隱遁，邦域多奇桀，大古純□，人神雜處，幽顯交通。故其威儀顒顒昂昂，不嚴而肅。少昊之季，九黎亂德，民濁齋明，而嘉生不潔，於是神祇隱薺而與俗殊别。降□唐虞，敬順昊天，禮秩百神，五載巡狩，躬祀岳靈。三代因循，隨時損益，有十二年巡祀之義，謂之令典，脩禮明察，故能厚獲神祇之□，多歷年數。帝舜有王母獻圖之亻，武王有五靈觀德之祥，報應之契，若影響之隨形聲。是以禋祀之禮，先王所重。《詩》云：「懷柔百神，及河喬岳。允王保之。」又曰：「綏萬邦，屢豐年。」其斯之謂也。周室既衰，天子微弱，巡祀之禮不複行於方岳之下，天下蕩蕩，神祇乏主。於是亂逆大作，姧孽萌生，而禮義壞矣。亡秦及漢，不遵古始，莫能典復，唯妄祀岱宗，以勸虚美。下歷魏晉，奉禮雖豐，太守行祠，帝不親□。劉、石、慕容及以苻氏，□竊一時，朱紫雜錯，耶爲紛然，謡俗之或，浮圖爲魁，祭非祀典，神怒民叛，是以享年不永，身没未幾，厥宗噬膚旋踵，滅□分崩。百餘年間，生民塗炭，殆將殲盡。大代龍興，撥亂反正，刑簡化醇，無爲而治。聖上以叡哲之姿，應天順民，紹隆洪緒，是以即位之初，天清地寧，人神和會。有繼天師寇君，名謙之，字輔真，高尚素志，隱處中岳卅餘年，積德成道，感徹賓虚，上神降臨，授以九州真師，理治人鬼，佐國苻命，輔導泰平真君，俾憲章古典，詭復岳祠，可以暉讚功美。天子□明神武，德合賓貞，案順科條，安立壇治，造天宫之靜輪，俟真神之降儀。及國家征討不庭，所向剋捷，雖云人謀，抑有神祇之助矣。於是聖朝□惟古烈虞夏之隆、殷周之盛，福祚如彼，近鑒叔世秦漢之替、劉石之劣，禍敗如此，又以天師□□受對揚之決，乃□服食□□脩祀岳靈，奉玉帛之禮，春祈秋報，有大事告焉。以□祠毀壞，更造新廟，太延元年乙亥冬十月戊□□時，縉紳之儒，好古之士，莫不□□。大明之世，復覩盛德之事，乃慨然相與議曰：運極反真，亂窮則治。是以《周易》貴變通，《春秋》大復古。泰平之基，將在□斯。宜刊載金石，垂之來世。乃作銘曰：

□□大華，時惟西岳，嵩崖沖天，四塞連屬。右踰秦隴，左阨河曲，後揔岐梁，前極嶓蜀。含靈懷潤，流液沾渥，所設惟嶮，所珍惟槩。辱牧西成，家給人足，□□黎烝，饗茲福禄。穆穆皇羲，仰觀俯察，爰剬祀典，民和神悦。唐虞稽古，率由前烈。悠悠後王，或隆或替。虔脩剋興，嗙濁致滅。煌煌大代，應期憲章。除爲盗真，洪業剋昌。師君弘道，人神對揚。明奉天地，布享五常。宗祀濟濟，降福穰穰。宜君宜民，永世安康。

□□□□楊□之，字道真，弘農華陰人。遷住秦州，即住南□。弱冠懷道，志慕靈仙。匪躬之操，簡存帝心。臺遣營造碑闕，功成事就，允合□□□□書勒記焉，以美其□。□□□□雍州□陽上□糹字道隆監□□造堂廟

鎮西將軍略陽□□郎涼州西海郡□□□□熙達書

石匠平城□□□□斗升

右師統寧戎荔非薄非

刊正寧戎桃谷荔非韜

刊□寧戎白水荔非歸□

□□五年歲次己卯□月甲子朔□□□□建□□碑成訖禮部郎中錢可復此下二行殆唐宋人題名。

華陰縣尉衛□

魏暉福寺碑在陝西澄城，葉氏《語石》作在大荔。出土已久。土人禁不拓墨，云拓之則地方有災厄，故傳本甚少。孫氏《訪碑録》載《太和十二年造三級浮圖碑》，河南洛陽董氏拓本，蓋即此碑。文中有「上爲二聖造三級佛圖各一區」語[二]，殆失拓額字，故以文中語爲署題也。常氏茂徠《洛陽石刻録》亦題《造三級浮圖碑》，殆因文中有「面脩瞰而帶洛川，佩黄河而負龍門」語，遂誤以爲石在洛陽，不知洛川乃指關中之洛川，非指中州也。碑陰有題名，吳氏《攈古録》、繆氏《藝風堂金石目》及孫、常二氏均失載，予篋中藏舊拓本有之。碑二十四行，前三行行二十六字，以後均四十四字。前人無録其文者，故録之如下：

大代宕昌公暉福寺碑篆額陽刻三行，行三字。

夫玄宗幽寂，非名相之所詮；至韻沖莫，非稱謂之所攝。妙絶稱謂，微言以之載揚；體非名相，圖像以之而應。故羣有殊致，道以經焉；萬流競津，法以紀焉。是以神曦騰曜，鏡重昬於大千；三乘肇唱，拯沉黎於炎宅。用能慈液流於當時，惠慶光於曠劫。自世道交喪，靈燭潛暉，攸攸羣夢，靡照靡矜。我皇文明自天，超世高悟，鼓淳風以懷萬邦，灑靈澤以霑九服，兼遐想虚宗，遵崇道教。太皇太后聖慮淵詳，道心幽暢。協宣皇極，百揆挺惟新之明；緝熙庶績，八表流擊壤之詠。雖智周世□，而方外之志不虧；形應萬機，而恬素之真弗擾。故能優遊紫宮，憲章遺法，紹靈鷲於溥天，摹祇桓於振旦。非夫天縱在躬，量齊虚受，其熟能令英風藹而重扇，玄猷淪而再揚哉！散騎常侍安西將軍吏部内行尚書宕昌公王慶旹資性明茂，秉心淵懿，位亞台衡，任揔機密。翼賛之功光於帝庭，忠規之節彰於朝司。每惟會施之誠罔申，謝生之勳莫報，庶憑寞津，立期有寄，乃磬竭丹誠，於本鄉南北舊宅，上爲二聖造三級佛圖各一區。規崇爽塏，擇形勝之地，臨沃衍，據條剛，面脩巘而帶洛川，佩黄河而負龍門，伐良松於華畎之陰，掇文瑶於荆山之陽，旌功鋭巧，窮妙極思。爰自經始，三載而就。崇基重構，層閣疊起。法堂禪室，通閣連暉，翠林淥流，含榮遞暎。蔚若靈椿之茂春陽，□若翔雲之籠濛汜。金儀赫曜，彩絢光備。覩之者則瀅發道心，藻除塵垢；悕立者則陶真煉和，遺形忘返。諒罕代之神規，當今之莊觀者矣。夫功高德盛，徽聲播於管弦；業隆曠載，刊迹流於後昆。所以光宣軌摹，永垂不朽。故姻舊慶慈善之至，邑里感惠訓之誠，遂鐫石立言，式揚暉烈。庶洪因鍾於聖躬，微津延於先住。其辭曰：

淵哉沖猷，微矣虛宗。昏耶交扇，氛徒競鋒。有覺爰興，超悟玄蹤。志懃淨境，開拯塵蒙。於顯大代，長發其祥。景運承符，世有喆王。后皇高悟，道風載揚。哀此羣或，照彼祈鄉。化因道感，道由人敷。愔愔安西，秉德陳謨。冥期幽屬，廓兹靈圖。曾是暉福，慶崇皇居。爰建靈寺，妙契天規。飛欑雲翔，浮櫩籠曦。金儀燭曜，功殫世奇。蔚如崐峰，瑍若珠麗。閑堂寂寥，禪室虛沖。朱欞吐霞，翠户含風。僧徒遊宴，幽宗是融。心栖化表，形寓俗中。靈津匪遼，□□則鏡。蜕神豈緬，藻苓則淨。庶運微因，慶鍾皇聖。爰覬先慈，永超塵俓。

大和十二年歲在戊辰七月己卯朔一日建

碑陰

父佛弟子□西將軍泰州刺史澄城公王貴隆

兄佛弟子華州主簿王阿軺

兄佛弟子寧遠將軍澄城太守遷雍州刺史澄城侯王洛

兄佛弟子寧朔將軍河東太守潞城子遷澄城太守王桃仁

兄子佛弟子鷹陽將軍華州戍將王元龜

世子佛弟子弟六子内行内小王道訓

弟二子佛弟子中□學生王□宗以上弟一列。

祕書著作郎傅恩□制文

□州鉅鏕蘇□刊文以上弟二列下方。

二十年前，甘肅涇州出《南石窟寺碑》，往在津沽得墨本。碑刊於永平三年四月，文二十三行，行三十八字，每行下損數字。書勢朴厚，從分隸出，頗似《中岳廟碑》。文後署涇州刺史安武縣開國男□康□造。予考爲奚康生。碑陰皆當時官吏題名，可訂正《魏書·地形志》。曾作跋載《後丁戊稾》中，今録其文於左：

夫玄猷沖冏，而繁□塵其暉；冥淵澄鏡，而綺波式其氵。□亻礻□□辶□俗氵□□□□□□□□□。使三有紛離，六塵蹓蕍，輪迴幽塗，迷趣靡返者也。是以至覺垂悲，拯彼沈溺。闡□□□□□□□火宅秉□一之維則騰□於妙□□夕暉□□之旦大千矚常樂之□道風□□□□□□□□□□。若不遷之訓，周誨於昬□万化；無虧之範，□播於幽顯通塞。

肆乎有緣行藏□□□□。皇帝陛下聖契潛通，應期纂曆，道氣籠三才之經，至德蓋五帝之緯。啓唐□□魏□□□□□□□。五教遐融，禮風遠剬。慈導開章，真宗顯誥，戒□羈乎有心，政□變乎□□。彼岸□□□□□□□於茲將濟矣。自惟鴻源帝鄉庇隣雲液議蹤翼亲綸疇懿附要山河連基齊晉遂淂□□□□□□金於雲階；斑爵五等，垂玉於丹墀。内備幃幄，外委霜□。專節戎場，闢土之効未申；耀威□□，□□□志靡建。豈謂乾蔭雲敷，皇澤雨灑，沖旨徧加，春華交暎，勢均兩嶽，曜軒三蕃。列土□國□□□□□崇海量爪焉罔酬。遂尋案經教，追訪法圖。冥福起於顯誓，鴻報發於涓心。悟尋訓旨□□□□□□□厥涇陽簡茲名埠。重巒煙蔚，景氣之初交；川流泱瀁，鮮榮之後暢。飛峭企霄，玄崖吐液。□□□□□峙寞造之形，風水蕭散，啞韻□勢，命匠呈奇，競工開剖，積節移年，營搆乃就。圖雙林之氵□，□□□於玄堂；規住聖之鴻□，則魏嶷於□室。群像垂霄囧之明，衆表乘光之鮮暐焉若□□□□□就岌岌焉如踊出之應法機。又搆以房館，建之堂閾，藻潔渟津，蔭□殊例。靜宇禪區，衆□□□□□窮微之僧近跧，通寂之儁蹠塵。誠禆乎治端，豪績瑍乎不朽。刊銘寺庭，遂興頌曰：

修修冥造，寥寥太虛。動以應有，靜以照無。穹經垂像，廣化亦敷。瞣□終□，道隱昬塗。造□□□，□□四色。俗流競波，愛根爭殖。迴幽衢沉淪耶，或聖覺匪辶，真□誰□。至哉大覺，持暢靈姿，□□□□，□茲聖維。大千被化，幽境蒙□。潛神吐曜，應我皇機。聖皇□感，協揚□猷。道液垂津，冥衤□□。□□九區，慧鏡長□。三乘既駕，六□□流。湌沐法膏，藻心道津。鴻源流衍，□近是親。均僟遐舊，□□□□。广躬罔報，建斯嘉因。重阿疊巘，蔚暎陽川。邃石飛窓，翠釒□□。雙□運矣，遺儀更鮮。□□□□，□□永證。

大魏永平三年歲在庚寅四月壬寅朔十四日乙卯，使持節、都督涇州諸軍事、平西□□□□涇□州刺史、安武縣開國男奚康生造

碑陰

平西府長史河南□□

司馬敷西男安定皇甫愼

録事參軍扶風馬瓚

功曹參軍寧遠將軍華容男屈安字元□昌黎人

倉曹參軍奮威將軍赭陽子梁瑞字神貴天水人

中兵參軍略陽王卯右

府主簿天水尹寧字慶安

外兵參軍金城趙忻字興慶

騎兵參軍事督護安定内史遼西欣延字豊國
長流參軍昌黎韓洪超
城局參軍新平馮澄字清龍
參軍事馮翊下泐。
鷹揚將軍參軍事北海□哲
別駕從事史下泐。
安遠將軍統軍治下泐。
征虜將軍安定内史臨下泐。
平涼太守朝郙下泐。
新平太守下泐。
寧朔將軍趙平太守臨涇縣開國下泐。
隴東太守領汧城□河下泐。
別駕從事安定胡武伯
平漠將軍統軍兼別駕主簿安定胡文安
主簿平涼員祥

主簿兼治中別駕從事史安定梁僧授

西曹兼主簿趙平彭□

以上第一列

鎧曹參軍趙□

田曹參軍□□董辯

默曹中泐。達以後二行全泐。

程□□貞後空六七行。

□酒□事史安定皇甫詢

上泐。陽王徜祖

上泐。雷熾

上泐。原□□茂

上泐。安定席道原

上泐。張廣昌

□□從事史平涼員英

部郡從事史馮翊田雅芝

門下督北地傅神苻

省事安定胡季安

以上第二列

前二行泐。

□於高蹤下泐。

成於夠稚□□於儁哲□

均一□□尸鳩故以剋□之

□□□於衆子使温飽是

此行全泐。

□□□期終後襲爵者

上泐。以吾封資均□

兄弟不得獨跨擁□

辶四體不及孫故以銘之以上十一行字較小。

安定郡丞沛國劉龜

□□□濟□侯安定胡虯

新平郡丞京兆□文〇心
趙平郡丞上谷趙椿
隴東郡丞黄□馮法孤
安定令□陽子武威陰〇心
涇下泐。　此後二行泐。
以上第三列
白土令南陽鄧生
臨洮太守三水令垣□□伯儁
爰得令□□羅宗
鶉觚令□□南安姚玉
陰密令扶風馬元盛
俎亠口中泐。　法進
撫夷下泐。　此後三行全泐。
以上第四列

魏密雲太守昌國子霍揚碑，二十餘年前出山西。碑字大徑寸，十七行，行二十七字。文極鄙陋，不甚可解，書亦拙朴。碑首有穿，穿上刻花紋。兩旁額字各一行，行四字，文曰「密雲太守霍揚之碑」。篆文尤繆戾，不合六書。以晚出，爲前人所未見，録其文於左：

君諱揚，字榮祖，河東猗氏人也。基自周文，茂流遐□，漢大司馬大將軍光之胄，晉交州刺史□之胤，苻清淵侯猛之曾孫。祖樹慠世靜棲，志康四公，姚諮議參軍明之子。曁于揚也，幼緒遜弟之義，長表經博之方。騰□南遊荆吴，是好漸九聽真，馨聞拂天□詔才官，簡昇良碩，授驪驤將軍。肅明政功，暉于時務，乃自遠尋朱生，取□於夲□；近思宝國，行義以匡政。於是達命辨機，亢忠歸誠，特蒙聖旨，侍以殊禮。揚有□質，天孫叡略，焕世文武，緯化幹俟時須，賜振威將軍、密雲太守、昌國子。自非崿岫清漣，飛光曜境，熟能□任兩邦，勳超二史，□作齊考，等照靈曦。昊天不弔，春秋五十五薨。群僚執哽而涕衿，蓬野哉呢以酸吟。子宂從僕射臨汾令昌子霍珍，纂修父道，忠孝竝宣，奉遷神宅，終願永訣。時臨汾人張保興、梁祖修等紼送葬故，哀德哲之潛世，徽音之叉絶，乃刊石銘碑，述之云爾。其辭曰：

誕崇玄哲，基隆遠扇。根自周爰，宋魏□見。光栝住葉，芳流後勸。玉質金英，誰不頃願。靈曦象焕，坤□合□。厚類靡氣，爲生□頁。熟能辨機，二宇裁蓋。密□樹穎，茂滋流藹。遠聲昌國，祑貫弈世。斑爵方嗣，唯賢是□。飜翼祥雲，冥造仰涕。明迹道頁，元暉無彝。

温温恭人，德愜時須。武□扴衡，文戒良儒。如何不弔，棄世潛居。銘石刊記，蹤歷長舒。

大魏景明五年歲在甲申正月戊申朔廿六日癸酉建

宗室伯義祭酒盛昱藏魏殘石，但存上截，前題詩五言《登百峯山》。書勢清勁雋妙，如山東掖縣滎陽鄭氏諸刻，蓋亦鄭道昭書，而鋒穎如新，若出毫素，與磨崖諸刻鋒稜已剥蝕者不同。祭酒矜惜，不輕拓墨，故流傳至少。後祭酒嗣人售宅，此石遂爲臨清徐氏所有，尋由徐氏歸銅山張氏，近又由張氏歸長白榮氏。予定爲傳世元魏楷書第一。

南朝禁立碑，故傳世誌墓之文甚罕。北朝則否。然前人著録魏、齊、周、隋墓誌，孫、趙二家《訪碑録》及吴氏《攈古録》目僅三十餘品，繆氏《藝風堂目》增至五十餘品而已。今予家所藏乃至五百三十六品。近三十年間所出古刻遠逾於乾嘉盛時，此一證也。兹將諸家著録之數列表如左：

	孫	趙	吴	繆	今
後魏	七	三	七	十五	二百四十九
東魏	二	二	二	七	三十六

西魏	一				
周			一		十一
齊	一	四	六	十二	三十七
隋	七	十一	廿一	二十	二百零三

北朝誌石近年出土者中州什九，其出關中、京畿、山左者不什一也，而中州所出元氏宗室諸王、妃嬪、宫人、宗女又得百七十一品，已占三之一矣。

元魏諸王墓誌文字多佳搆，而以《北海王顥墓誌》爲最。其序顥南奔及稱兵反國事云：「屬明皇暴崩，中外恇駭，爾朱榮因籍際會，窺兵河洛，始稱廢立，仍懷覬覦。公卿士（此間脱一字）罄於鋒鏑，衣冠禮樂殆將俱盡，行李異同莫辯順逆。公未知鴻雁之慶，獨軫麥秀之悲。而北抗强竪，南鄰大敵，事在不測，言思後圖，遂遠適吴越，觀變而動。孝莊統歷，遥授師傅，磐石之寄，於焉在斯。既而政出權胡，驕恣惟甚，爰自晉陽，遠制朝命，征伐非復在國，牧守皆出其門，天下之望忽焉將改。公仰鼎命之至重，瞻此座之可惜，總衆百越，來赴三川。而金縢未刊，流言競起。兵次牢洛，輿輦北巡，既宗廟無主而雄圖當就，不得不暫假尊號，奉祭臨師。覬當除君側以謝時，復明辟而歸老。此志未從，奄隨物化。」其措詞至巧，辭采亦駿偉。平心論之，孝莊時朝局實制於强胡，所謂「行李莫辯順逆」及「征伐不復在國」等語，無一語非實録也。惟「除君側以謝時，復明辟而歸老」，則未免爲顯迴護，然措語却佳。六朝諸誌多不箸撰人，不知出誰手也。聞此誌出土歸項城袁氏，十餘年前土匪入項城，此石毁於兵。故予往遊洛時購十餘本，今爲同好取盡，行篋才存二三本耳。

元魏墓誌罕具書撰人名者，惟吾家所藏《比丘尼統慈慶墓誌》末有「常景文、李寧民書」，魏誌石中所僅見者也。

晉人誌墓之文皆植立藏中，至六朝始平放，然仍間有植立者。若魏延昌四年之皇甫驎、孝昌二年之李謀、普泰元年之賈瑾諸誌仍是植立如碑式。至元氏諸誌中，若永平四年元侔誌亦然。又威烈將軍元尚之誌則爲方柱形，高不及二尺，廣不及五寸，四面刻字，其制尤異，墓誌中未見第二品也。隋劉猛進、徐智竦、甯贙諸誌尚是植立，唐誌亦間有之。

南朝諸誌，若劉懷民、吕超靜諸誌，其形制與魏以後諸誌同，而未見有蓋，不知其時尚無蓋耶，抑有蓋而今佚不存也。至魏誌之蓋，若正光五年元昭墓誌，其蓋但有花紋而無文字。又延昌二年處士元顯儁墓誌爲龜形，而蓋爲龜之上甲，其制尤奇，然亦僅此一見耳。隋開皇四年楊居墓蓋紐作兔形，亦奇。

今日古刻日出之故，因以前政令嚴禁發塚，海桑以後則否，故發墓公行。所得古物地方官且設局收税，及土人出售所得，則官紳又假保存古物之名而刼奪之，及爲官有，則假口於政費不足，公然出售，故發塚者所得轉不如貪吏劣紳之厚。當壬子、癸丑間，直隸磁州於漳濱纍所謂魏武疑塚者得魏、齊墓誌九：曰《魏華山王妃公孫氏》、天平四年。曰《司空公張滿》、天平四年。曰《華山王元鷙》、興和三年。曰《諸冶令侯海》、武定二年。曰《安豐王妃馮氏》、武定六年。曰《吴郡王蕭正表》、武定八年。曰《齊是連公妻邢夫人》、皇建二年。曰《太尉府參軍梁伽耶》、河清四年。曰《西陽王徐之才》，武平三年。爲勸學所攫取，以充教育費爲名售之奉天。今其八種皆在遼陽，惟無《安豐王太妃》一種耳。又當予戊午在天津，聞某省教育會擬將本省漢碑數通售充教育費，懸價二萬元，以無購者而止。此真斯文之蟊賊，至今思之，猶令人長喟也。

端忠敏公匋齋所藏魏、齊、隋諸誌二十有五，身後多不知所歸。其可知者，僅《皇甫驎誌》歸天津金浚宣部郎鉞，《賈瑾誌》歸義州李君小石放，《皇甫琳誌》歸奉天博物館，《鄭子尚誌》及《張僧殷息潘慶誌》此爲張僧殷之息潘慶誌，《匋齋藏石記》作「張僧殷墓誌」，誤。在吾家而已。義縣李氏藏石近亦懸價待售，《賈誌》將來又不知安歸。又李氏所藏尚有武定二年《隗天念墓誌》，予寓津沽時曾假拓，今觀其售石目中無此，殆已久歸他人，古刻難聚而易散如此。

洛陽伊闕佛窟造於元魏，載《魏書・釋老志》，規模宏壯，崖壁上大小佛像彫琢精妙，直至有唐，代有增益，其麗不億。歐美諸國學者至神州瞻拜者趾相接，莫不歡喜讚歎，攝影以去。而近三十年來，日就毀壞。丙辰歲，洛令常熟曾某遣人調查各洞梵象之數，計大佛完者四百七十有五，損者百八十，小佛完者八萬九千三百七十五，損者七千二百七十五，合完損計之尚得九萬七千三百有六，則大小佛之爲盜損壞七千四百餘矣。凡損壞之佛，高五六尺者爲多，均盜取其首或併半身，而擂鼓寺石壁則竟鑿取全身之佛二十有五，毀於盜者既如此。又予門生關百益言，壬申九月偕伊闕西山下石道，工人妄取山石，炸毀龕象無算，計老龍洞北石牛溪南九間房及老君洞、火燒窰、六座塔、路窰均有炸毀。當時適有西人遊歷其地，駭甚，馳告地方官吏止之。其壞於官吏之無識者又如彼。嗚呼，獉狉至是，尚可以爲國乎！

伊闕造象之被盜，首自琉璃廠肆估祝續齋始。壬子、癸丑以後，效尤者日衆，地方貪蠹且陰庇之而坐分其利，於是益無忌憚，遂殘毁至此，至造象題記亦有被盜取者。若《仜和寺尼道僧略》，永平四年。若《安定王》，永平四年歸常熟曾氏。若《劉洛真》，延昌元年。若《比丘慧暢》，正光三年。若《李興》，建義元年。皆被鑿取，不僅佛象然也。《唐薛仁貴造象記》亦被鑿取，往歲見之南海康氏。

龍門造象記由魏迄唐，孫、趙著録才數百品，吴、繆兩家增至千餘品。予家所藏拓本千五百餘品，予門生關百益所撰《伊闕石刻圖表》著録二千二百餘品，魏至隋約三之一，唐約三之二，然恐仍未盡也。又百益僅列其目，安得好古者並其文一一録之乎！

《魏書・道武紀》載，天興元年議定國號，羣臣請稱代，道武不從，仍稱魏，而《大代脩華嶽廟碑》作大代。《金石録》謂魏、代兼用，猶彼殷商是也。《授堂金石跋》謂《中岳廟碑》及《始平公造象》、《孫秋生造象》均稱大代，葉氏《語石》謂《宕昌公暉福寺碑》亦額題大代。今案：《龍門甞法端》及《孫大□》、《楊小妃》三造象記均稱大代正始三年，又匋齋所藏太和二十三年《僧欣造象記》亦署大代，均爲《金石録》魏、代兼用之説之證。

大同雲岡石窟，其規模雄偉不減龍門，顧未見石刻文字。予三十年來欲親往搜訪，均不果，詢諸曾往遊者，僉云龕象之旁絶未見文字，予恒以爲疑。頃者，予門人柯燕舲贈殘造象記墨本，謂是於雲岡訪得。文横刻於象龕上，刻字處廣尺餘，高不及尺，存十一行，行約八九字，惟上列一二字至三四字未泐，略可知爲《茹茹可敦造象記》，曰：「大茹茹首行。可敦次行。逕斯三行。□雲四行。讓五行。滿六行。載之七行。何常子八行。以兹微福九行。谷渾□人十行。玄妙十一行。」其後似尚有字一行，不可見矣。然既有此記，則他處必尚有文字，但石質不堅，不如龍門之久存不泐耳，安得好古者更往一窮搜之耶？

邑主秦從卌人造象、像主王銀堂等畫象題名，署「弟三年，歲在丙午，四月十五日造訖」。吴氏《攈古録》考爲道武帝天賜三年，趙氏《訪碑録補》及王氏《南北朝存目》從之。葉氏《語石》謂孝昌三年亦丙午，安見其爲天賜？案：孝昌二年爲丙午，非三年，此不足以駁吴氏。惟濰縣陳氏藏《鞏伏龍爲忘比丘慧造象》署大魏國元年歲次壬申六月丁酉朔十一日丁未，王文敏公載之《南北朝存石目》，列秦從造象之次，謂是太武帝延和元年，則殊誤。以長術推之，延和元年六月乃甲戌朔，非丁酉，此乃西魏廢帝之元年，廢帝以是年二月即位，不建元號，故稱大魏國元年。但考長術，是年六月爲己酉朔，此誤己酉爲丁酉，則載筆人之疏也。

葉氏《語石》謂：造象當以龍門太和始平公一石爲始，謂潘文勤公藏《太平真君二年兹石浮圖記》爲好奇之過。案：葉氏所謂《兹石浮圖記》後歸端忠敏公，《匋齋藏石記》著録作《鮑纂造象記》。其石確爲真刻，決無僞理。首署「太平真君三年歲次壬午正月戊寅朔十有八日乙未」，考之長術，所記月朔正合。葉氏誤記三年爲二年，其題名作「永昌王常侍定州常山鮑燕」，鮑下一字甚分明，殆是燕之别搆。《藏石記》作纂，非也。此象固無可疑，葉氏疑之，無乃過乎！

《南北朝存石目》載《趙和造四面碩象記》，署歲次己卯六月丁巳朔十五日辛巳。王文敏定爲陳武帝永定三年；趙撝叔大令定爲周武成元年，謂是年閏五月丁巳朔，記之六月即閏五月。案趙説是也。周明帝以丁丑受禪，用周制，稱天王，廢建號，至己卯八月始建元武成，故己卯閏五月稱三年。是年雖當陳永定三年，然此象實北周所造，文敏列之陳代，誤矣。

《藝風堂金石文字目》載《魏法堅法榮造象》，而於西魏又載《法堅法榮比丘僧碑額》，注碑字不存。案二者實爲一刻。此石中間造佛象一龕，下方一龕刻供養者數人象，左右大字各一行，行六字，大約二寸，曰「維魏法堅法榮二比丘僧之碑」。近拓但有此十二字。予所藏舊拓則有碑側字凡四行，曰：「延昌元年歲次□□／二月癸巳／考長術是年正月壬辰朔，二月壬戌朔，與此不合，癸巳乃壬辰後一日，碑誤。□□百歲□年/□□地下泐。」疑此石兩側及陰均有字，予藏本僅拓一側耳。此雖名爲碑，殆仍是造象，非碑額也。王氏《南北朝存石目》又列此石於東魏，注天平四年，不知何據而云然。姑記之以俟考。

往寓津沽，姚貴昉大令贈定州出土《魏高歸彦造象座記》。文二十七行，行七字，字大寸許，端雅精整，如新發鉶，爲造象中所罕見。文曰：「蓋聞般若無源，慈悲有感。衆生啓寤，孰不尊崇。大魏使持節、都督定州諸軍事、驃騎大將軍、定州刺史、當州大都督弟子高歸彦不識過去，幸覩現世，憑緣希果，兼脩將來。寂相淵微，理非可測，遂乃發此至心，割彼資業，廣採名匠，瑑鐫妙形。粤邑武定元年歲次癸亥四月庚申朔八日丁卯，敬造白玉釋迦像一區。所願法幢常建，香津普流，帝道昇平，緇素同盛；大丞相勃海王明德彌融，慶流苗裔，家門大小皆蒙福護，百禄盈朝，七寶曜室，男喆女賢，光顯内外，與諸品類共霑梵澤。」歸彦，《北齊書》有傳，不載在魏官職，可據此以補史傳之闕。

濰縣陳壽卿太史藏三代彝器甲於海内，藏石亦數十品。惟所藏彝器欵識拓本多流傳，石刻則除《君車畫象》、漢石殘字外，其他六朝造象等則拓本罕覯。予寓津沽時，從其後人得三巨册。其拓墨之精與所拓金文等，惟尚未全備，今參之王文敏公《六朝石存目》所載六朝造象，列目於下：

道民王伯安造老君象太和十四年九月。

道士張相造天尊象延昌二年三月。

崔懃造象神龜二年九月。

殘造象周存妻題名□光元年二月。

嚴小洛造象正光二年七月。

趙信女四百人等造象正光□□。

栢仁令曹望憘造象正光六年三月。

比丘尼寶淵造象正光六年五月。

楊豊生爲父嵩造象孝昌三年四月。

女官王阿善造象隆緒元年十一月。

四面尊象建義元年六月。

張神遠造象永安三年五月。

比丘□僧受造象殘字東魏天平二年五月。

比丘尼曇陵造象興和二年七月。

馬都愛造象記興和二年十月。

孫思賓法義卅七人造象興和二年十二月。

佛弟子靜悲造象興和四年六月。

劉目連造象興和五年正月。

女佛弟子曹全造象武定元年九月。

清□大魏年等字殘造象

鞏伏龍造象大魏國元年六月。

像主□妙勝造象文内存魏字。

比丘道遠殘造象□□七年七月。

殘造象綏遠將軍宋承祖等題名。

又塔主朱剛等題名。

又扈□□、扈羅□、扈終憘等題名。

又隨那主□韓等字。

又維那比丘等字。

又董僧佀等題名。

又□□景文□那解苟等名。

又副維那李楚等名。

又□豐□□明王命過等名。

又命過孫元字等名。

又法義□□王匡等字。

又造石□賈氏供養等字。

又比丘□比丘法□等字。

又耿僧文等名。

又□□和馮宣孟卞卞和等名。

又耿玄張興等名。

又衣定民宋顯等名。

又□龜陳胤伯等名。

又□郎陳□等名。

又爲是衆師僧父母亡過兒等字。

又蓋生滅□等字。

又息□同有邑等字。

又見生等字。
比丘道常造太子象天保四年八月。
龍興邦爲張疵造象天保十年六月。
□陽郡都曇□造象天保十年閏□月。
像主智念等造象乾明一年五月。
許儁孫法義卅人造象皇建二年十月。
法儀百餘人等造像記河清一年□月。
法義優婆姨等造象天統元年七月。
佛弟子董桃樹造象天統二年。
曹景略爲亡息造象天統五年四月。
殘造象天統□年。
慕容士建並兄弟十一人造象武平二年六月。
故人曹臺眷屬等造象武平三年十一月。
故人王馬居眷屬等造象武平三年十一月。
淳于元晧爲弟造象武平五年四月。

殘造象高道乾題名武平七年。

殘造象願使亡者託化金僊等字。

又安永齊圓等字。

宇文仲爲亡父太尉等造玉象武成元年九月。

道民馬落子造老君象保定元年四月。

樂昌縣公郭賢造象保定四年五月。

李明顯造象保定五年八月。

□司馬治中□造象天和五年七月。

辛洪署造象天和六年五月。

爾僧香造象建德元年。

像主姚長寬造象開皇二年三月。

青信女房□池造象開皇三年。

侯延爲女夫張仕岳造象開皇十□年三月。

張信爲亡息造象開皇十七年五月。

齊□略爲亡息齊乃善造象仁壽元年十一月。

許曇昞四人造象仁壽二年八月。

簠齋所藏諸造象中，《曹望憘象》彫鏤最精，已歸異域。其他尤異者，則爲《女官王阿善造象》，署隆緒元年，爲蕭寶寅僭號。趙氏《訪碑録補》又載《姜□達丁大孃造象》，署隆緒二年正月廿八日，而不載《王阿善造象》。隆緒元年爲魏孝昌三年，趙氏所載之隆緒二年造象未見拓本，不知其真僞如何也。

簠齋所藏《東魏小泥造象》文四行，曰：「大魏興和五年歲次癸亥正月壬戌朔二日癸亥，雍州長安劉目連敬造觀世音像一軀，願使夫妻見世安隱。」書迹至精。予有簠齋拓本，自注曰：「泥。」《南北朝存石目》中列入目中，而不注「泥」字，疏甚。

定州産白石，六朝及唐人多以造佛象，稱之曰白玉像，其實乃石而非玉也。惟梁虞思美造象聞是碧玉爲之。又濰縣陳氏藏周武成元年九月大都督宇文仲爲父太尉及亡兄、亡弟、過去眷屬七世父母造玉象，受卿太史手書拓本旁曰「簠齋藏玉」，則其象真爲玉製者。不知此外佛象尚有玉製者否？

《北齊天統三年紀僧諮造象》，孫氏《訪碑録》著録，云在山東益都，書迹精雅，頗類虞永興，與北齊他刻不同。往歲視學山左，得本於曲阜孔氏，微波榭故物也。《記》末有翁蘇齋閣學刻字二行。別一石刻閣學五言古一首，末署乾隆壬子夏五月。詩中有「移諸伴芹茆」語，殆置之學宮者。繆《目》稱天統造觀音象，題記但注在山東，既失書紀僧諮名，又不知爲在益都，至王氏《南北朝存石目》不著録，豈此石已佚耶？

《北齊朱曇思造象記》，書法至穎利。往歲在武昌，於亡友章碩卿大令齋頭見舊拓本。後有嘉慶十五年嚴鐵橋先生跋，記此石在博興，乾隆末權校官桂未谷搜得，後緇流用爲階砌，嘉慶十年，移至學宮。故孫氏已著録，但注在山左，而不知在博興。碩卿言石久佚。繆小山太史曾商購而未之許，後以百金質於予。未幾，碩翁歸道山，故至今尚存予篋。乃甲寅春，予自海東返國，聞此石固尚未佚，爲江蘇姚君鴻圖所得，顧矜惜不拓墨，未見新拓本也。今姚君久物化，此石又不知安在矣。古刻久不傳拓，或爲人藏匿，而疑以爲已佚者多矣，此其一也。亡友趙聲伯太守藏《鄭道忠墓誌》舊拓本甚矜重，以爲石佚，後見新拓，知此石藏鄺禾農家，未佚也。然近年則又不見拓本矣。

唐高祖於隋大業二年任鄭州刺史時，爲太宗祈疾於大海寺，因病得損，造石碑象。又，大業元年，太宗因患病得除，於大海寺造石彌勒象。其文均著録於《金石萃編》，惟《萃編》於太宗造象稱《大海寺高祖造象記》，於高祖造象稱《高祖爲子祈疾疏》，稱名殊未當。太宗造象稱鄭州刺史男李世民，無高祖名，其爲太宗所造無疑。至高祖造象，稱鄭州刺史李淵爲男世民因患得捐，爲男造石碑像一鋪，一心供養，則明明爲造象記，非祈疾疏。然稱祈疾疏實始於《石墨鐫華》，《萃編》及孫、吴、繆諸家並沿其誤。王文敏《南北朝存石目》改爲《鄭州刺史李淵爲男世民造石碑象記》，是矣。於太宗造象亦改題《鄭州刺史李世民大海寺造石彌勒象記》，亦較《萃編》及吴、繆二家稱《鄭州刺史李淵爲子造象記》爲得，然記稱鄭州刺史男李世民，《存石目》省去男字，似太宗於隋季曾官鄭州刺史，則又誤矣。至孫《録》於祈疾疏注大業元年十一月，年月又誤，又於此二記外別出大海寺造象記，云仁和趙氏拓本，則誤且複矣。區區一目録而諸家已多得失，載筆之不容苟如此。

《舊唐書·張仲方傳》載：「仲方任鄭州刺史時，滎陽大海佛寺有高祖爲隋鄭州刺史日，爲太宗疾祈福於此，造石象一區，凡刊刻十六字以誌之，歲久刓缺，滎陽令李光慶重加修飾，仲方再刻石記之。」所記殆指大業二年造象。今《造象記》凡七十六字，《傳》作十六字者，蓋史文脱「七」字耳。今刻本在陝西鄠縣草堂寺，諸家謂是元僧重刻。至太宗造象，諸家皆謂在滎陽。然《仲方傳》但言高祖造象，而不及太宗造象，其故何耶？

六朝時代南北並峙，兵爭不息，人民愁苦，故上自朝廷，下逮臣庶，往往祈佛以求福祐，造象以外並刊刻諸經，名山大刹所在多有，而以山左泰山經石峪之《金剛經》最爲壯觀。字大盈尺，磨崖刻之，書勢雄偉博大，體在隸、楷間。咸、同以前拓本，僅得二百餘字，故《南北朝存石目》所載但云二百九十六字。予藏潘文勤公與陳受卿書，言聞經石峪之經文凡八九百字，拓者僅什一二三耳。請設法爲拓全分云云。往歲張勤果任東撫時，施均甫、劉鐵雲諸君在幕府，予以潘書語之，勸往訪拓。均甫欣然，擬於南中購佳墨宣紙然後從事。乃未幾以覲見去，竟不果。及張漢仙中丞汝梅撫東，予復以此事告之，且薦碑估劉金科，乃得盡力搜索，竟得九百餘字。此後碑估所拓皆云九百字本矣。然其實每份或僅五六百而以他份足之，漫云九百字耳。

隋靜琬法師房山刻經，經始於隋，歷代繼續，至遼通理大師尚未竣事。其願力宏大，先後垂數百年，可謂偉矣。藏經之處凡七洞，皆鎔鐵錮之，隔以石櫺。其已開者爲雷音洞，貯《法華》、《維摩》、《金剛》三經。《法華》書迹尤清勁婉麗，刊于隋唐間，石已有破碎者，遊客每或攜片石歸。予初於吾鄉陶心雲觀察濬宣處見殘石，後予在京師亦得殘石百餘字，於海東（見）大谷伯光瑞許亦見殘石，知其流出者已不少矣。乃十餘年前，有某妄人開洞取諸石運京，將以貽當道要人。幸吴興徐君鴻寶聞而阻之，復送還房山。嗚呼！宇内名迹亡於此輩者多矣。房山經石，殆琬師之靈冥冥中爲之呵護而假手於徐君歟？

光緒中葉，四川灌縣山中出佛經殘石甚多。予始見之亡友章碩卿大令許，託人購墨本不可得。及戊戌夏，楊君叔嶠鋭入都過滬，行篋携一本，予從借觀，因慨然持贈。計大小殘石拓本二百十九紙。其書非出一手，其佳者頗清婉，有永興遺意。碩卿言或出初唐。予謂當較後，或出孟蜀，因書勢與孟蜀石經相似也。叔嶠極韙之，且謂所携乃粗煤所拓，異日當求精拓見贈。乃叔嶠入都後，即值八月政變，爲黨人連染，竟荆蘭同刈。叔嶠端雅和粹，非冒進傾險者比，乃竟罹黨禍，豈佛家所謂宿孽歟！予自得此本後，亦未見他本，每啟篋展覽，輒回憶當日朝局，爲之慨喟，不僅追痛舊雨已也。

葉氏《語石》載所見此經殘拓大小六十九石，予所得蓋倍之。然聞叔嶠言，一時出土甚多，贈予之拓本外尚或不少，故有再致精本之約。至葉提學極重此經書法，謂沈著蒼勁，遠在房山洞上。此論未公，予固不能贊同也。

《隋商州刺史扈志碑》，道光初年出關中，未幾即佚，傳拓甚少，故除吴、繆二家外，均無著録者。

額題「大隋上開府城皋公扈使君碑」，篆書三行，碑字極婉秀，殘泐亦不多，隋碑中上駟也。録其文如左：

上闕二十二字。史城□□開下闕。觀夫在天成象，衆□□□□□□地成□□□□海之大。然則聖王馭□□□□□□□□股肱心⿰月亠□□□□□棟甍斯寄。良史揚其茂實，樂府歌其德音，尚想古人清塵莫嗣，公其投迹，芳猷何遠？公諱志，字須提，魏郡内黄人也。昔者首戴干戈，爰命□風之樂；胷懷□斗，載表九河之功。崇基累搆，長源峻遠，槐棘鬱以交陰，青紫紛而相暎。曾祖周，魏隴□太守。訓民調俗，露惠霜威，境有虎浮之異，門無犬吠之警。及拂衣漳滏，築室雲川，雖蘭移桂徙，而風流未絶。祖興，贈安定太守。藻身浴德，遊藝依仁，賓實光於當世，哀榮洽於丘壟。父敬，儀同三司、寧豳二州刺史。政猶風偃，化若神行，甘瓠脯以忻然，酌貪泉而不易。公岳靈受氣，星精流祉，湛乎萬頃，竦其千仞。儀形秀麗，何止羊車之玉；荇彩照人，即是龍池之種。及染近朱，藍梗槩文，淫韜鈐之術，好揣摩之書，舌□過人，劍端莫敵。至于彎弧若畫，拂翼貫心之伎；舞筆入神，蠆尾龜文之妙。固以群藝咸舉，我無悪焉。周大祖剖判二亻，經營九服，張羅設餌，言求異士，乃引爲内親信。魏武晏駕，擢爲挽郎出身，殿内將軍，仍加盪寇之號。大統末，入監御食，濟其不及，鼎實斯調。不失醞⿰酉亠之和，能辯淄澠之雜。周元年，授都督、左侍上士，轉帥都督、宮伯，襲爵鶉陰縣開國男，食邑二百户；進爲大都督，領前後侍二命士，遷左宮伯都上士。出入九重，往來八襲，宮闈以肅，軒陛生光。保定五年，授使持節、車騎大將軍、儀同三司。於時海内横分，車書未壹，結睾屢照，刁斗爭喧。背河面洛之地，飛塵尚擾；扶距投輪之士，衝冠未息。乃勑從齊王憲東襲宜陽，又領所部□張掖。公於鹿□□與賊對戰，前麾挫衂，後騎將奔，彼衆我寡，豺狼得志。公瞋目張膽，氣溢如山，挾雙戟以抑揚，出三軍以奮發。兇徒振駭，煙披沫散。策勳第一，酬庸斯在，授驃騎大將軍、開府儀同三司、大都督領兵，增邑二百户。逮雲旗東指，將會盟津，武王至河而返旆，文帝臨江而未可。雖變化之機，事鍾帷□；而□尾之勢，効□居多。帝乃嘉之，賞帛一百段，授開府儀同大將軍，給鼓吹一部。從討平陽，金湯失嶮，仍隨鑾駕破高延宗於并州。雲行電轉，山崩水決，既制犬羊之群，即起鯨□之觀。進授上開府，封脩武縣開國公，食邑一千四百户。既而前歌後舞，平蕩鄴城。冀部遊魂，不知天命，蚊蠙蚋集，欲競迅雷之威；鷁幕魚釜，自許太山之固。公出從神武，乘勝北馳，右拂左縈，覆其巢穴。建德六年，除使持節、鄭州諸軍事、鄭州刺史，朱驂戾止，清風穆如，兒童馭竹以來迎，貪殘解印而爭去。尋以江淮未靜，仗節南轅，麾旆所臨，若照光景。授右内雄俊中大夫，刺史如故。尉迥猖厥，所在亂階，狼顧鵄張，將半天下。公撫導黎庶，諭以安危，闔境攝然，纖蘿不扌。時有洛州反賊邢流水，聚衆一萬，竊據康城。公折捶駈之，應時瓦解。兼以至誠動物，□瑞駢羅，芳樹則連理成□，□氵則含清鏡澈。□□縣令字民，能馴乳雉，郡守爲政，獨返明珠而哉。周道陵遲，三靈改卜。大隋啓運，萬國朝宗。贊道少陽，非賢莫可，授太子右□□，賜爵城臯郡開國公。開皇七年，出除使持節、商州諸軍事、商州刺史。惟公英規拓落，逸氣宏舉，幼懷四海之心，早有萬夫之望，其動也智，其靜也仁。愛敬之方，曾閔得其家範；閨門之内，荀陳謝其士則。時逢□故，駈馳不已。鼓舞横流之日，軒蠢開闢之初。既而身名並泰，儀臺建社雷動。朱輪雲浮，鮮持滿不溢。豈以富貴驕人，損之又損；唯以謙恭下物，宜其燮理陰陽。正位論道，濟窮民於溝壑，□吾君於堯舜。而泫桐之露，□矣不追；集草之塵，俄焉已落。春秋六十六，以開皇十四年□月十九日薨於京師弘政鄉敬仁里。□朝旨：考其事行，易以嘉名，謚曰容公，禮也。即以其年十一月十二日安厝于大興城西南合郊鄉脩福里。世子、車騎將軍、儀同三司世宗等以爲過隙不留，趨庭莫睹，一興霜露之感，三覆劬勞之詠，乃式鐫金石，載序芳菲，縱陵谷之驟徙，庶英名之獨飛。其詞曰：

盛緒休風，蟬聯不窮。承雲命樂，踈河立功。從兹厥後，世襲良弓。閭閻竦峻，珩組玲瓏。自南徂北，東黐西峙。橘性無變，薑辛不已。庭茂芝蘭，門羅杞朩。我憑堂構，必復其始。神衿肅肅，高韻軒軒。如松之盛，似玉之温。仁義非獎，文武兼存。虛弦鴈落，搦管雲奔。三分搆業，聿來趨步。千門洞啓，飆飛以赴。函谷封泥，崤□擁霧。抽戈躍馬，載清天路。宦成名立，□□命寮。克終克始，無諂無驕。商山布政，潁水班條。暫流時雨，俄逐驚飈。永辞朝市，言歸巖穴。服□悲□□□□□□□□□□□□□□□□□

《梁州刺史陳茂碑》，《金石萃編》及孫《録》並著録，以傳拓甚罕，故或傳已佚。沈乙庵尚書藏一本，矜爲至寶。然胡薪生中丞巡撫山西時撰《山右石刻叢編》，則具載其文，云在臨晉縣東北二十里小嶷山。宣統初元，予與晉人之官京師者謀遣工往拓，今篋中尚存墨本。此亦未佚之石而誤以爲佚者也。

《甯贙碑》出廣東欽州，趙氏箸之《訪碑録補》，謂文字不古，疑僞作。仁和魏錫曾力辯爲真。案：此碑文拙澀不甚可通，古刻嘗有之，不足爲疑。亡友華陽王雪澄廉訪秉恩宣統初元官廣東欽廉道時，廉州出《陳散騎侍郎劉猛進墓誌》，刻於隋代，碑式及文字與《贙碑》至相類。又有大業八年三月《建州刺史徐智竦墓誌》同時出土，碑式及文字亦酷肖。三石同時同地，取相比較，足可資證明。《劉誌》今歸粵人某。《徐誌》聞久爲外人所得，予展轉求得墨本一紙，今存行篋。廉訪博雅，富收藏。張文襄督粵，剏廣雅書局，君爲提調，實主局事。國變後，隱居滬江，斥鬻所藏書畫以充旅食，忍饑校書，至易簀不輟。顧聞身後零落都盡，可哀也已。

予蒐集石墨，以能考證史籍者爲重，故專力收求神道碑表及墓誌。碑表近年出土者甚少，墓誌則視前增什之七八。故予篋中所收由漢至隋墓誌幾六百通，而元魏宗室妃主居五之一，其他亦大率前人所未見。方今椎埋不禁，不知異日所出尚幾許也。

古刻流入歐美列邦及東瀛者，予往歲爲《海外貞珉録》以志之。然但就所知者，其逸漏尚不知幾許。十餘年前，予遊厰肆，於肆估秋良臣處見魏比丘惠生及宋雲造象影片，其物久由市舶歸海外，當時惜未録其文字，以參證《洛陽伽藍記》所載《宋雲行記》也。

〔校記〕

〔一〕據原《校記》，此「否」字爲衍文，宜删。

〔二〕據原《校記》，循上文知此處奪一「三」字，補。

石交録卷四

昭陵從葬諸臣碑皆初唐巨製，前人著録凡二十八碑，而崔敦禮、姜遐兩碑久佚，實僅二十六碑。又自宋以來拓工皆省紙，凡下截殘損之字均不拓，至王蘭泉先生始併下截拓之。予藏何夢華先生藏整紙足拓，殆蘭泉先生時拓本，曾據以撰《昭陵碑録》，補前人所録，文字或增至倍。崔、姜兩碑最後乃見墨本。此二十八碑外，未見他碑也。宣統初元，見法國友人伯希和教授，始知昭陵續出四碑，曰《程知節》、曰《越國太妃燕氏》、曰《房仁裕》、曰《周道務》。苦不得墨本，假之教授，據以補録。書成後，始從關中友人得墨本。嗣又從亡友内藤教授虎許見大谷伯爵光瑞訪古我關中所拓《宇文士及碑》，又出前四種之外，乃又加入《録補》中。然今關中所拓昭陵諸碑，仍是前廿六碑，近出五碑仍無拓者。不知此諸石者存佚爲何如也。

予既假大谷氏《宇文士及碑》入録，乃致書關中友人訪求此碑。久之，復書言碑估往昭陵拓碑，絶未見此碑，不知大谷氏得之九嵕何處。予乃以詢伯爵。伯爵亦不能言所在，而慨然以墨本見贈。

此本今尚珍重藏襲，蓋不異海内孤本矣。

金石文字著録最難。審識不當，一也。所據拓本不精不足，二也。寫官轉寫奪誤，三也。予往歲作《昭陵碑録》力祛三弊，所據之本必求精拓、足拓，或據舊拓、宋拓，每遇一本必參校一過，故金石文字之著録如予之於昭陵諸碑，前人殆未有其比。然予所著録亦僅昭陵諸碑爲然，他著録亦不能準是也。

昭陵北五里石刻六馬，皆從太宗征伐有功者，曰颯露紫、曰特勒驃、曰拳毛騧、曰青騅、曰白蹄烏、曰什伐赤。刻石肖像大與身等。御製像贊，勑歐陽詢書。高宗總章二年，詔殷仲容别題馬贊於石座。歐、殷馬贊久不存，而六馬則完好如故。海桑以後，袁世凱子克文令估人運六駿於洹上村。石重大，不可致，乃先將颯露紫、拳毛騧剖而運之。既至京，袁怒估人之剖石也，斥不受。適美估人有在北京者，乃購運以去。今九嵕僅存四駿矣。關中李君月溪嘗仿拓古彝器全形法拓六馬，其已剖二馬則據未剖時拓本製橅形而拓之，雖虎賁中郎亦爲藝林所珍，而袁氏子之災及古刻，其作惡與黄巢、温韜等矣。

海桑以後，古貞珉毁於無知之手者甚多。聞關中友人言，同州褚書《三藏聖教序》，因武人爭拓不相下，遂將碑打毁。此語傳聞已久，不知信否，異日當再就陝人士詢之。

歐陽信本《化度寺邕禪師塔銘》，石久佚，傳世諸本取法京所藏敦煌石室本校之，皆不合。即南海吴氏所藏後歸成邸者，光、宣間入端忠敏公寶嵒庵。忠敏殉國，展轉歸海東，取校唐拓殘字亦不合，以爲世無真本矣。乃十年前游滬江，於吴君湖帆許得見潘文勤藏本，亦出自成邸，翁閣學跋，以爲宋復本。取校唐拓，則恰合。其存字且多於吴氏本。乃勸湖帆影印以傳之。覃溪自信精鑒，於此乃失之，可見鑒别之非易也。

十年前中州出土小歐書《泉男生誌》。同時泉氏誌出土者，有《泉男産》、《泉獻誠》、《泉毖》三誌。予編入《唐代海東藩閥誌存》中。趙氏《金石録·跋尾》載《唐衛尉正卿泉君碑》，稱泉君爲泉男生之子，《唐書》及《元和姓纂》皆云名獻誠。今此碑乃云諱實，字行於代，而闕其字不書云云。考之《獻誠誌》，則云諱獻誠，字獻誠，不載名實。碑可補誌之闕。往跋此誌未檢趙《録》，爲補記於此。一碑一誌，相去數百年先後出土，亦一奇也。《男産墓誌》本藏北京大學，去歲朔方兵事起，移往南方，今不知存亡矣。

薛稷書傳世者，舍《昇仙太子碑》陰外，他不多見。往於貝子溥倫延鴻閣，見吴荷屋先生藏宋拓《涅盤經》殘字，吴氏珍爲孤本，定爲稷書。不知其石現尚存龍門，存字且多於吴本數倍，書體雖似薛，然不見書人名，究不知果爲稷書否也。

《武塁順陵碑》累四千餘言，今僅存殘石二百餘字。杭州高氏藏舊拓本存三千餘言，校以顧亭林先生《求古録》所録全文，高本中間缺文八段，又有缺一、二、三字者數十處，總計佚一千一百餘言。二者互校，可訂顧《録》譌字十八，補奪字四，正錯列字十八。又，文中凡武氏新字四十餘處，顧《録》均空格不書，亦據高本補之。又，孫伯淵先生《續古文苑》據汪退谷手蹟入録，更取校一過，中有顧本所缺而孫本不缺者，然多未盡確。予嘗合顧《録》、高本及今所存殘石寫定其文，而以孫本異同之字附注於下，今録之於左：

大周無上孝明高皇后碑銘並序

特進太子賓客監修圀史上柱圀梁王恖三思奉　勑撰〔一〕

太子左奉裕率兼檢校安北大都護相王恖旦奉　勑書

恖聞二儀合德，中黄承太紫之庭；兩曜齊明，玉兔儷金烏之象。是以九霄高映，〇躔垂婺女之精；十野傍羅，嬀水叶娥皇之德。亦有西陵美族，□□軒帝之宮；南土嘉媒，入娉夏王之幄。其後大任端一，即創文基，大姒勤勞，還開武運。故知皇三事業，咸資坤廌之功；帝五風謡，必藉陰靈之化。無上孝明高皇后，弘農仙掌生也。出自有周，蓋唐叔虞之後。原夫赤烏流火，丹雀銜書，虛開夢梓之祥，旋茂翦桐之業。自唐郊徙邑，晉野裁封，即胙土而□高本缺「而」字。孫本「家」上乃「有」字。家，啓禎符而得姓。周則志爲大高本缺「大」字。將，承九代之餘資；秦則款爲上卿，居七城之重任。豈直十生丹轂，金莩烏弈於都畿；四代白環，玉緒蟬聯於海縣。子雲博識，吐鳳擒詞；伯起高材，銜鱣襲祉。誕踵不墜，降靈相屬，神基與紫嶽爭高，仙派共黃河俱遠。所以□高本缺「以」字。孫本「以」下乃「山」字，未確。隆鍾鼎，崟積衣冠，五公則異代相傳，八子則殊年間出。詳諸囫史，可略而言。曾祖諱定，後魏都督，歷新興、太原二郡太守，并州刺史；晉昌穆侯。宏材卓犖，峻局深沉，丹山有象日之彩，緑崟見遺風之步。褰帷按俗，風行馭竹之郊；露冕臨丕，化偃焚林之阜。豈直鄧攸罷郡，深歎雞鳴；劉寵辭官，方憂犬吠。祖諱紹，後魏徵西將軍、金紫光禄大夫兼通直散騎常侍、驃騎大將軍；周開府儀同三司，封儻城郡公，鄜幽孫本作「豳」。燕三州刺史，贈使持節、大將軍、成文扶鄧洮五州諸軍事、成州刺史，今殘本存「成州刺史」四字。謚曰信。聲飛漸陸，響逸鳴皋，器重南金，材横東箭。謀深八陣，勇冠三高本缺「司封」以下六十字。軍，既隆投石之勳，果踐銜珠之秩。加以金龜結紐，銅虎分符，轉扇揚風，停車待雨。童兒結要，無欺一日之期；親友論刑，自得二天之詠。父鄭恭王諱達，周內史、中大夫；　隨開府儀同三司、黄門内史、吏部刑部二侍郎、尚書左右丞、趙鄯二州刺史、工部吏部二尚書納言、今本存「部二尚書納言」六字。　營東都大監將作大匠、武衛將軍、左光禄大夫、遂寧恭公，贈吏部尚書；　唐贈尚書左僕高本缺「僕」字。射。垂拱二年，封鄭王，食邑一萬户，依舊謚曰恭。即雍州牧、司徒、觀德王之季弟也。量包江海，氣逸煙霄，文則《吕氏春秋》，武則孫吴《兵法》。箕裘代襲，鏘鏘萬石之君；　禮樂今本存「鏘鏘萬石君禮樂」七字。高本缺「之君」二字。　基身，翼翼千金之子。鸞迴玉札，鶣落琱弓，激水張鱗，遥浮渤澥。摶風理翰，直上扶摇，累踐崇階，高本缺「階」字。頻昇顯秩。羃孫本作「闃」，誤。韃北闕，位摠貔貅；　曳履南宫，聲高鵷鷺。貂冠入侍，氣應連珠；　隼旆分班，榮参執玉。加以累仁鍾祉，積德延祥，四履開封，寵及九泉之路；　千乘□禮，恩覃今本存「泉之路千乘禮恩覃」八字。高本缺「□禮」二字。萬古之前。棠棣相輝，鶺鴒交映。劉家兩驥，譽滿寰中；　荀氏高本缺「荀氏」二字。八龍，名高海内。通門向術，冠蓋成陰；　甲第當衢，歌鍾就列。伏惟無上孝明高皇后資靈匜魄（二），毓粹□宫，承茂祉於瑶筐，降仙儀於金屋。聲馳卄歲，潛流夢日之祥；　譽表笄乖，暗積捫□之睨。蘭今本存「笄乖暗積捫之睨蘭」八字。孫本「捫」下乃「天」字。襟散馥，蕙問揚翹，懿則重於邦家，柔儀冠於今昔。忠圖孝範，援翠竹而淩霜；　媛德嬪容，引青松而冒雪。禮枝含秀，藻七誡於情田；　行葉分芳，籠九師於性府。徽猷内湛，韶姿外發，懸明鏡於積水之間，振清飆於長松之上。貞規漢遠，亮節秋高，翠縷紅約，從來未今本存「秋高翠縷紅紖從來未」九字。孫本「紖」作「纆」。高、顧並缺。重；　龍梭鳳杼，本自多輕。簡素鄙鞶繡之工，靜高本缺「工靜」二字。默尚韋編之道。明詩習禮，豈唯秋菊之銘；　閱史披圖，寧止春椒之頌。學標天縱，開道德之高本缺「之」字。清關；　業契生知，入文章之妙境。曾於方寸，具寫千言，揔遊霧於今本存「揔遊霧於」四字。毫端，窮偃波於筆杪。芝英雲氣，入魏帳而分輝；　龍爪魚形，今本存「魏帳而分輝龍爪魚形」九字。映張池而散彩。嘗題一簡，密記貞心，置以緘縢，藏之屋壁。云當使惡無聞於九族，善有布於四方，指此立身，期之必遂。後因修宅，匠者得之，恭王見而歎曰：　此隆家之女矣。　昔者書堂欲壞，唯聞絲竹今本存「堂欲壞唯聞絲竹」七字。之音；　劒匣將開，空覩蛟龍之氣。未有仁心暗徹，睿今本存「未有仁心暗徹睿」七字。德冥通，横宇宙而無違，滿乾坤而自應。若乃行該高本缺「該」字。埊義，孝極天經。親枕席而忘疲，候晨昏高本缺「昏」字。而靡倦。及乎風枝不靜，露蓼含哀，□厚埊而無追，仰曾穹而莫報。思欲託三乘之妙果，憑五演之玄宗，永奉今本存「之玄宗永奉」五字。嚴親，長栖雅志。昔隋季喪亂，海内沸騰，伏鼇垂天，今本存「海内沸騰伏鼇垂天」八字。風塵暗起；　羣龍戰野，旗鼓潛張。白騎於是爭驅，青犢由之競擾。蚩尤則餐沙食石，項羽則索鐵申鉤，赤眉探盆子之籌，黄巾聚天師之米。夫三才合契，惟神膺大寶之名；　六位乘時，惟𨲢運洪鑪之德。今本存「洪鑪之德」四字。唐高祖神堯皇帝材雄鵠起，業駿龍飛，用丹扆而甯生，將朱旗而撥亂。天今本存「朱旗而撥亂天」六字。綱既紐，竟收龍鳳之圖；　埊角咸清，遂翦豺狼之毒。今本存

「清遂翦豺狼之毒」七字。高本自「妙果」至「狼之」，凡缺百五十字。無上孝明高皇帝觀時有作，應運而生，先知赤伏之言，預識黄〇之兆。功深今本存「識黄〇之兆功深」七字。坐樹，績茂披荆，負伊鼎而陳謀，入張帷而建策。龍鈐獨今本存「謀入張帷而建策龍鈐獨」十字。運，當赤坓之三千；獸節長驅，偶皇天之百六。息崑山之巨燎，並藉中權；定滄海之横流，咸資上畧。志同魚水，契若鹽梅，如魏武之得荀攸，似漢光之逢鄧禹。雖英圖盛烈，昭鶴鼎於高門；而闔則嬪風，闕魚今本存「門而闔則嬪風闕魚」八字。高本缺「長驅」至「高門」六十一字。軒於中饋。高祖神堯皇帝位膺元首，任今本存「祖神堯皇帝位膺元首任」十字。切股肱，利涉大川，寄隆舟檝。式崇勳舊，爲結潘楊，酬功草昧之時，賞効雲雷之日。高后以孝誠純至，雅操虚沖，拒縟禮於移天，誓閑襟於壓坓。六塵不染，孤標水今本存「於壓坓六塵不染孤標水」十字。上之花；四諦方披，獨晤〇中之匣。洎乎鳳凰開繇，今本存「〇中之匣洎乎鳳凰開繇」十字。猶堅匪高本缺「匪」字。席之心；烏鵲成橋，果迫如綸之命。於是使桂陽公主爲婚主，禮高本缺「使桂陽公主」五字及下「禮」字。娉所須，並令官給。既而三〇叶兆，百兩邀高本缺「兩邀」二字。歡，與松蘿而比茂，諧琴瑟而流響。風閨少女，襲蘭蕙而馳芬；匣幌仙娥，韻珩璜而動步。光生綺殿，比桃李而增鮮；影發春樓，視雲霞而掩色。八紘今本存「春樓視雲霞而掩色八紘」十字。欽其雅躅，四海挹其鴻徽，猶羽翼之宗鸞鳳，風雲之隨龍虎者矣。廟見斯畢，即拜高本缺「虎」、「廟」、「拜」三字。應囧夫生，從班例也。于時帝圖高本缺「班」字、「圖」字。肇建，王業壓基。三户亡秦，覺風塵之始定；　四門闢舜，識雷雨之將調。　天無鬬日之祆，埊息崩山之禍。　主上方勤庶政，屬想羣黎，今本存「主上方勤庶政屬想羣黎」十字。　將貽共理之憂，式廣求賢之務。　無高本缺「無」字。　上孝明高皇帝以勳兼竹帛，義重金蘭，備歷文武，昭昇内外。　三踐八高本缺「八」字。　元之位，四臨九伯之途。　中臺飛署劒之榮，南服揔班條今本存「飛署劒之榮南服揔班條」十字。　之任。　高后以業光圖史，道叶塤篪，欲啟仁明，實資陰□。　是以□□□海，高本缺「之位」至「□海」四十七字。　孫本「陰」下乃「助」字，「以」下乃「量如江」三字。　今未發而風移；　化穆荆衡，澤高本缺「風」字及「澤」字。　將流而生悦。　呼鷹臺下，尚隔去思；　抵鵲巖前，始歌來晚。　俄而高祖晏駕，瞻脱屣而無留；　太祖崩號，奉遺弓而積慕。　沉綿遽輀，終今本存「遺弓而積慕沉綿遽輀終」十字。　無就日之期；　痼疾耑淹，忽切乘○孫本作「雲」，誤。　之轡。　高后哀深杞堞，誓切柏舟，悲一劒之先沉，怨雙桐之半死。　昔時寶鏡，愴對孤鸞；　舊日瑶琴，悲聞獨鶴。　銜冤茹痛，撫繐帳今本存「鶴銜冤茹痛撫繐帳」八字。　而增號；　弔影傷魂，踐孀閨而高本缺「號」字、「而」字。　凝慕。　方祈淨業，敬託良緣，憑慧炬於幽途，艤慈舟於覺高本缺「業」、「良」、「途」、「艤」、「覺」等字。　海。　於是心持寶偈，手寫金言，字高本缺「是」、「字」兩字。　落貫花，詞分半匝。　龍藏豈及，象負難勝，將佛日而長懸，共慈燈而不滅。　及龍旌首次，蜃紼遵途，永惟憑附之誠，願託丘榛之側。　方冀鴛棲梓今本存「冀鴛棲梓」四字。　樹，近接埏庭，鶴舞松枝，傍依墜路。　特以踵上乖居膝下，愛切掌中，理藉劬勞，方資顧復。　宣和諭善，屢積葭灰；　日就匝將，頻移柘火。至永徽六秊，𨐌上母儀萬囶，𠇍位六宮〔三〕，將開練石之基，乃遂頳沙之祉。大帝以西京命賞，平原之秩未宏；東漢崇恩，新野之封猶褊。於是廣流原霈，大啓黄扉，稽石窌之遺塵，裂寶□之□□。即以其秊十一（日）〔月〕册□代囶夫𤯔，孫本作「裂寶符之氣昴」，無「即」字。「册□」作「特拜」。食湯沐邑一千户，品□第一，位孫本「品」下作「𠇍」。在王公母妻之上。魚軒水□，颺輕影於龍池；翬服霞明，下鮮文於□孫本「水」下作「鶩」，「於」下作「鳳」。掖。榮由德被，位匪恩昇，驟應佳孫本作「嘉」。名，徒昭洪澤。以顯慶五年于□孫本作「十匝」。轉拜榮囶夫𤯔，尋改封鄭囶夫𤯔。自家疏槐里，門荷椒庭，累沐殊輝，頻應茂典。南鄰夜永，孫本「椒」誤「椕」，「應」作「膺」，「永」作「静」。奏鐘磬於高臺；北里晨通，列笙竽於廣榭。門有躡珠之客，家豐饌玉之廚。恒處速當從孫本作「逸」。而思勞，每將昇而必降。緑墀青瑣，特忩王根；火布金蛇，孫本作「虵」。深非梁冀。謙撝之美，萬𤯔仰而知勤；當從孫本作「勸」。端潔之風，九圍欽而取則。智周寰宇，識洞古今。思所以匡囶庇𤯔，濟時軌物。「軌」，孫本誤作「執」。嘉謨讜説，屢發於神襟；厚利豐功，頻彰於帝念。奏便削藳，𤯔莫能知。每以孔光秘言，合爲悳之道；山濤密啟，得事君當從孫本作「凮」。〔四〕之要。可久可大，置黔首於生成；惟幾惟深，頓蒼元於覆□。當從孫本作「熏」。至若緣情體物，屬事比辭，取之以義方，先之以風化，清詞海富，縟藻雲繁，凡所著述，皆成典訓。孫本作「詞」。其動也方，其静也直，其恩也若春雨之流津，其威也若秋霜之應節。接上以禮，逮下以仁，君子感其德，小人懷其惠。「人」當從孫本作「㞷」。「懷」，孫本誤「歡」。天機獨轉，靈臺逈燭，虛鑒與日𠥱齊明，神理共陰陽比奥。洋洋乎不可得而稱也。既而離宮霧闕，遥横□乳之山；別館□開，上戴□孫本「横」下乃「埊」字，「眉」上乃「天」字。眉之宿。甘泉避暑，方陪萬乘之遊；景福追涼，更扈六龍之駕。不謂災纏高本缺「以西京命賞」至「不謂災纏」四百六十九字。霧露，疢積膏肓。丹扆凝慈，召高本缺「召」字。名醫而接軨；紫霄流渥，下珎藥而相望。玉釜徒煎，竟乏高本缺「乏」字。長生之術；金丹莫就，終無駐壽之期。咸亨元年八𠥱二日，崩於高本缺「於」字。九成宮之山第，春秋九十有二。𨲢上以身齊霄極，禮闕晨昏。戀隔九重，望長筵而下泣；心馳五起，瞻厚褥而銜悲。大帝慮不勝哀，祕兹凶問。苴筵欲對，仍流不次之恩；葬服將臨，更下非常之澤。仍改封衛圀夫㞷，以諭𨲢上之憂懸也。后疾將大漸，日高本缺「日」字。落高舂，雅志無昏，神情不撓，影隨燈滅，自此長辭，魂逐香高本缺「香」字。銷，終無蹔反。以爲合葬非古禮，貴從宜，將追罔極之慈，願在先塋之側。高本缺「在」字。𨲢上奉遵遺旨，無忝徽音，割同穴之芳規，就循陔之懿躅。即以其年庚午閏九𠥱辛高本缺「徽音」至「𠥱辛」二十四字。丑朔廿一日辛酉，遷座于孫本作「於」，誤。雍州咸陽縣之洪瀆原鄭恭王舊塋之左，禮也。爾其郊原坱圠，林薄阡眠。秦埊關河，迥接寶雞之野；漢家墳壠，平依金狄之川。松檟森沉，何年鳥孫本作「烏」，誤。住；風煙蕭索，幾代生亡。於是凝恨九天，廢朝三日。空山露泣，痛結飛行；曠野雲愁，悲纏草樹。乃下制贈魯圀太夫㞷，謚曰忠烈。仍令司刑大孫本作「太」，誤。常伯盧承慶攝同文𠁈卿，充監護大使，右肅機皇甫公義等爲副，賜東園祕器，每事官供，務從優厚；仍令西臺侍郎道圀公戴至德持節弔祭，京官文武九品以上及諸親命婦並赴宅弔哭，仍送至渭橋，葬事並依王禮，給班劍四十生、羽葆鼓吹儀仗，送至墓所往還。官爲立碑，親紆御札。孫本誤作「衙禮」。𨲢上因心轉切，錫類方宏，希申莫大之懷，冀展飾終之請。烏墳欲列，思增茅土之儀；鶴隴將崇，願廣山河之誓。遂得五雲飛彩，墜仙液于松塋；十日迴炎，被曾輝于蒿里。「炎」，當從孫本作「光」；「曾」，孫本作「增」。乃下制贈太原郡王妃，餘如故。孫本「餘」下有「並」字。所司備禮，高本缺「至德持節」至「所司備禮」百四十一字。册命大帝，親御横門，開軒悲哭。紫宸哀慟，黄屋淒涼，天埊爲之寝光，煙雲由其輟色。𨲢上以幽明永隔，屺岵長辭，終無再見之因，鎮結千秋之恨。奔曦已高本缺「已」字。遠，薦霜堇而無𡕀；逝水難追，饋冰魚而未孫本作「末」。日。又以嚴規早墜，遠卜厝於鄉墳；慈蔭重傾，近陪親於京壠。陵塋眇隔，長懸兩埊之悲；關塞遥分，每切百身之痛。遂命大使備法物，自昊陵迎魂歸於順陵焉。遊冠遠降，墜舄遙遷，方移沛邑之魂，更啓今本存「邑之魂更啓」五字。橋山之域。白雲朝起，乍伴龍輴；明𠥱宵懸，時低蜃衛。文明元𡕀，𨲢上臨朝。其年九𠥱，追尊先妃曰魏王妃，食邑一萬户，實封加滿五千户；改咸陽園寢曰順義陵。大名天啓，奥壤〇分。古树捎雲，近對黑龍之水；荒墳映𠥱，傍隣丹鳳之城。徽號既今本存「丹鳳之城徽號既」七字。崇，園陵熏廣。屬以圖書河洛，龜高本缺「龜」字。

負鳳銜；　窓闥方圓，雲攢霧矯。合宫重屋，既布政而嚴禋；　玉輦金輿，且孫本作「具」。巡河而拜洛。永昌元年，追尊先妃曰忠孝太后。既而謳歌允集，獄訟知歸，天垂革命之符，埊涌受終之籙。元圭錫禹，還逢揖讓之𠡦；　黑玉歸商，即今本存「之年黑玉歸商即」七字。啟休明之運。九莖仙草，依漢殿而抽芳；　五色祥雲，繞軒營而布彩。下從生望，上應天心，乘寶位于通三，建瑶圖于得一。兩「于」字孫本作「於」。黄琮蒼璧，祀埊□郊；　孫本作「祀埊郊天」。複廟重檐，宗文祖武。鴻名肇創，光鳳闈于幽泉；　茂禮將加，飾鸞闈于長夜。□□元𠡦，孫本「闈」作「圍」，「元年」上孫本作「天穐」。〔五〕追尊曰孝明高今本存「孝明高」三字。皇后，陵曰順陵。復以祥分貝葉，瑞演龍花，金容開十□之圖，玉相告三空之讖。龍軒黯黯，俄爲兜率之天；　鳳闕岧岧，忽似須彌之座。高本缺「政而嚴禋」至「須彌之座」二百五字。金輪既轉，玉鏡方懸，式詮無上之文，䖍顯崇親之義。長壽二𠡦，后位之上又加無上兩今本存「無上兩」三字。字。尋又下制，改順陵曰望鳳臺。東京故事，西漢遺塵，封樹高本缺「樹」字。空存，追崇未廣。豈若宸襟鎮結，長懷露序之哀；　睿念恒纏，永積霜旻之慕。遥瞻鳳野，式建嘉名；　遠望鶉郊，長懸美稱。且夫功成翼賛，尚畫雲臺；　勣孫本誤作「勩」。擅勳庸，猶題麟閣。況乎俔天茂德，貫⿷匚出殊禎，垂母則於寰區，今本存「則於寰區」四字。導嬪風於邦圀。高本缺「圀」字。豈可使炎涼暗積，陵谷潛移。唯栽舞鶴之松，不刻盤龍之石。踵上凝懷萬化，長想千齡，恐埊軸之西迴，懼天關之北轉。方圖琬琰，高本缺「琰」字。式降絲綸，永嗟仙鶴之歌，用固靈龜之卜。微恧攀輝□孫本作「日」。樹，沐潤天潢，榮忝綠車，職兼青史。奉今本存「青史奉」三字。先追遠，恒積慕於丹誠；相質披文，忽承恩於紫誥。是用恭抽弱思，敬述洪猷，屑瓦徒勤，生金媿妙。揮毫奪魄，陳萬一而寧窮；伏紙驚魂，辭再三而不獲。逡巡拜首，乃作詞云：

邈矣上古，悠哉高本缺「哉」字。厥壐，天迴紫府，坔轉黃輿。陰陽蕩薄，孫本誤「薻」。日匜居諸，靈龜負識，寶鳳銜書。其一。六位既陳，三才乃立，帝皇鬱起，后妃更襲。蛟電遙凝，虹〇孫本誤「霓」。下入，渭涘疏派，塗山是葺。其二。明明高后，弈高本缺上「弈」字。弈輝光，白環代鬱，丹轂家昌。靈基嶽峻，曾派河長，捫天集祉，浴日今本存「長捫天集祉浴」六字。高本缺「日」字。開祥。其三。爰自生育，早彰尊貴，匜出〇流，青龍紫氣。金屋是貯，玉衣方萃，鸞卵非奇，雞珠寧異。其四。芝蘭吐葉，高本缺「葉」字。桃李開花，黃雲白氣，高本缺「白」字。夜匜朝霞。賢明自負，仁孝無加，曾霄降藥，祕篋飛沙。其五。聰晤天資，惠才神與，河漢靈匹，瀟湘帝女。筆動鸞高本缺「鸞」字。迴，絃調鶴儛，滌想金□，□今本存「絃調鶴儛滌想金」七字。「□□」孫本作「坔坔」。心寶聚。其六。仙容婉婉，豔質峩峩，□孫本作「日」。妃恥出，匜媛羞過。椒花入頌，柳絮縈歌，詞峯秀嶽，學海馳波。其七。魴鯉成詩，鳳凰開兆，琴瑟既合，室家斯紹。兩鶴齊飛，雙龍竝繞，德行方肅，言容是□。孫本作「昭」。其八。九圍母則，六合嬪風，恩流海內，化被區中。銀鐶曉上，金今本存「中銀鐶曉上金」六字。

□□□，孫本作「金珮夜□」。祥開梓闕，位冠椒宮。其九。習禮明詩，披圖閲史，漢朝馬鄧，周丞姙姒。孫本作「任似」。陰高本缺「陰」字。化聿宣，坤儀熏理，貫𠥱騰瑞，驚雷送祉。其十。高春高本缺「春」字。忽墜，上壽俄褰，孫本作「蹇」。金丹不熟，玉釜徒煎。黄泉九壟，白日三天，高本缺「白日」二字及下「萬圀」之「萬」字。〔六〕六宫恨積，萬圀哀纏。其一十一。寂寞丘隴，淒涼原隰，畢壟難追，終天靡及。薤露晨今本存「靡及薤露晨」五字。□，□□□孫本作「清秋霜降」。急，伏紙銜悲，揮毫灑泣。怨瑆賢之同盡，高本缺「之」字。感昏明之遞襲。紀盛孫本作「瑆」。德於豐碑，冀神猷兮永立。其一十二。

長安二年歲次壬寅金由𠥱己巳木朔五日癸酉金建

《順陵碑》書法雄偉淳古，與《景龍觀鐘》極相似。高氏本雖略存形似而淳古全失，轉不如殘石，且取校殘石，筆墨顯然有不同處，則高本乃復刻也。亭林先生所見，殆是北海孫氏硯山齋藏本，先生與退谷有舊，或從孫本傳録。然《金石文字記》跋此碑，謂文内「虎」字再見，末筆俱不全，「箎」字、「號」字亦同，猶未斥唐諱。然高本則諸字均不缺，殘石本「徽號既崇」之「號」字亦不缺末筆，不知亭林先生何以云爾。豈硯山齋本又别一復刻歟？

中州唐人墓誌近三十餘年出土甚多，予篋中所儲至二千九百餘通。其中開封圖書館藏三四百石，新安張氏千唐誌齋所藏將千石，已居其半，其見前人著録者才什一耳。譬如積薪，後來居上，乃自然之勢，不敢以此傲前人也。

傳世唐誌中人，頗有《新》、《舊》兩書有傳及名見紀傳者。若屈突通，貞觀二年。若紇干承基，若許行師，若許緒，均顯慶五年。若盧承業，咸亨三年。若長孫祥，上元二年。若泉男生，調露元年。若扶餘隆，永淳元年。若格處仁，垂拱元年。若高慈，聖曆三年。若泉獻誠，大足元年。若泉男産，若皇甫文備，均長安四年。若崔沔，太極元年。若倪泉，開元七年。若李戢，天寶六年。若陳希烈，永泰二年。若李邕，大曆三年。若孫成，若黎幹，均貞元六年。若李皋，貞元十五年。若劉栖楚，大和二年。若崔弘禮，大和五年。若孫景商，大中十年。若孫簡，大中十一年。諸人或史有專傳，或事實見紀傳中。

唐人諸誌，書撰出名人手者亦甚多。若《蘇卿誌》，天授三年。倪若水撰。《王緒太夫人誌》，神功元年。賈膺福撰。《王德表墓誌》，聖曆二年。薛稷撰。《梁鎣誌》，久視元年。徐彦伯撰。《袁公瑜》、《袁承嘉誌》，均久視元年。均狄仁傑撰書。《盧行毅墓誌》，大足元年。蘇頲撰。《戴令言》、開元三年。《朱公妻太原郡君王氏誌》，開元廿年。均賀知章撰。《崔夫人源氏誌》，開元三年。張九齡撰。《韋頊誌》，開元六年。蘇晉撰。《崔泰之誌》，開元十一年。崔沔撰。《鄭承光》、開元十二年。《鄭仁穎誌》，開元十五年。均鄭虔撰。《王無競誌》，開元十二年。孫逖撰。《張景陽》、開元廿九年。《左光胤誌》，天寶二年。均張楚金撰。《源光乘誌》，天寶六載。柳芳撰。《王夫人李氏誌》，天寶七載。王縉撰。《陳希望誌》，天寶八載。徐浩撰。《崔湛誌》，天寶十載。閻伯璵撰。《賈欽惠誌》，天寶十二載。蕭穎士撰。《李琟誌》，永泰元年。韋應物撰。《盧招》、天寶十三載。《竇夫人崔氏》、大曆四年。《崔衆甫》、《崔夷甫》均大曆十三年。四誌，均崔祐甫撰。《崔沔誌》，大曆十三年。李邕撰。《李濤誌》，大曆九年。獨孤及撰；又一誌，大曆十三年。梁肅撰。《樊涚誌》，貞元九年。樊宗師撰。《李皋誌》，貞元十五年。樊澤撰。《苗蕃》、元和二年。《李虛中誌》，元和八年。韓愈撰。《李繼誌》，元和十一年。李紳撰。《楊寧妻長孫氏》永貞元年。及《楊寧誌》，元和十二年。均錢徽撰。《劉栖楚誌》，大和二年。李逢吉撰。《崔弘禮誌》，大和五年。王璠撰。《孫夫人李氏》、開成五年。《孫廿九女誌》，大中六年。均孫景商撰。《孫審象誌》，會昌元年。孫簡撰。《柳氏殤女誌》，會昌五年。柳仲郢撰。《女冠徐氏》、大和己酉。《大洞鍊師劉致柔誌》，大中六年。均李德裕撰。《孫簡誌》，大中十一年。令狐綯撰。《姚夫人權葬表》，大中十一年。劉蜕撰。

洛陽出土隋唐宮人墓誌甚多，其在唐者，由二品至九品均在高宗至睿宗時，文字均草率。宮人什九不知姓氏，每云亡宮不知何許人也，亦不詳其姓氏，殆皆供奉東都者。唐太宗放隋宮人，史家稱其善政。白香山頌太宗功德云：「宮女三千放出宮，死囚八百來歸獄。」然其詠玄宗則云：「後宮佳麗三千人，三千寵愛在一身。」則太宗崩後未幾，即復故額矣，無怪洛都宮人誌出土之衆也。

魏晉以後，篆隸書法日亡，故六朝以降，隸書諸刻罕有得古法者。予所見六朝以降隸書，惟《北齊赫連子悦墓誌》豐厚近古。若有隋諸誌多隸書，均孱劣可憎，豪無法矩。唐時，《賀祕監傳》稱其工楷隸，然今觀其所撰《戴令言》及《朱公夫人王氏誌》，皆庸俗不足觀。兩誌雖僅稱賀知章撰，不云并書，然古人往往如此。如《陳希望誌》但稱徐浩撰，亦不云并書，而其書甚工，知必出浩手，故知兩誌必出賀監無疑也。至篆，蓋佳者尤罕，三十年來僅見《曹成王李皋誌》，蓋出徐頊手，其精詣不殊李少温，此外不更見矣。葉氏《語石》云：「墓誌多用行楷書，其中隸書者僅五品。」今予所藏隸書者，僂指不能計，但罕有工者。其尚存古法者，有唐惟李衛公一人耳。

《集古》、《金石》兩録著録李衛公書撰石刻甚多。《集古録》目載寶曆二年《茅山三像記》，趙目同。衛公《與沈傳師玉蘂花唱和》詩，開成五年《平泉草木記》並《山居》詩，大中初衛公撰《李石碑》，趙目作會昌六年。跋尾載會昌五年衛公撰《大孤山賦》，趙目同。會昌三年衛公《傷孫尊師》詩、《寄題黄先生舊館》詩。《金石録》目别有大和元年衛公八分書《沖虚真人廟記》，大和四年《節堂記》，衛公撰并八分書《秋日望贊皇山》詩，會昌四年衛公撰《張弘靖祭唐叔文》，今并無一存者。惟近年中州出大和己酉衛公撰《滑臺觀女冠徐氏墓誌》、大中三年《茅山燕洞宫大洞錬師劉氏墓誌》，二人皆公侍姬也。《徐氏誌》作於公刺滑州時，八分書，至精，遠在韓、蔡之上。雖未明著撰并書，然以《沖虚廟記》、《節堂記》例之，則出公手無疑。劉氏則以大中三年卒於貶所，公但爲之文。公亦以是年卒。其葬在大中六年，誌之立則出於公之嗣子也。二文均不見《會昌一品集》中，吉光片羽，至可珍矣。

予往得衛公侍姬兩誌，頗以兩人皆爲女冠爲怪。嗣讀歐陽公《集古録·茅山三像記跋尾》，稱德裕自號上清元都三洞三景弟子，上爲九廟聖主，次爲七代先靈，下爲一切含識，敬造老君、孔子、尹真人像三軀云云，知衛公固奉道教者也。故刑于之化，下逮閨人。又觀歐陽公跋《唐會昌投龍文》稱，文中武宗自稱承道、繼元、昭明三光弟子、南嶽炎上真人，歐陽公譏爲與菩薩戒弟子何以異。案：唐代以老子爲先祖，篤奉其教，寖成風氣，上好下甚，至於如此，固不必以此專責衛公矣。

衛公負濟世之才，相業彪炳，而文采亦冠於當世。歐陽公跋《大孤山賦》云，贊皇文辭甚可愛也。其及禍，或責其不能自免。然古今聰明賢智之士，不能免者多矣，豈獨斯人也與！其慨慕甚至。予讀公兩誌，與歐公有同慨也。

與兩誌同時出土者，尚有《李曄妻鄭氏》及《曄誌》，乃衛公子婦及季子也。《鄭氏誌》爲曄所撰。中敘門閥之盛衰，令人悽感。《曄誌》載詔許衛公歸葬，曄護顯考及昆弟亡姊凡六喪，洎僕馭輩死海上者，皆輂其柩悉還親屬。其慘慄不忍卒讀，千載之下，猶爲閔惻。不知當日宣宗之於勳舊，何乃刻酷至此。賞罰，國之大柄，顛倒如是，唐之不危亡得乎！

唐人誌有父子、夫婦、兄弟諸誌一時并出者，然莫如樂安孫氏一族，竟得二十餘石。曰《桂州刺史孫成》，貞元六年。曰《孫成夫人盧氏》，永貞元年。曰《長葛縣尉孫君夫人鄭氏》，元和二年。曰《滑州白馬縣令孫起》，元和七年。曰《孫起夫人李氏》，開成庚申。曰《汝州司馬孫審象》，會昌元年。曰《孫起繼夫人裴氏》，會昌元年。曰《工部尚書致仕孫公人》，大中五年。曰《孫廿九女》，大中六年。曰《大理評事孫公妻李氏》，大中九年。曰《鄆州刺史孫景商》，大中十年。曰《尚書左僕射孫簡》，大中十一年。曰《左武衛兵曹孫筥》，曰《洛陽縣尉孫嗣初妻韋氏》，均大中十四年。曰《孫君夫人于氏》，咸通六年。曰《崑山縣令孫嗣初》，咸通七年。曰《監察御史裏行孫虬側室杜氏》，咸通八年。曰《監察御史孫虬女》，咸通九年。曰《盂州司馬孫公器》，曰《洛陽縣尉孫備》，均咸通十一年。曰《御史中丞孫君長女》，曰《御史中丞孫瑝》，均咸通十二年。曰《孫氏女子》，咸通十五年。曰《長水縣丞孫幼實》，廣明元年。曰《孫公瞻》，梁乾化二年。《守工部侍郎孫拙》，後唐天成二年。曰《蓬州刺史孫讜》。無年月。此外，若唐之襄陽張氏、宋之安陽韓氏諸誌亦多出土，然不如孫氏之夥也。

邊省古誌甚少。三十年前，新疆出《唐張懷寂墓誌》，予既録入《西陲石刻》矣。嗣得甘肅出土

《僞周西平大長公〔主〕墓誌》及《唐代樂王慕容明墓誌》，文字均不惡，《大長公〔主〕誌》〔七〕尤爾雅。誌蓋篆《大周故西平公主墓誌》，而書「周」作「[illegible]」，「西」作「[illegible]」，則鄙陋可笑耳。拓本至難得。今二石不知存否，録其文於左：

大周故弘化大長公主李氏賜姓曰武改封西平大長公主墓誌銘並序

成均進士雲騎尉吴興姚晷撰

公主隴西成紀𤯔也，即大唐太宗文武𨙻皇帝之女也。家聲祖德，造天埊而運陰陽；履翼握褒，禮神祇而懸日𠥱。　大長公主誕靈帝女，秀奇質於蓮波；託體王姬，湛清儀於桂魄。公宮稟訓，沐胎教之宸猷；姒幄承規，挺琁闈之睿敏。以貞觀十七年出降於青海圀王勤豆可汗慕容諾賀鉢。其𤯔也，帝文命之靈苗，斟尋氏之洪胤。同日磾之入侍，獻款歸誠；類去病之辭家，懷忠奮節。　我大周以曾沙紉埊，練石張天，萬物於是惟新，三光以之再朗。　主乃賜同𨙻族，改號西平，光寵盛於釐嬀，徽猷高於乙妹。豈謂巽風清急，馳隟駟之晨光；閱水分流，徙藏舟之夜壑。以𨙻曆元年五𠥱三日寢疾，薨於靈州東衙之私第，春秋七十有六。既而延平水竭，惜龍劒之孤飛；　秦氏樓傾，隨鳳簫而長往。以𨙻曆二年三𠥱十八日葬於凉州南陽暉谷冶城之山崗，禮也。吾王亦先時啓殯，主乃別建陵垣，異周公合葬之儀，非詩𤯔同穴之詠。嗣第五子右鷹揚衛大將軍宣王萬等，痛深欒棘，願宅兆而斯安；情切蓼莪，慟陟屺而無逮。撫幽埏而掩泗，更益充窮；奉遺澤而增哀，弥深眷戀。以爲德音無沫，思禀筆而垂榮；蘭桂有芬，資紀言而方遠。庶乎千秋万歲，無慙節女之陵；九原三壤，不謝貞姬之墓。其銘曰：

瑶水誕德，巫山挺神，帝女爰降，王姬下姻。燕筐〔含〕玉〔八〕，門牓題銀，珈珩梯象，軒珮莊鱗。其一。與善乖驗，竟欺遐壽，返魄無徵，神香徒有。婺彩潛翳，電光非久，瞼碎芙蓉，茄悽楊柳。其二。牛崗闢壤，馬鬣開墳，黛栢含霧，蒼松起雲。立言禀筆，紀德垂薰，願承榮於不朽，庶傳芳於未聞。其三。

代樂王上柱國慕容明墓誌銘

押渾副使忠武將軍右監門衛中郎將員外置同正員檢校閤甄府都督攝左威衛將軍借紫金魚袋代樂王上柱國慕容明墓誌銘

王諱明，字坦，昌黎鮮卑人也。粤以唐永隆元年歲次庚辰□月廿七日生於靈州之南衙。年五歲，以本蕃号代樂王。至唐祚再興，神龍二年四月五日，

制云：「沙朔雄姿，穹廬貴種。遠暨聲教，式被恩榮。可左屯衛□府左郎將、員外置同正員。」

至景雲二年三月卅日，

勑：「攝左屯衛將軍、借紫金魚袋、仍充押渾副使。」至開元元年十二月廿一日，

制云：「鳳桂馳聲，獸賁摽袟。赤墀近侍，紫極分暉。既覃邦慶，□政咸章。可上柱國。」至開

元十年正月十一日，
制云：「夙申誠欵，久孅戎旃。勤効既深，授兹戎寵。可右監門□中郎將，員外置同正員，餘如故。」以
大唐開元廿六年十一月十三日薨於本衙，春秋五十有□，歸□□涼州　先塋。志性敦質，淳和孝友，能簡能易，□□勿剎，宗族推噓，是稱名行。嗚呼哀哉！以名銘記。
大唐開元廿六年歲次戊寅十二月甲子朔七日庚午功就

畢秋颿先生官關中，携唐《高延福》、《張希古》、《孫志廉》、《張昕》四誌石歸吴，置之靈巖山館。厥後若陽湖陸氏之《隋元公》及《夫人姬氏》兩誌，閩中陳氏澂秋館之《李仁德》、《張安生》、《沙陀公夫人阿那氏》、《裴承章》四誌，最近吴中吴氏窓齋之《文安縣主誌》，均自關中携歸者。畢氏所携四誌，《張希古》、《高延福》二誌，關中皆有復刻，畢氏籍没後，此四石歸嘉興張叔未先生。赭寇之亂，《高延福》、《張希古》二誌歸蔣敬臣大令，清翊。因名其齋曰「雙唐碑館」。他二誌則已佚矣。《元公》及《夫人姬氏誌》雖存已碎，惟陳氏所藏四誌尚無恙。《文安縣主》久不拓墨，外間亦有傳橅本。葉提學《語石》不知《高》、《張》兩誌尚在，而云庚申之刦與平泉花石同付刦灰，所記未得其實也。《語石》一書蒐羅頗富，而疏誤不少。如江蘇山陽縣學官史題名石幢，誤以爲楚州刺史題名，其實並

載刺史以下各官，非專刺史也，又誤以爲石在阜寧。楊吳《李濤妻汪氏殘誌》，揚州李氏得之揚州，李氏後寓淮安，乃誤記此誌出山陽。又記於王廉生祭酒許見《正始石經》兩紙，一行古文，次篆、次隸各一行。王祭酒坐上所見石經乃丁氏所藏，僅一石，不得有二紙。又《正始石經》乃古文、篆、隸三體蟬聯書之，非一行古文，次篆、隸各一行，此均載筆之疏失。至誤楊少師《韭花帖》爲和凝，則疏誤之甚矣。爲揃正之於此。

關中古刻，趙君乾生所藏數十石，中間頗有復刻者，《張希古誌》其一也，後歸端忠敏公寶華庵。葉氏《語石》乃謂趙氏藏石以《寶梁經》及《張希古誌》爲最佳，不知其爲復本也。蔣敬臣大令與提學同鄉，乃竟未覩原石，致以「虎賁」爲「中郎」，可異也。

揚州張氏榕園所藏揚州出土諸唐誌亦均歸寶華庵，忠敏身後均散佚不知歸何許。括宇内貞石藏之一人一家，何如仿西安碑林、洛陽存古閣，仍保存於本地爲愈乎！又海桑後，揚州出楊吳大和七年《王仁遇墓誌》。予曾以拓本贈繆藝風太史，箸之《江蘇金石志》，今亦不知其石所在矣。

五代以後誌石，前人著録不及數十品，予行篋所存則由五代至元亦三百餘品，五代至宋誌石其人見史傳者，若謝彦璋，若西方鄴，若羅周敬，若竇禹鈞，若韓通，若王守恩，若吴廷祚，《宋史》誤作吴延祚。若錢淑，若符昭愿，若吴元載，若任顒，若祖士衡，若韓琦，若游師雄，若韓宗道，若曹輔，《五代》及《宋史》均有傳。其書撰出名人手者，則《石繼遠誌》淳化五年。爲趙安仁撰，《趙承遵夫人誌》爲章得象撰，衛廷諤及夫人徐氏《誌》寶元二年。均李之才撰，《魏處約誌》嘉祐三年。爲吕夏卿撰，韓愷、嘉祐七年。趙宗道、韓恬《誌》均熙寧四年。均韓琦撰，《任顒誌》、《祖士衡誌》均熙寧五年。均祖無擇撰，《士衡誌》邵雍書，《韓琦誌》熙寧八年。陳薦撰、宋敏求書，《宗室仲伋誌》元豐二年。蔡確撰，《仲伋夫人誌》元豐三年。章惇撰，《石輅誌》元祐八年。晁補之書，《朱勣誌》、元祐八年。《尹公夫人陳氏誌》政和元年。均楊畏撰，《韓海僧誌》紹聖二年。韓忠彦撰，《游師雄誌》紹聖四年。張舜民撰，《韓宗道誌》元符二年。曾肇撰、趙挺之書，《宗室士宇妻王氏誌》大觀元年。鄭居中撰，《尹楫誌》大觀元年。尹焞撰并書，《曹輔誌》建炎二年。楊時撰，而邵康節、尹和靖先生書，向罕傳世者。《尹誌》出土較先，《祖誌》則出近年。吾儕生晚，眼福乃突過前人矣。

宋濂、洛大儒殆無不工書。朱文公所書《黄中美》及《劉子羽》兩神道碑，淵雅雋逸，在宋賢書中獨樹一幟。而張南軒先生題《劉碑》額「宋故右朝議大夫充徽猷閣待制贈少傅劉公神道碑」，篆書七行，廿一字，直與二李雁行，俯視鉉、鍇，特書名爲其道德所掩，致世罕知之。予故特表著之。

宋人工篆書者，王魯翁應詔寫《嘉祐石經》，所書《周禮》至精。其墓誌爲其子劭所書，篆額殆亦出其手，精雅有法度，能傳家學，世亦罕知其人也。

宋宗室仲伋及夫人墓誌，一撰於蔡確，一撰於章惇，二奸文筆亦清整可觀。此二石爲王文敏公故物，庚子後歸丹徒劉氏。今不知所歸矣。

宋人誌墓之文多冗長，以陳薦所撰《韓魏公》爲最，今爲復刻本。穹碑細字，多至六千，今置安陽公祠。石大，故不能置壙中也。《郭景脩誌》五千餘字，次之。葉氏《語石》謂宋《游師雄》及僞齊《孟邦雄》兩誌文字最長，蓋尚未見此二誌也。《郭誌》乃亡友荆門蔣學部則先楷令山左時訪得，予篋中所藏其所贈也。則先令平原，值庚子拳亂，殺賊保境有殊績，持躬亦廉介。後同官京師，出長青島大學，海桑後卒於山左。予同僚中之潔身不辱者，君其一也。

宋人墓誌有絶小者，定海方氏藏宋元祐五年，陳靖葬亡父并母張氏及弟十郎並新婦於鄭州管城縣南羅村。誌石高僅建初尺七寸五分，廣四寸六分，文五行，且合數人爲一誌，爲他誌所未見。又文稱葬亡父并母，而末署孫男記，尤不可解也。

金陵攝山舊有陳江總《棲霞寺碑》，江總持撰，韋霈書。唐會昌時毁廢，後經重立，至宋復斷。康定元年，僧契先復依舊本鐫立，沙門懷則重書。咸豐間又毁於赭寇之亂，郡人陳鶴圃忠倚得殘石四十餘字，藏諸其家。予己亥游白門，得兵燹前拓本，一字不損，書體師懷仁集《聖教序》，至精雅。後端忠敏公總制兩江，偕半山寺，因以贈公。公欣然願重刊諸石，乃以調任北洋不果。及辛亥，公兵解於蜀，遺物星散，此碑入肆賈手，趙君月川爲予購歸。憶公先是撫蘇，予長江蘇師範學校，時虎丘塔爲童子探觳毁磚甚多，慮其崩圮，勸公鳩工補磚，防以鐵闌。又獅林爲吴中名蹟，兵燹後荒圮而樹石具存，因有於此自縊者。無人購取，致爲官産。予勸公修葺，爲公餘休憩談藝之所。公均欣然允諾，乃均以調撫湘中而中輟。今公既久歸天上，而南中名勝刼燒方新，言念昔游，爲之慨歎。

江寧有東坡題名三行，文曰「蘇軾、李之儀、孫敏行同訪象老」，凡十二字，無年月，字大三寸許，絶似《豐樂亭記》，刻畫如新，坡書之最佳者。旁有妄人刻字二行，曰「此石得自毘盧寺之左」。光緒庚寅，市人陳福移置衆春園内。《江蘇金石志》未之載，予篋中有拓本，特志之于此，以告訪金陵古刻者。

印度菩提皆亞城有宋仁宗及皇太后爲太宗建佛塔，並立碑記其事。辛未冬，亡友陳淮生學部承修從其友任印度總領事某得拓本，影印以傳之，贈予影本。碑圓首，上端篆額四行，行四字，曰「大宋皇帝、皇太后爲太宗皇帝建塔壹座」。下文字十行，尚完好。此刻遠在域外，向無知者，爰録其文於左：

大宋
聖文睿武仁明孝德皇帝、
應元崇德仁壽慈聖皇太后，謹遣僧懷問詣摩伽陀
國，奉爲資薦
太宗至仁應道神功聖德文武睿烈大明廣孝皇帝，
於金剛座側建塔一座。
太宗皇帝伏願高步
佛記，聿證　真仙之位，常居
釋梵之尊，誕錫　威靈，永隆
基業。時明道二年歲次癸酉正月十九日記。丙子□月日□。

宋道君《投龍玉簡》，福山王氏藏。以白石製之，高建初尺一尺六寸，廣三寸三分。文七行，内

有數字漫漶不可辨，道君名乃帝以瘦金體自填。其形製與吴越簡頗異，爲前人之所未見，故録其文於左：

大宋嗣天子臣佶，伏爲日臨仲夏，時乃炎蒸，保佑眇躬，祝延萬壽，於明威觀崇禧殿功德
前，命道士二七人開啓保夏金籙道場，□月罷散，□□周天大醮，□□二十四日分□關
天告地，請福延齡，恭禱
真靈，特陳大醮。今者告祈已畢，齋□周圓，謹依舊式，詣
水府投送金龍玉簡。願神願仙，三元同存，九府水帝，□□河源，江河淮濟，溟□大神，鑒此丹
悃，□爲騰奏，上聞
九天。謹詣水府金龍驛傳。

大宋崇寧四年太歲乙酉六月丙寅朔三日戊辰於道場内吉時告聞

宋江少虞《皇朝事（寶）〔實〕類苑》引（韓駒）〔范鎮〕《東齋記事》云：「道家有《金龍玉簡》，學士院撰文，具一歲齋醮〔數〕，投於名山洞府。」〔九〕金龍以銅製，玉簡以階石製。則此簡乃階石所製，其文則學士院所撰也。

投龍簡傳世者，吴越以前有《開元銅簡》，宋以後有明《成化玉簡》。唐簡舊藏長沙唐氏，高建初

尺一尺四寸三分，廣五寸，陽面文五行，陰文三行。明簡以玉製，高建初尺一尺六寸五分，廣五寸三分，厚二寸弱。一面刻符篆二行，行四字，其周圍上端及兩側分刻符篆文二十，下端刻雲紋，他面刻誥詞十三行，雕鏤甚精。惟前署臣朱永隆，明憲宗名見深，此云永隆者當是道名，與唐宋書帝本名者不同。三簡文亦頗異，兹並附録之以備參考。

大唐開元神武皇帝李隆基，本命乙酉八月五日
降誕。夙好道真，願蒙神仙長生之法，謹依上清靈
文，投刺紫蓋仙洞。位忝君臨，不獲朝拜，謹令道士
孫智涼賫信簡以聞。惟金龍驛傳。
太歲戊寅六月戊戌朔廿七日甲子告文
内使朝散大夫行内侍省掖庭局令上柱國
張奉國，本命甲午八月十八日生。道士涂處道、
判官王越賓，壬寅八月十日，傔人秦延恩。（唐簡。）

上清大洞經籙泰玄金闕仙卿靈寶萬道宗主都天掌法
大真人統御諸司院府便宜行事臣朱永隆，事
天敬神，勤拳終日，崇玄向道，每切于心；依按

古儀，造成水簡，精專供奉，福祐
皇圖。伏願
玄德垂光，
水官解厄。河清海晏，萬邦歸仰於
聖朝；泉湧波澄，四海利安於黎庶。
恩命宥河源而罷對，幽沉度泉曲以超淩。惠及生民，
澤覃家國。繒璧效信金龍，驛傳一如告命。

成化十一年歲次乙未七月十五日，簡文供于法壇
上清大洞經籙泰玄金闕仙卿靈寶萬道宗主都天掌法
大真人統御諸司院府便宜行事臣朱永隆承誥〔明簡。〕

六朝唐人造象大抵皆爲家人求福，自七代先靈或父母、己身、兄弟、妻子、亡女，或上爲國家師僧，下及蒼生含識。乃龍門造象中有杜法力爲閻羅王及閻婆王、南斗北辰造象，又爲五道將軍及夫人造象，爲太山府君造象，爲□□天王造象，爲天曹地府牛頭獄卒造象數通，不署年月，以字體觀之，乃在初唐。爲鬼神造象，其意殊不可解，然杜法力外，未見第二人也。

造象石刻初唐尚多，蓋沿六朝之風。若中州之龍門、直隸之宣霧山，凡數百種。然至開、天而止，肅、代以後則此風寖息。宋人以後更罕見。予篋中宋人造象拓本，僅見慶曆六年李□爲父母造象一石而已。

往在津沽，有持遼宋暉造象石乞售者，與唐造象形製同，前署「會同十年歲此（「次」之譌。）丁未四月八日」。考歐公《五代史記》，稱契丹改天顯十一年爲會同元年，《遼史·太宗紀》則書改元在天顯十三年，二説不同。長孫繼祖撰《遼史校勘記》，引遼會同九年僧義則《造經幢記》末署「會同九祀龍集敦牂」，謂歲在午曰敦牂，據史遞推九年正得丙午。又《樓攻媿集》記吴越回圖酒務曹從暉所立經幢末署「會同十年丁未」，與《遼史》作天顯十三年改元者正合，而訂歐史爲誤。今據此造象，又增一證。古石刻之有裨史事如此。遼代造象僅見此一石，惜當時議價未諧，篋中僅存墨本一紙，爲可憾耳。録文於後：

會同十年歲此丁未，弟子宋暉法願造阿彌陁佛一尊。又願合家長幼□災，一心供□。宋暉，男留兒、小留，孫男萻兒、万通及合（此下尚有字在右側，未拓。）

石晉割燕雲十六州與遼，故朔方多遼石。孫氏《京畿金石考》所收未備，光緒《畿輔通志》及

《順天府志》則備載之，然尚有未盡。如《大昊天寺妙行大師碑》，《志》稱已佚，而十餘年前軍人由春明移奉天，今在國立博物館。又，予嘗得圓石拓本一於海王村肆，逕建初尺一尺六寸弱，上横列梵書二行，下正書三行，曰：「大奈國公尚父承相大王燕國太夫人鄭氏造，咸雍七年八月日工畢記」。長孫繼祖考鄭氏爲杜防妻，有跋尾録後。

繼祖按：此石文稱大奈國公尚父承相大王爲鄭氏夫爵而不繫其姓。考咸雍元年《燕京歸義寺特建起院碑》，後題名石已佚，見魏坤《倚晴閣雜鈔》引。有遼國夫人杜鄭氏。《遼史·杜防傳》稱防重熙十二年爲南府宰相，道宗諒陰爲山陵使。清寧二年上諭防曰：「朕以卿年老嗜酒，不欲煩以劇務，朝廷之事總綱而已。」頃之，拜右丞相，加尚父。卒贈中書令。防所歷官與石刻合，則鄭氏者，即杜防妻也。《遼史》紀傳均不載防卒年，要在清寧中。《歸義寺碑》題名又有開府儀同三司、守太尉兼中書令、豳國公劉二玄及燕遼國妃劉蕭氏。劉蕭氏，蓋二玄之妻。碑兼載施主夫婦名。而此刻有防妻無防者，殆防已早卒矣。

契丹、西夏、金源皆有國書。西夏國書碑傳世最早。金源國書，世但知《皇弟都統經略郎君行記》及《宴臺國書碑》。予家藏金泰和六年奥屯良弼題名，後有金國書三行，則世尚罕知之。契丹國書，以前世人無見之者，自林西出遼帝后諸國書哀册，於是遼國書始傳播藝林。然今尚未有能通其讀者。地不愛寶，白山黑水間異日或尚有繼是而出者，未可知也。

古人墓中每有地券，予往在海東曾集録，由漢迄明得十九通，爲《地券徵存》。成書後又見徐州所出劉宋王佛女地券及金大定地券各一。王佛女券前已録其文，兹更録大定地券以補前録所不及。至予前録中有高麗僧世賢地券，舊藏李王博物館者，近稻葉君山博士謂石已不存，然則著録之事誠可爲古刻續命湯矣。

維大定二十三年六月九日，東勝州東勝縣住人鄧厚，自來有父鄧文貴，不計年月身故。今於州東安厝宅兆，謹用已分之財並五綵信幣買地一段，東西十一步，南北十一步四尺，東至青竜，南至朱雀，西至白虎，北至真武，内方勾陳封步，界畔道路齊整。今已牲牢酒飯百味香新共爲信契，財地交相分付，工匠修營，安厝已畢。知見人歲月，主保人今日直符。故氣邪精不得忓恡，先有居者永避萬里。若違此約，地府主吏自當其禍。内外存亡，悉皆安吉如律令。

三韓古刻，予往在津沽既爲吴興劉翰怡少府重校定《海東金石苑》，並取後出諸石爲續編矣。邇來慶州西岳書院前庭，又出新羅《金仁問碑》殘石，又慶州月南里，發見新羅真平王十三年辛亥

《南山新城築造碑》，皆東友編，朝鮮史官末松君保和所贈。近又續寄《壬申誓記》小石及崇福寺址所出殘碑五石墨本。《壬申誓記》，末松君考爲聖德王三十一年或元聖王八年新羅統期物也。異日當録付少府，補入前書中，並以誌末松君縞紵之投爲可感也。

〔校記〕

〔一〕據孫星衍氏於《續古文苑》中注：圀，國字。𢘑，臣字。𡕀，載字。𤯔，人字。𡔈，初字。𨲢，聖字。埊，地字。

〔二〕孫星衍氏於《續古文苑》中注：𠥱，月字。

〔三〕孫星衍氏《續古文苑》注：「𠙺」，正字。

〔四〕孫星衍《續古文苑》注：𠺞，君字。

〔五〕孫星衍氏《續古文苑》注：𥠢，授字。

〔六〕原校記指出，此當爲「高本」缺「日」字及下「萬圀」之「萬」字。

〔七〕原校記：此與前《西平大長公墓誌》「公」下均奪「主」字，補。

〔八〕原校記，「玉」字上奪「含」字，補。

〔九〕《東齋記事》作者爲范鎮，作者誤屬韓駒。又，「齋醮」下奪「數」字，據守山閣本補。

古器物識小録

序目

我朝國家承平垂三百年，古器日出，故名物之學超越前代。然乾嘉諸儒大抵偏重文字，古器物無文字者，多不復注意。予恒以爲憾。往備官京師，每流覽都市，見古器無文字、人所不注意者，如車馬器之類，見輒購求。復以暇日爲之考訂而筆記之，擬爲《古器物識小録》，先後得數十則。旋經國變，棄置篋中。頃兒子輩撿笥得之，録爲一卷，得八十餘則。近關洛榛蕪，然古器物出世者日益夥。聞洛中曾出三代古車一，完全無缺，顧土人以其木質已朽，悉剥取其金飾。嘗謂《考工記》車制甚詳，而金工獨不及，若就洛中所出古車一一考其規制，必有可補正乾嘉諸家所説，不僅可知全車之金工已也。自今以往，斯學之前途，當有與出土古器物而日新者，此編不過其濫觴已耳。辛未仲夏，松翁記。

銅俎　匕　柶
鬲　甗　彝
異制敦　簠簋　圓敦
長足敦　盉　鐘側懸
鐘枚間孔　鐘枚　異制鐘
旋蟲　楚鏄　鉦鐵
鐃　異制戈　郾戈
商句兵　又　玉戈
鷄鳴戟　厹矛　銅刀
鸞刀　刀　削
金馬削刀　異制削　鎌
矛　又　鐓鐏
殳鐓　有字族　矢族
又　又　族範
族有溝　骨族　砮

古器有蓋

古禮器多有蓋，傳世者多佚之。予平生見鼎、敦、簠、簋、尊、壺、觶、角、兕觥之有蓋者，凡數十器。往在海東，見斝之有蓋者二：一爲田父甲斝，一爲酉乙斝，皆近年山左新出土者，則前人所未見也。漢鍾、鈁亦皆有蓋。

爵

古酒器爵之類三：曰爵，曰角，曰斝。斝與散爲一物，予既於《殷虚書契考釋》詳言之。至爵與角之别，則爵有柱有流而角無之，角有蓋而爵無之，大要以是爲别。然《通藝録》載「子孫角」則亦有柱，惟在中間，爵之柱則偏近於流爲異耳。予近於延鴻閣見一爵有流而無柱，上有蓋爲犧首形，畧如兕觥之蓋，即以流爲犧之頷。其制甚奇，未嘗見第二品也。

觶

江西往歲出郐王彝器數種，有三器，大小形制悉與觶同。有銘在器側，其一曰「義楚之祭耑」。又二器文字較多。考《廣雅》：「腨䚡，卮也。」《説文》：「腨，小卮也。」又「䚡，小觶也。」王石臞先生曰：「耑，小意。」故《釋詁》曰：「耑，小也。」今以江西所出器銘考之，知腨即小觶。其文一作「耑」，一作「鍴」，知腨爲後起之字，又知古所謂卮者，亦即觶矣。

勺

《考工記》：「梓人爲飲器，勺一升，爵一升，觚三升。獻以爵而酬以觚，一獻而三酬，則一豆矣。」注：「勺，尊升也。」段氏《説文解字注》據《士冠禮》注「勺，尊斗」，訂「升」爲「斗」之譌。觚、豆字聲之誤。觚當爲觶，豆當爲斗。《正義》及《燕禮》疏、《禮記》孔疏並引《五經異義・爵制篇》云：「今《韓詩》説一升曰爵，二升曰觚，三升曰觶，四升曰角，五升曰散，總名曰爵。故鄭謂觚乃觶誤，乃合三升之數。」予藏古勺一，形圓底隆如爵，口徑當建初尺四寸，高二寸，柄長二寸五分强。空中，甃爲半規形，以容木柄，有穿以施丁，柄上面琱獸首形，下有文曰「[illegible]」，象人即尊形。注以水，其所容量與爵同，則勺與爵均受一升，其説信矣。又以試觚與觶，則所受皆倍於爵，則觚二升之説亦信，而觶受三升之説則非矣。予齋無角與斝，異日當假佗人所藏一校量之。

予於此勺外更藏二勺，其一曲柄，上有龍首，殆古所謂龍勺。其勺如蓮深瓣，深建初尺一寸二分，勺之徑二寸二分，絜其容量，當前勺四分之一。雖無文字，然以形制考之，確爲三代物也。又一勺則形扁闊而甚淺，有柄，空中以施木，有穿可加丁，當爲漢時物，而容量與龍勺畧同。知三代之勺有大小二者，又知漢之量與周不相遠也。予曩刻吴窓齋中丞《權衡度量考》，惜其書未完。今得此勺爲准據，異日可偏校秦漢古器之記容量者，以補中丞書之闕，豈非快事耶！

黄目

《明堂位》「夏后氏以雞彝，殷以斝，周以黄目」。鄭康成謂黄目以黄金爲飾。《郊特牲》：「黄目，欝氣之上尊也。」後世《禮圖》：黄目尊，上畫人目而黄之。固可笑矣。或又謂當以龜目者，亦不可信。予藏父乙甗，三足，爲獸首，其目以黄金爲之。所謂黄目尊，殆亦以黄金作獸目。異日當留意於傳世諸尊，恐必可爲吾言之證也。

尊

日本住友氏藏鴞尊、鴞卣。鴞尊並蓋高七寸四分，日本尺。下同。以首爲蓋，二足一尾。鴞卣並蓋高七寸七分，蓋上兩鳥首，有提梁。予意此或是《周禮·司尊彝》之所謂雞彝、鳥彝，其形亦不能確定爲鴞。盛伯羲祭酒欝華閣舊藏饕餮卣此盛氏名之。今亦在住友氏許。高一尺一寸七分，並蓋爲一獸形，獸銜人頭被髪，其下前有二足，後有一尾，狀至奇。上有提梁。住友名之曰「乳虎卣」。予意即《司尊彝》所謂虎彝也。古禮器家皆謂畫之爲飾，今觀傳世犧尊，確鑄爲犧形而非畫飾，則此諸彝殆亦爾也。

異制斝

住友氏藏一斝，兩柱各立一爵，雕鏤至精，其制甚奇。惟經後人僞加款識爲可恨耳。

異制爵

爵制之異者，平生所見，舍延鴻閣有蓋之爵外，於毘陵袁氏見一爵，兩柱不連於爵口而從扳側出折而向上，圓如葱管。其篆帶貫扳而過，與佗爵帶皆及扳而止者不同。銘在柱旁，文曰：「旟作父乙。」制作極精。又住友藏一爵，底平而柱短，高七寸五分日本尺。殊大於常爵而製不精，疑周、秦間物也。佗處亦嘗見平底之爵，率粗陋，意又後於住友氏藏器矣。

爵

《東坡集》有一詩詠爵而不識爲爵也。其序云：「胡穆秀才遺古銅器，似鼎而小，上有兩柱可以覆而不蹶。以爲鼎則不足，疑其飲器也。胡有詩答之。」其詩曰：「隻耳獸齧環指扳。長喙鵝擘喙指流。三趾下鋭春蒲短指足。兩柱高張秋茵細指柱。君看翻覆俯仰間，覆成三角翻兩髻。古書隨滿腹，苟有用我亦隨世。嗟君一見呼作鼎，纔注升合已漂逝。不如學鴟夷，盡日盛酒真良計。」自注：「有古篆五字不可識。」以所詠形狀考之，爲爵無疑。當時古器物學已盛行，公之師友如六一、龍眠，公何不以詢之，亦可異矣。胡有詩答之，惜不傳，不知又作何語也。

銅俎

古鼎銘往往云「作䵼彝」，䵼从爿从肉从匕，蓋象以匕取肉於大鼎而分納於旅鼎中。爿則俎形，殆取牲體時，暫置俎上以去其湆。予在海東嘗見烏尾氏藏一銅俎，長尺四寸，高六寸二分，俎面凋四寸六分日本尺。上有聯蟬紋，瑀鏤至精，當即鼎上所用，其狀兩端下曲，恰可安於鼎口。此器平生僅一見，惜已歸海外矣。

匕

刀匕之匕，或以匕黍稷，或以匕牲體。吉事用棘匕，桑事用桑匕。近傳世有銅匕，《匋齋吉金録》著之而誤以爲勺。予亦藏一枚，長建初尺尺一寸，形如歐人餐具之勺，柄曲而葉末鋭，柄上有刻鏤，殆即禮家所謂疏匕也。予近又得魚匕鼎一，出山西渾源州，以銀爲之。柄上端已折，葉橢圓而中淺，與鋭首之匕形制畧異。表裏皆有文字，如古箴銘，雖不能盡識而誼畧可曉，惜字皆金錯不可施墨。命兒子福頤以花石橅其文，亦吉金中奇品也。

柶

殷虚出牙骨彫刻器頗多。予有彫牙器柄，刻鏤精絶，惜已不完。又藏未損者二：其一長尺一寸七分，又一長八寸八分，皆但疏其首。又有不疏者，均中微曲而兩末翹，上狹而下博，其狀畧如今之鞢拔，殆即禮家所謂角柶也。《士喪禮》「楔齒用角柶」注：「楔貌如軶上兩末。」疏「此角柶，其形狀與報醴角柶別，故屈之如軶。中央入口兩末向上」。其形狀與殷虚所出者正同。惟彼以角爲之，此則以象牙與骨爲異耳。

鬲

鬲皆款足而無耳。予所藏史秦鬲及中釩父鬲，則皆有耳。中釩父鬲銘曰：「中釩父作盩鬲。」殆有耳者爲盩鬲耶？日本住友氏藏一鬲，口有長頸，殆上以安甑，乃甗之小者，恐非鬲也甗有上下兩截可分合者。說見下條。

甗

甗之傳世者，率上截如甑而有耳，下截款足如鬲，上下連合爲一。間有長方形者。近新鄭出一長方甗，大於常甗，上下可分爲二，合而成一器。上截中間有豎闌，中隔爲二，此甗制之殊異者。同時孟津出叡仲甗，形與新鄭出者同，亦兩截可分合，惟上截無闌不中隔耳。日本住友氏有一甑，殆亦兩截之甗而失其下截也。又甗之中間率有横闌，上有穿、間有闌、上有文字者，但不多見耳。

彝

彝與敦，前人皆以爲二物。潘文勤公及吴愙齋中丞藏器墨本，每於前人著録爲彝者而鈐以「敦」字朱記，然未著二器相同之説。予嗣考彝無足而敦有足，今之所謂彝者，實即古所謂廢敦也廢敦無足。故古器中每有形如今之所謂彝，而銘文中明箸爲敦者，如予所藏之白敦、靜敦皆是，特前人未嘗留意。潘、吴諸公知之，又未明著其説，予故特著之。

異制敦

古器雕鏤皆在器表。曩見一敦，腹裏陰刻田獵圖象至精，又見一敦，坐下有小鈴，此均敦制之異者。此二器，今皆隨市舶出重瀛矣古銅鼓亦有腹内陰刻圖畫者。

簠簋

《説文》：「簠，黍稷圜器也。」「簋，黍稷方器也。」《周禮・舍人》注：「方曰簠，圓曰簋。」《孝經》鄭注及《漢書・賈誼傳》注同，並與許書不合。今以傳世之器考之，簠之角方而簋之角圓，與鄭注合，知洨長説非也。又二器並是長方形，但簠淺而口侈、簋深而口歛，與角有方圓之殊耳，非簠爲正方、簋爲正圓。古語簡質，故後世爲禮圖者，但憑前記，不考實物，鮮有不誤者也。

圓敦

古器有合器，蓋圓如瓜，上下皆有三環。在下者以爲足，在上者便於仰置，多無文字，俗名西瓜鼎，於古無徵也。近見陳侯因資敦，器存而蓋佚，其形正如此，乃知所謂西瓜鼎者，亦敦之異制也。

長足敦

敦與簋均有具長足者，《十六長樂堂古器款識》有貞敦，下有長足四錢氏誤作「貞簋」。《博古圖》載京叔簋，上兩耳如鼎，下亦有四長足，均與常制不同。

盉

《説文解字》："「盉，調味器也。」《廣韵》："「盉，調五味器也。」前人皆從之。然端忠敏公方所藏寶雞出土廢禁上所置皆酒器，而有一盉，吾友王忠慤公國維謂盉當是盛玄酒者，古禮賓主酬酢有定制，不能飲者和以玄酒，俾得盡爵，故器酒閒有盉。此語雖剏，理則可信。

鐘側懸

歐陽公《集古録》謂古樂鐘皆側懸，今以傳世古鐘考之，凡旋在甬側者皆側懸，而紐在舞上者則直懸，不皆側懸也。

古鐘多兩銑，鋭出于閒，上歛不能平置案上。然亦有兩銑與于相平可平置者，如予家所藏鐘卿及公孫班鐘皆然。大率鐘口侈者，兩欒鋭出不可平置，口歛者可平置。

鐘枚閒孔

古鐘舞上與枚閒，往往有狹長小孔。予所藏卿鐘，舞上四孔，前後各二，枚閒兩面各二，皆左右相直。公孫班鐘舞上二孔均未穿透。兩面第一列枚閒各二孔三已穿，一未穿。此殆與音律有關，言鐘制者所未及也。

鐘枚

鐘枚皆作旋螺狀，其直長如門上之櫨星者，不過偶一見之，殆由螺形而變。疑《孟子》所謂「以追蠡」，殆指枚言之。惟何以喻以「城門之軌」，則義不可曉矣。

異制鐘

古鐘亦有無篆、無枚者，有舞及兩欒各有帶者。《博古圖》有挾耳鐘及周大編鐘，第三第八二器，則由兩舞下達兩欒之太半皆有帶。日本住友氏藏一鐘，無篆與枚，兩欒有四獸，首下而尾上，與《博古圖》所載周虎鐘畧同。此均鐘制之異者。

旋蟲

程易疇先生瑶田定鐘斡爲旋蟲，其説甚確。惟未見其物，想象而爲之圖，載之《考工刱物小記》。予於定海方氏見内公鐘鉤，表裏各有銘文四字，其狀上爲圜環以安於笱虡，下有物如蛇狀，尾上曲爲鉤以攝于旋，以鉤鐘旋。蓋附於甬者爲旋，而所以鉤旋者爲旋蟲。程氏誤以附於甬之旋爲旋蟲，所以鉤旋之斡爲鐘懸，與記文及實物均不合。予所見之旋蟲，長建初尺三寸七分。《攈古録》亦著録一鉤，文與方氏藏者正同而略短。予亦藏二枚，則長六寸弱，四鉤形狀均無殊。其物如蛇，故名之曰旋蟲，惜易疇先生不及見也。

楚鎛

古器款識多在腹内，鐘則皆在表面。惟楚鎛則文字在腹内。此鎛自王復齋著録後，諸家皆據宋拓本展轉傳橅，原器不知存否。乙卯夏返滬江，忽邂逅遇之骨董肆。肆主人以器大無銘爲言，初不知其腹中有字也。予觀其形狀，頗與復齋所記相合，惟甬上無所謂躶鬼形者。姑驗其腹，則已鏽徧，隱約有字迹。乃車載歸寓舍，洗滌三日，果楚鎛也。乃重價購歸。又洗滌一月，全文始顯，蓋塵薶者七百年矣。爰名海東寓樓曰「楚雨」以識快。

既得此鎛，詳諦甬上有錯痕，蓋以躶鬼爲懸，不知何時損壞，遂錯去而存其遺迹。鐘厚不易損，躶鬼必彫鏤中空以受懸，但以手足著甬，故易損也。初以宋三司布帛尺度之，贏于復齋所記尺寸。前年於鉅鹿故城得宋木尺度之，則正相合，乃知三司布帛尺當時固未嘗行於民間。吾友王君静安有《宋尺考》，言之甚詳。

天水著録之器今日尚存人間者，此鎛以外，尚有趠鼎及兮田盤，盍均藏濰縣陳氏。三品之中，要以此鎛爲冠。

鉦鐵

予藏古器一，狀略如鐘，但狹長而有長柄，兩面各有文字九行，行五字，字多剥蝕而中間有「鑄此鉦鐵」四字，則均可辨。則此器名鉦鐵，殆即鉦也。以建初尺度之，連柄高尺五寸，柄長七寸，柄之中間有横穿。《説文》：「鉦，鐃也。似鈴，柄上下通。」《漢書·平帝紀》注亦云：「鉦，似鈴。柄中上下通。」今驗此器，柄不上下通。日本住友氏藏素鉦一，與此正同，柄亦不通，而傳世之鐃鉦之小者。則柄中通。記載偶疏，賴實物足以正之。又傳世之句鑃與鉦形狀頗同，惟器畧大，與鉦殆一物而異名者也。

鐃

《説文》：「鐃，小鉦也。」謂鐃與鉦同類，特以大小爲别。《博古圖》載鉦甚多，以予所藏之鉦與圖校，則彼皆鐃也。鉦與鐃不僅大小異，形制亦異。鉦大而狹長，鐃小而短濶。鉦柄實，故長可手執；鐃柄短，故中空，須續以木柄乃便執持。蓋鐃與鉦，皆柄在下而口向上。予藏古（繞）〔鐃〕一，爲王文敏公懿榮故物，柄上有「左」字，柄中空以容柄。其書「左」字者，示當以左手下持柄，以右手擊其上口也。文敏手題爲鐸，不知鐸有舌而鐃無之。《周官·鼓人》注：「鐃如鈴，無舌有柄，執而鳴之。」其言固甚明。佗家著録亦多誤鐃爲鐸，無知爲鐃者，正之蓋自予始。然使予不見古鉦，亦不能知鐃與鉦之别。宋人以鐃爲鉦，其失尚近；近人以鐃爲鐸，則其誤愈遠。予故詳記之。

異制戈

《冶氏》：「爲戈，廣二寸，内倍之，胡三之，援四之。」自是常制，而傳世之器有不然者。予藏一小戈，由援末至内末長建初尺八寸七分，而援與内長畧等，胡則僅長二寸。又一戈，由援末至内末長九寸六分，而内長四寸餘，胡長四寸，援與胡間較常戈寬廣。援間兩面各有凸出一巨目，其制尤奇。又一小戈，由援末至内末長僅六寸弱。此等均與常制不合，小戈不知何用也。予又藏戣戈，由援末至内末長七寸五分，而援上似有刺，已折去數分，下達於胡尚存六寸。

郾戈

同、光間，易州出郾戈甚多，皆大于常戈，有胡，下之刃曲折，有二三鋒刃凸出如波之起伏，不似他戈胡刃直下者。司馬相如《上林賦》「建干將之雄戟」，張楫注：「雄戟，胡中有鮔者。」此殆所謂鮔歟？

商句兵

予所藏商句兵三，記祖父兄日名者，其制與戈同，而無胡，内上亦無穿，又與戈異。予疑商之戈制如此。前人多謂戈之無胡者爲瞿，殆未必然也。

又

予又藏句兵一，狀與記祖父兄名者同，而廣援。援近末處高寸餘，而近内則高四寸。由援末至内末長尺二寸八分，内左右各一穿，亦無胡，殆商戈之最大者也。

玉戈

予藏有玉戈二：一有刃，一無刃。皆殘闕，狀如商戈，疑是樂舞所用。宗廟森嚴之地，殆不可以用真兵也。

鷄鳴戟

戈戟之别，黄伯思始判定之，程易疇先生與之冥合，殆成定論。惟雞鳴戈則前人未言其狀。

《考工記·廬人》鄭注:「戈,今句孑也。或謂之雞鳴,或謂之擁頸。」予藏一戟,其戟刺宛曲而鋭,如雞之引頸長鳴狀,所以得雞鳴與擁頸之名。然戈但有内而無刺,惟戟有刺,則雞鳴乃戟而非戈。(予)鄭注所云,未爲審也。予又藏一小戟,刺小而上翹,不宛曲,殆亦雞鳴戟矣。

厹矛

《詩·秦風》:「厹矛鋈錞。」《傳》:「厹矛,三隅矛也。」《廣韵》同。亦作仇矛。《釋名·釋兵》謂頸有三叉。後世禮家遂圖爲三鋒並列之形。予得矛一,長七寸强,三面皆有刃,與他矛之但二面有刃者不同。狀如矢族之三廉者而較大,下有銎以着内,有穿以加鍵。乃悟此爲厹矛。《釋名》已誤作「頸有三叉」,知漢、魏間已不知厹矛之狀矣。《顧命》:「二人雀弁執惠。」注:「惠,三隅矛。」孔疑謂刃有三角。

銅刀

予藏銅刀一,長建初尺三尺一寸七分,廣一寸三分,狀與削同,但差大耳。《孝堂山畫像》載《大狩示罰》之圖:懸人首,旁有伍佰握刀,形與此同。知此爲戰陳與形戮所用者也。

鸞刀

《詩·小雅·信南山》之篇「執其鸞刀」,《傳》云:「鸞刀之有鸞者,言割中節也。」《禮記·郊特牲》云:「割刀之用,而鸞刀之貴,貴其義也,聲和而後斷也。」但云刀有鸞者,不言鸞施何處。予得鸞刀一，長建初尺尺二寸，兩面有刃，柄末有鸞鈴，中含丸，始知鸞刀之鈴施柄末也。鸞旁尚有一紐可繫物，疑於此加組飾也。何休《公羊傳》注：「鸞刀，宗廟割切之刀，鐶有和，鋒有鸞。」今觀予所藏，鑾在柄末，所謂鐶有和者是。而云鋒有鸞，鋒上安得施鸞？可據此以訂何氏之誤。

刀

鸞刀外，予尚有三刀。其二柄末爲犧首，旁亦有紐可繫組飾。其一形同，亦有紐，但無犧首耳。長皆建初尺尺二寸，知古人庖厨之刀，長短有定制也。陳祥道云：「《少儀》『刀，卻刃授穎，削授拊。』鄭注：『穎，鐶也。拊，把也。』然則直而本鐶者刀也，曲而本不鐶者削也。」今以實物考之，予所藏古削中，鐶者二，而予藏古刀中，鸞刀與疏首之刀亦畧偃，但其度甚微。犧首柄二刀，則偃度有加。諸刀皆尺二寸，與鸞刀同。其爲割用之刀無疑，則刀亦未嘗不偃，但不如削較甚耳。惟戰陣之刀及小刀，直而不偃。陳氏以曲直與鐶拊分刀與削，殆未確也。

削

「築氏爲削，長尺博寸，合六而成規」注：「削，今之書刃。」予所得五六枚，長短無定制，最長者九寸二三分，又次八寸至八寸五分，與記所云不合。削，以削簡牘。古人簡牘誤書，則削而更書之。所謂「筆則筆，削則削」，謂書以筆而誤則削也。前人或誤以削爲契刻之用者，誤矣。

「築氏爲削」注：「削爲曲刃，合六而成規，著句之度也。」申其句而度之，其長一尺。賈疏：

「削，反張爲之，若弓之反張。馬氏諸家等，以爲偃曲卻刃也。」今驗之實物，果合六成規。然其句度甚微，亦有合七乃能成規者。

金馬削刀

予藏小刀一，金錯拊柄上，雕鏤甚工，而直刃長建初尺一尺有五分，與常削曲刃者不同。初不能定其名，嗣考《漢書音義》八十九卷《循史・文翁傳》注引晉灼曰「舊時蜀郡工官作金馬削刀者，似佩刀形，金錯其拊」云云。其言似佩刀，以明不同常削之曲刃也。則此疑爲蜀郡工官所作，蓋亦削也。然金馬削刀之稱尚不能明。後於洛賈見鐵刀四品，均斷損，而金錯其文。其背爲奔馬形，始知金馬之義。其文曰：「永元十六年，廣漢郡工官世湅書刀工□造，護工卒史成，長荆守丞熹主。」共二十八言。文内「世湅」二字，「世」乃「三十」併之世，「湅」即後世之「練」、「鍊」字，漢《鏡銘》「鍊」字皆作「湅」，他器亦然。漢永始三年鼎文曰：「乘輿十湅銅鼎。」「十湅」乃湅之數。銅鼎十湅，此製以鐵，故世湅也。

異制削

予又有一削，曲刃，長四寸四分而無拊，下僅有内五分，蓋以安木柄者，又削制之異者也。

鎌

《方言》：「刈鉤，江、淮、陳、楚之間謂之鉊，或謂之鐹。自關而西或謂之鉤，或謂之鎌，或謂之鍥。」《説文》：「鎌，鍥也」、「鍥，鎌也」、「釧，鎌也」、「鉛，大鎌也」、「銍，穫禾短鎌也」。予藏曲刀一，環首，其刃本濶而末鋭，其偃曲之度，畧如初三之月，長建初尺一尺一寸三分，其爲鎌無疑。但不知爲大鎌之鉛，抑是小鎌之銍耳。

矛

矛之大小長短，其制不同。《説文》：「鋋，小矛也。」《漢書》師古注：「鋋，鐵把短矛也」、「鉈，短矛也」、「錟，長矛也」。雖明注大小長短，而不及其刃之狀。《釋名》「矛長丈八尺曰矟，矜矛長九尺」，疑猶《廬人》稱酋矛，常有四尺，夷矛三尋，指其柲之長短言之。然其柲有長短，則刃亦必有長短大小之殊。今以傳世之矛予所藏者言之，其最大者長尺一寸，兩刃甚薄而下達，如戈之有胡，刃之最濶處三寸三分；又一長與前同，而刃最廣處寸六分，而厚脊；次長如兩刃，中爲高脊，銎正員而外爲八觚；又次長八寸八分强；又次長七寸二分；又次長七寸一分，四廉而鞮甚細，其圍二寸四分；又次長六寸七分，亦四廉；又次長六寸四分；又次長五寸六分强。其鞮旁有穿可加丁者六，無穿而鞮旁有鈕者一，皆所以固刃于柲者；然亦有無穿者二。其類別如此，不能案古名以强定之矣。

叉

《釋名》：「矛，冒也。刃下冒矜也。」今傳世之矛皆爲圓銎以傳于矜，故《釋名》言冒矜。

鐓鐏

《曲禮》：「進戈者，前其鐏後其刃；　進矛戟者，前其鐓。」鄭注：「鋭底曰鐏，取其鐏地。平底曰鐓，取其鐓地。」《説文》：「錞，矛戟柲下銅鐏也」、「鐏，柲下銅也」。《釋名》：「矛下頭曰鐏，鐏入地也。」案：　古鐏與錞世多有之，予數年得其形制不同者，計有彫鏤之鐏二、素者三。又素錞三，有文字者一。其銎皆不作正圓，皆有穿，蓋受内後以加鍵者也。

傳世鐏、鐓，孰爲毄兵，孰爲刺兵，所用不可分別。惟鐏之圍小，而鐓之圍大，爲橢圓，知施（鐓）〔鐏〕者其矜細，而施鐓者其矜巨矣。又鐓之長與其圍等，而鐏則不必然。予所藏鐏五，其圍與長等者僅一品耳。

《廬人》鄭註言：「凡矜八觚。」今以傳世之鐓與鐏考之，鐓之受矜處爲橢圓，鐏爲不正形之橢圓，狀如◯，均非可容八觚之矜者，惟鐏下實均作八觚。然則鄭言「凡矜八觚」者，殆指矜下之鐏而言之，鐏八觚而渾括之曰「矜八觚」耳。鄭注前人多不能明，今乃得據器以訂之。

殳鐓

予又藏一素鐓，高二寸七分，爲圓銎，圍五寸，色如銀。此又鐓制之異者，或爲殳之鐓歟？

有字族

矢族傳世甚多，前人未見有文字者。予先後得九種，合文字相同者共得十七品，大率出易州，蓋燕故物也。

矢族

矢族種類甚繁。予嘗細別之，得數十品；而大別之，則三鐮、四鐮、鉀鑪、拘腸四種。而三鐮中又有羊頭、飛寅，可名者，此數種而已。更以長短、大小、輕重細別之，遂至數十種。

又

矢有具鋌者，有爲銎以受稾者。其具鋌者，鐵多於銅，鋌細易折，故出土之族具鋌者少。予嘗得其鋌之矢三枚：其一鐵鋌者，通長一尺，刃長八分，鋌長九寸二分；其二銅鋌者，通長八寸八分，刃出稾外者一寸八分，鋌長七寸；其三亦銅鋌，通長八寸五分，刃出稾外者寸九分，鋌長六寸六分，與《冶氏》「爲殺矢，刃長寸，圍寸，鋌十之」之説亦不甚合。其爲銎以受稾者，予所藏得十四品，殆古所謂平題耶？

又

予又有一族，刃長一寸，下爲銅鋌，甚粗，與幹同，長三寸二分。下二分爲内，以内入稾中。矢幹近矢處爲銅，以下爲稾，此制甚奇。又有族，合三鐮之羊頭三枚爲一，殆出範時未分析者耶？

族範

予有矢族塼範，上下兩範具存。範上列四稜之矢四，鋌長四寸三分。

族有溝

三鏃族中，往往每面爲二小溝，或每面凹入以出刃。蓋俾射入人體中以放血，古人制器之精如此。

骨族

殷虛出骨族甚多。予選其形製不同者二：一爲羊頭，有三廉；一爲髀矢，面長濶，即《爾雅》所謂「骨族不翦羽，謂之志」是也。《禮》：「今之骨骲」。《爾雅·釋文》引《埤蒼》：「骲，骨鏃也。」《唐六典》十六注引《通俗文》：「骨鏃曰骲。」蓋古禮射所用。

砮

《説文》：「砮，石可以爲矢鏃。」《禹貢》：「荆州貢砮丹。」《魯語》：「肅慎氏貢楛矢、石砮。」韋昭注：「砮，鏃也。以石爲之。」《三國·魏志》挹婁傳：「矢，用楛青石爲鏃。」吾浙杭、嘉間，近年多出石鏃，以青石爲之，狀畧如殷虛之骲。歐人載石器時在銅器之前，吾國則銅器時尚用石鏃，東西歷史固不能强同也。《禹貢》：「礪砥砮丹。」《傳》：「砮，石中矢鏃。」《書·禹貢》疏引《國語》賈注：「砮，矢鏃之石也。」《家語·辨物》注：「砮，箭鏃。」

矢括

傳世古矢括甚多，其形爲小圓筩，如戈下之鐓，而旁有下俯之鈎，狀如。初不能定爲矢括，嗣

讀《釋名·釋兵》言「矢末曰括。括，會也。與弦會也。括旁曰叉，形似叉也。」乃知此物確爲矢括，無字者多。予藏有左字者三，皆出易州。

韘

《説文》：「韘，射決也。所以鉤弦，以象骨，韋系著右巨指。」或作「弽」。《詩·衛風·芄蘭》：「童子佩韘。」毛《傳》：「韘，玦也。」鄭《箋》：「韘之言沓，所以彄沓手指。」《小雅·車攻篇》：「決拾既佽。」《傳》：「決，鉤弦也。」決字亦作「抉」。《周官·繕人》鄭衆注：「抉，謂引弦彄也。」鄭注：「抉，挾矢時所以持弦飾也。著右手巨指。」據上所説，韘，皆以象與骨爲之。予曾得古銅韘一，狀橢圓，中央容指處則正圓，斜削如馬耳，一方高建初尺一寸，他方高五分。其一方高者銅薄，恰容指背，低者銅厚，所以鉤弦。上有彫鎪，殆漢魏間物。象與骨入土易朽，今無傳世者矣。

弩機

弩機，其柄曰臂，鉤弦者曰牙，牙外曰郭，以爲牙之外衛，牙下曰懸刀。古皆專工爲之，各爲一器，故漢人弩機，多言郭工。魏《正始弩機》載「牙匠厶，臂匠厶」，合諸工而始成器。予藏有弩牙銅範，蓋每一物爲一範也。《夢溪筆談》記鄆州發地得一銅弩機，其側有刻文曰：「臂師虞士、耳師張柔。」史傳無此色目人，不知何代物，所謂「耳師」，即「牙師」之譌也。

弩望刻度

弩機上刻尺度。予舊藏蜀章武弩機，上刻尺度。以建初尺驗之，纖毫無異，知蜀漢尺度與建初同。此機後贈端忠敏，忠敏印入《匋齋吉金録》，而不橅其尺度。此機不知今在何許，故予特記之于此。

三代弩機

傳世弩機，漢、魏兩朝爲多。予藏有古文銘識者二，皆曰「左攻厶」，均但存弩牙。東武王氏亦藏一殘弩牙，文與予藏同。人間不知尚有全機否？

異制弩機

弩機形制大率相同，異狀者甚少。予藏一品，其郭形之後端圓如船底，與常制頗殊，惜無銘文，不知何代物也。

籣

《漢書·韓延壽傳》：「抱弩負籣。」師古注：「籣，盛弩矢者也。其形如木桶。」予案：古爵文有[illegible]字，《攈古録》釋爲「子負車」。《攈古録》又載東父丙爵文作[illegible]文，釋爲「子父東丙」。予疑爲即弩矢籣之「籣」字。

蒺藜

古軍器有蒺藜，所以刺馬足。予藏大小各一枚，以銅爲之。共有四刺，平置之則下三上一，末皆甚鋭。分歧處有小紐，蓋以繩貫之，以便取携也。大者之刺，當建初尺一寸，小者長八分。此當是漢、魏以前物，後世則以鐵矣。《漢書・鼂錯傳》：守邊議曰：「具藺石，布渠荅。」注：「渠荅，鐵蒺藜也。」《尉繚子》：「城險未設，渠荅未張。」

馬銜

古馬銜傳世者不少，然不能斷定其時代。予所藏有文字者，一有「左」字，一有「□叔」二字，上一字已漫没。其書皆古文，知爲先秦物。又藏無字者二，則似漢、唐間物矣。

車鑾

古車、馬皆有鑾。《詩・蓼蕭・傳》：「在軾曰和，在鑣曰鸞。」而《秦風・正義》曰：「鸞、和所在，經無正文。」《經解》註引《韓詩内傳》曰：「鸞在衡，和在軾。」又《大戴禮・保傅篇》説同。《詩・烈祖・箋》亦云：「鸞在衡。」二説不同。今以實物證之，則車與馬皆有鑾也。予所藏車鑾凡二種：一形大而下爲方銎，殆施於衡者，殆所謂鑾；一形小而下爲圓銎，殆所謂和，以施於軾者。至馬首之鑾，予亦藏二種：一加於顛，其形爲衡梁而中微穹，共長八寸弱，正可容馬首。兩端各一鑾，本按於衡，上曲而末下頫。衡上有二蟬文，其爲先秦馬鑾無疑。又一種鑾下有直柄，長五寸三分，柄中有圓環一，其側有半環二，蓋以施於革上。以形制考之，殆當馬之兩頰，各安一枚。前人謂鑣爲馬銜，銜上實無安鑾之處，其必施銜之兩旁無疑。惟人君四馬八鑾，則每馬二鑾。知此二種，乃或施首或施於勒，非四鑾兼用之耶？

又

予别有一車鸞，甚大，爲鸞首形，頷下有穿，殆以繫鈴者。下爲方銎，其形制與他鸞全不類。司馬氏《輿服志》：「乘輿鸞雀立衡。」又崔豹《古今注》：「五輅衡上，金鸞、雀鸞口含鈴。」則予以爲鸞鳥形者，乃漢制，非復先秦之舊矣。

旂鑾

日本住友氏藏旂鸞，亦爲小衡兩端各一鳥首，首上各有一鑾。《詩》所謂「鑾旂旆旆」，其鸞如此。

金鋪

予藏金鋪一，狀如浮漚。裏面有陽文二字。予定爲門扉上之金鋪。濰縣陳氏藏有豐字者古器二。又諸城王氏亦藏一器，其文字皆在内，皆陽文，均即門鋪。雖大小畧殊，實非二物。陳王二家並不能定其名，名之蓋自予始。《説文》：「鋪，著門鋪首也。」

釘

《說文》：「釘，鍊鉼黃金也。」段先生曰：「今人用此，則古鐕字之義也。」「鐕」注：「可以綴箸物者。」予案：古釘物之釘，古但作「丁」。古文丁字作「▢」，象其冒，乃平視之形。篆文作「个」，象其冒與鋌，乃側視之形。予藏古丁五：其一冒作「⋀」狀，直逕一寸二分，鋌長七寸八分，末已折，皆以銅爲之。其二冒以銅，鋌以鐵，已折損。冒◠形，逕一寸三分，塗以金。鋌長三寸二分。其三冒、鋌均以銅。冒逕一寸六，塗以金。鋌甚細，長一寸八分，其鋌之逕僅一分强。其(三四)(四五)冒，銅鋌鐵。冒甚大，逕皆二寸九分。鋌已全折，不可計矣。

杖首

古杖首或以銅，或以玉。予藏銅杖首四，一爲鳩，二爲雙鳩，三爲雞首，四爲球狀。又一有文字者，雙羊首，驗其文字，乃漢物也。又藏玉鳩杖首二，驗之以手，正合把握，知古人之杖，與今西人所用長短畧同。蓋以手扶鳩，若圖畫中多作長杖過手，則爲後世之制矣。又考古文「考」字作「𦒳」，丁象杖，𠂇象手，知三代至炎漢，皆爲短杖。此可於文字及實物得考知之者也。

鍪

《說文》：「鍪，鍑屬也。」《急就篇》顔注：「鍪似釜而反脣。一曰鍪，小釜類，即今所謂鍋也。」予藏十六年鍪文曰：「鍪容五升，重三斤九兩。」其形制，圓底碩腹而細頸，反脣。一旁有環，一旁有方銎，可安木柄。高建初尺五寸四分，其頸圍尺一寸，其腹圍八寸八分，其上口直徑三寸八分。

承匜器

古盤、匜之傳世者，往往匜存而盤亡。予平生所見夆叔匜，則匜與盤之閒尚有一承匜之器，其銘文云「夆叔作季妃般盥。」匜與盤同，而匜與盤閒之一物則無文字。知爲夆叔匜、盤中閒之一器者，因匜旁有數犧形，此盤亦有之。犧非彫刻，乃以銅質別之。匜與承匜器，銅色畧淺，而犧形則深黑，疑以他異質之銅爲之而嵌入者。以匜加此器上，恰可容足。其制作極精。此匜後歸延鴻閣，今歸廬江劉氏，而盤則在予家。匜下有承匜器，前人所未知也。

莽承水盤

《夢溪筆談》載「於關中得一銅匜，其臂有刻文二十字，曰：『律人衡蘭注水匜，容一升。始建國元年二月癸卯造。』皆小篆」云云。予藏新莽承水槃，底小口侈而反脣，口逕八寸四分，底徑五寸一分强。底有銘五行，文曰「律石衡蘭承水槃，容六升。始建國元年正月朔日制」，共二十二字。蓋彼爲注水匜，而此爲承水槃。匜容一升，而槃容六升。惟彼銘曰「律人」，此作「律石」；彼云「二月癸卯」，而此稱「正月癸酉」。傳世莽器，均署「正月癸酉朔日制」，《夢溪筆談》殆誤記，或傳刻之譌，爰據予盤文訂正之。此盤殆以承匜，下更有洗，與夆姑匜同。

鐎斗

《説文》：「鐎，鐎斗也。」《史記・李廣傳》注：「孟康曰：『以銅作鐎器，受一斗。晝炊飲食，夜擊持行，名曰刁斗。』」《廣韻》：「温器，三足而有柄。」今以傳世者考之，與《廣韻》説合。蓋有柄以便執持，三足以便炊爨，狀與熨斗畧同。但鐎斗有足，熨斗無足，前人多誤渾無足之熨斗爲鐎斗，附正于此。

桮

《説文》：「桮，䀀也。」䀀，小桮也。諸書並不言其狀。《匋齋吉金録》著録染桮，其形橢圓，兩旁有羨出之耳。中州古冢中所出甚多，或以銅，或以陶，多無文字。予藏一陶者，有「大吉」字，知爲漢物。以染桮考之，知中州所出均爲桮也。又《説文》：「閜，大桮也。」大桮亦爲閜。《藝文類聚》引李尤《杯銘》：「小之爲杯，大之爲閜。」傳世古物中，有橢圓而旁有環耳之物，俗名曰舟者，不能知爲何物。《周禮》注：「舟爲尊下臺。」若今承槃，不能爲橢圓形，意或爲䀀與？閜與？書此待攷。

鑑

《説文》：「鑑，大盆也。」段注引「凌人春始治鑑」注，謂「鑑似甀」，又引「醢人作醢」云「塗置甀中」，謂許、鄭説不同。案：許云「盆」與鄭注「盛冰之甀」非一物，蓋浴器也。字一作「濫」。《墨子・節葬篇》曰：「諸侯死者，多爲屋幕、鼎鼓、几梴、壺濫、戈劍、羽旄、齒革，寢而埋之。」鑑即濫。

《莊子·則陽篇》：「同濫而浴。」《釋文》：「濫，浴器也。」又作「甇」。《廣雅》：「甇，鑑也。」字亦作「甓」。《玉篇》：「甓，大盆也。」又作「監」。近山右出攻吴王監，其文曰：「攻吴王夫差，擇厥吉金，自作御監。」蓋以瓦爲之則曰甓，以金爲之則曰鑑，以貯水故曰濫，省之則曰監也。《周禮》「淩人春始治鑑」，《釋文》本又作「監」。《詩·柏舟》「我心匪監」，《釋文》本又作「鑒」。

攻吴王鑑載《山西通志》，侈而反脣，底較削，中可容人，爲浴器無疑。近新鄭所出古器中亦有一鑑，聞較吴鑑畧小，然則《墨子·節葬篇》之文，洵有徵矣。

胄

《説文》：「胄，兜鍪也。」兜鍪，首鎧也。《廣雅》作兜鞪，从敄，下革，殆古之兜鞪以革爲之，後以金，故从金。猶古之介用皮謂之甲，後用金謂之鎧歟？然《急就篇》鍪又作鉾，字亦从金旁。知胄之用金，在漢以前矣。予藏銅兜〔鍪〕一，純以銅爲之。顛有環紐，以便取携其下，殆漢、晉間物耶？

車輨

《考工記》載車制極詳，然多載輪輿之工，而金工不及焉。近中州出古車不少，金飾存而輪輿則已朽，頗欲據以考車上之金飾，以補《考工》所不及而尚未遑。車上金飾之可知，而見載籍者爲輨。《説文》：「輨，轂端沓也。」《方言》：「輨、軑，鍊鏅也。」《廣雅》：「鍊鏅，軑、輨也。」予平生見車輨甚多，而有文字者甚少。近歲得車輨一，文曰：「下宮。」高四寸三分，鋬徑二寸。其外爲八觚，有穿，以加鍵。始知八觚，蓋爲器飾。《廬人》鄭注言凡矜八觚，乃指矜下之銅飾言之。括而言之，曰凡矜八觚耳。

又一

予舊藏又有𡡾妊作安車輨，形制較小，於下宮輨外無八觚。殆安車小於常車，故輨亦小。諸家鐘鼎款識著録「𡡾妊」作「安壺」，蓋作僞者改車爲壺，非真品也。

金劑

《考工記》載「攻金之工六分其金而錫居一，謂之鐘鼎之齊；五分其金而錫居一，謂之斧斤之齊；四分其金而錫居一，謂之戈戟之齊；參分其金而錫居一，謂之大刃之齊；五分其金而錫居二，謂之削殺矢之齊；金錫半，謂之鑒燧之齊」。故先秦古器，摩之銅色皆黄；惟鏡則色白。其古器之爲赤色者，百不得一也。

鎮墓文

漢人冢墓中，往往有鎮墓文，或書鉛券上，或書陶器上。其書鉛券上者，予所藏有《劉伯平鎮墓殘卷》，上截已損寸許，表裏字各二行，存字可辨者録之如下：

上缺。乙亥朔廿二日丙申，執天帝下令移。前雒東鄉東邸里劉伯平薄命。缺。藥不能治，歲月重復，辶與魅鬼尸注皆歸墓父大山。君召缺。相念苦，勿相思。生屬長安，死屬大山。死生異處，不得相防。須河水清，大山缺。有天帝教如律令。

陶器上書文字，予所見所藏凡五品，其有年號者三：曰永建，曰永和，曰熹平。無年號者又二品，文多漫滅，録其可識者如下：

永建三年三月□□朔三日□□天帝絶死德□死□死之□人不得□爲□生□□□□人□□□□□□□□□□□土□子孫□□□□卒□□乃得復□□帝□絶□□注□□□□□尒□□□□□□死人精注主□□爲今死非□□即□復□持君□瓶別□□赫丘丞墓伯中□二千石各瓶別律令此器爲草書朱字，二十三行。

永和六年缺。墓缺。市缺。吉日缺。煞及缺。天帝下缺。此器朱書，文多不可辨，十二行。

熹平四年十二月甲酉朔三日丙申，天帝辶移封鎮□邑里死人正月□臺冢墓移丘承墓伯地下□□□□上墓下中央大□墓左□□□□丩蒿里父老令胥□臺家子孫永世無□□復有死者。上天倉倉，地下芒芒。死人歸陰，生人歸陽。□□□里，死人有鄉。生人屬西長安，死人屬東大山。樂無相□，□無相思。大山將閱人□□□□地下有適蜜人代行□惟千秋萬歲不得復□里人相□令胥氏家生人子孫，富貴豪彊，訾財千億，子孫番息，謹奉金銀□□以謝墓主封鎮到□□□胥氏家冢中三曾五祖、皇□父母離丘別墓，後葬之殃，勿令伐作，各安其所，曠户以閉。累君後世，令無死喪，他如天帝日止鎮律令。此器爲墨書隸字，二十四行。

大吉日直除天帝下□移別泐一行。弓主涼自薄命蚤□□有□自隨不得□□生人母弟□□□人□屬□□□人屬缺四五字。□官。生死異同，勿□相奸。天帝所窆別約咎□各如□別約律令。此器朱字行書，十五行。

南方赤□□屬徵□臧在心□□齒其□朱爵身有□攵處大阝有火□□爲熒星丙丁下入地中丹沙石政重□兩以填□主憂五□辟金兵立填以後宜蟲桑如律令此器墨書隸字，十七行。□母萬世无咎此行在器底。

雪堂所藏古器物圖說

往歲避地海東，既編所藏古吉金爲《夢郼草堂吉金圖》，復編他古器小品爲《雪堂所藏古器物圖》，付之影印。既竣工，適携家返國，寓居津沽。初擬圖後畧系以説，附印圖後。閲數年，於甲子夏始以一夕之力成之。嗣供職南齋，十月而值都門之變，未果付印。近數年來，人事旁午，益未遑及此。頃撿故紙，得舊稟，而《古器物圖》久成書，不及加入，乃别録付手民，俾得吾圖者有所參考焉。癸酉二月，羅振玉記於遼東寓居。

三代古匋器多出齊之臨菑，濰縣陳受卿先生介祺始發見，但瓦登爲多，次則陶量也。文字皆以模範若印鉨者印之。簠齋所藏千餘品，以時閲二千餘年，完者千百不得一二。予所藏量七、登二皆完好。亡友丹徒劉君鐵雲曾得古瓦登斷幹百二枚，顔所居爲「百二瓦登齋」，今予所藏足傲劉君矣。予又藏古水甕，足容水數石，上有印鉨，字迹已夷漫。當時出土凡二器：吴縣潘文勤公得其一，置北京江蘇會館。予所藏以辛亥國變，携至海東，捐贈日本京都大學。亦三代陶器中所僅見者也。曲阜郭外瓦登斷幹亦甚多，然均無文字。

旋蟲，以懸鐘者，其狀不見于《禮圖》。程易疇先生曾以意定其狀，並爲之説，載之《通藝録》，不知人間尚傳其物也。《攈古録》載其一，有文字，予所得狀與《攈古録》所載同，然《攈古録》不知爲旋蟲也。《考古圖》謂「鐘在簴，其狀傾斜」。考之傳世古鐘之紐，多在甬旁，旋蟲鉤其鼻，正作斜狀。

然亦有紐在上而無甬者，懸之則直。是古之鐘懸，有直與斜二者，非盡傾斜也。

鸞刀，《禮》注、《詩》傳皆謂刀之有鈴者，然其鈴不言在刀之何處。戊午冬得此刀于京師，則刀柄之首中空含丸，振之有聲，與車上之鸞正同。此刀以建初尺度之，長一尺二寸二分。予又得一刀，無鸞，其長正相等。可知古割牲之刃，長短固有定制矣。予又得古銅刀，狀與傳世之削同，而長至建初尺三尺一寸九分，乃伍伯所用以殺人者。《漢孝堂山畫像》有《大狩行罰》之圖，圖伍伯殺人而梟其首，伍伯所握刀與此正同。或爲戰陣所用者耶？

古銅匕，乃鼎中所用以匕肉者。古金文中䵼字作「䵼」，从爿、从肉、从刀。爿爲小俎，置鼎口上，以匕取肉，置俎上去其湆。此俎傳世甚少，日本某氏藏其一，予曾見其影印本。上有聯蟬紋至精，定爲鼎上所施，生平未見第二品也。此匕短小，以建初尺度之，長一尺一寸三分，疑是旅鼎所用。《匋齋吉金録》曾載古匕，而稱之曰「古銅勺」，不知其爲匕也。古短兵曰匕首，蓋謂其施刃處正如匕之首也。阮文達公《揅經室文集》載《匕首圖説》，其所載匕首形與此可參觀也。

古金二，其兩側均有刃，但其一面中間有脊，他面則平，二者相合正如短劍之半，長建初尺七寸七分。其二面各有一「同」字，其下齊平如截，予疑爲古質劑之劑。兩背面平處殆書文字于此，而中分之，驗其合否。劑字从刀，故此有刃。此器前人所未見，平生亦未見第二品，姑存臆説，以俟異日考焉。

斤類二品，狀如斤而微曲，圖示正面與側面。殆用以斲者。甲僅側面有花紋，乙則裏與側均有花紋。又斤一，表裏均有花紋。又斧類一，有鑿，以受柄，與常斧形頗異。

戈類一，無胡，中間脊甚高，不能定其名。又戈一，刃與援長幾相埒，兩旁有目，狀如雀形，亦與常戈不同，均戈製中罕見者。

岔矛一，三隅皆有刃，殆即前人所謂三鋒矛也。後世《禮圖》乃作一本而上出三鋒，得此足正其誤矣。

小鋸一，狀作獸形，一面有斜線隆起，無刃而有鋸齒，殆即古之鋸也。首有穿，以施柄，加釘。此物傳世頗不少，有大於此至倍者，前人不能知其名，予定爲鋸，或不誣耶？

釘一，鐵幹銅冒，冒塗黃金，殆車上所用。古文釘字作「●」，殆象其冒。釘既著物，僅見其冒。後作「丅」，則象其全體矣。三代器用鐵者莫先於此。又，予所藏割牲之刀，其柄外銅而内鐵，蓋古者以鐵爲賤金也。又，古矢皆以銅，其梃或以鐵爲之。

小鈴一，文曰「富貴宜子」，乃兩漢間物，圓形。小鈴傳世頗少，日本正倉院藏九子鈴，與此形狀正同，此殆亦九子鈴耶？

古釵二，一完一損，以銅爲之。予曾見女史李墨香拓本中有一釵，兩股上各有文字一行，但小不可辨，與此形狀甚同。釵有銀者，長短多不同，殆因時代而有殊也。

簪二，其一折首，他一損末，殆古人以施之冠者，均以銅爲之。得之中州，殆六朝時物。

漢尺一，粗率已甚。其半加寸度，他半則否。以建初尺度之，長短悉同。東友内藤博士藏一殘尺，與此長短同，殆亦漢物也。

予舊藏蜀漢章武弩機，飾以金銀，刻縷甚精，上刻尺度與建初尺長短正符，知蜀漢度制與東漢無二。湹陽端忠敏公以所藏吉金無蜀漢者，遂乞去，曾載之《匋齋吉金録》，而不言有尺度。補誌於此，以告世之考古權度量者。

師比一，長僅建初尺二寸許，上作三人鼓琴狀。古師比多作獸形，似此者罕見。

古瑗一，白玉。上爲穀文，好大于肉，乃瑗也。

小環一，黄赤色，殆系璧之類。

琱玉一，刻縷至精，疑亦系璧之屬。

璜二，灰白玉爲之。上有一穿，而兩末無之，不知所施。又一小璜，有三穿，則以施組佩者也。

古玉一，中空，有穿，不知其名。

古玉師比一，琱琢至精，三代物也。出洛陽。

古玉戚二，甲墨色，乙赤色，乃舞者所用。《禮》所謂「朱干玉戚而舞《大武》」是也。又一品，狀畧異，殆亦舞器。

玉勾兵一，刃已損少半，狀如戈，而無胡。予嘗考商、周戈製不同。商戈無胡，周始有之，則此爲商之戈也。殆亦舞者所用，爲從前考古家所未見。又，古舞器傳世者少，往歲山東曾出銅面具一，作獸首形，塗金，甚精。聞爲美國人購去，附識于此，以諗考古之士。予近得一銅面具，但可十餘齡童子用之，知古樂舞多用童子矣。

玉刀一，刃其薄，然有援，有穿，不似勾兵。

古玉器一，上半作鳥形，下半圖而鋭末。刻鏤至精，不能定其名。

古蟬二，製作極古，無穿，不可以佩，非冠蟬，殆古含玉也。

玉鳩杖首二，甲青墨玉，琱鏤至精。乙黄墨玉，製尤古。前者殆兩漢物，後者先秦物歟？

剛卯二，其一文曰：「疾日剛卯，帝令夔龍，令上令下，其鬼自□，帝令祝融，□□夔龍，□使剛□，莫我敢當。」他一文曰：「疾日岡卯，帝令□□，赤青白黄，□□□□，令上令下，其鬼□威，□□□□，莫我敢當。」

玉簪一，四側皆有琱瑑，玉質亦良，三代物也。又，古器物柄，白玉爲之，亦三代物。

石磬一，下鼓已折，但存上股。文曰：「四時嘉至磬南吕午堵左桎。」出關中，西漢物也。以四時嘉至鐘例之，下鼓當有年月，惜斷損，不可知矣。

古禮器範一，以土爲之。文曰：「[illegible]作父乙寶尊彝。」考其狀，乃卣蓋也。三代禮器範從來無傳世者，平生所見，僅此一品。

古機輪土範一，有文字曰「東二」，以書勢考之，乃西漢物。此範以製機輪，足徵古器物已有施齒輪者。疑古木牛流馬之能自動，殆亦假齒輪之力。前人據《三國志》注所載木牛流馬式仿製，皆不能行動，殆未知齒輪之法歟？

弩機銅範一，狀與傳世兩漢泉範畧同，殆漢物也。予往作《古器物範圖録》，惜未及見此，爰附於此。

遠東太守印範，湅土爲之。蓋由此製陽文之範，然後再由陽文者製陰文印。前人誤以古泥封爲印範，此則真印範矣。

鉛戈一，已損，疑是古明器。

明器獸圈，陶製，上施緑釉，殆兩漢物。中有二羊，一人守之，以足踏弩，即古所謂蹶張防野獸也。蹶張之狀，得於此見之。

小屋一，以土爲之。三面有文字，曰「訒玄」，曰「田玄」，曰「文明元年六月十九日」。乃古冢中物。明器中小屋無小于此者，其著年號亦從來所未見也。

寓錢四品，「大泉五十」三，「五銖」一，均以土爲之。「大泉五十」鮑子年太守藏一品，前人不知所用。「五銖」則近年出中州。予謂均古之瘞錢也。瘞錢在西漢以前皆用真錢，觀此知新莽以後始以土爲之，厥後乃有紙錢。於此可考古代風俗之變遷，亦前人所不及知者。

瘞玉一，文曰「大齊天保三年平舒鄉上官長孫氏卅九娘千秋⿱穴尸永登九天界」。凡二十五言，四角有穿，疑施之衣物上者。「⿱穴尸」字不可識，然从穴下尸，[古尸、屍通，尸即屍也。]義殆與墓同，厥誼可得而識也。玉背刻一鶴，口有所銜，不知爲何物。

陶印二，以文字考之，甲三代物，乙秦、漢間物，殆以印陶器者。

小佛像十有三，以燒料爲之，映日透明，當是六朝物。古佛像範金鑴珉陶土者多，其以燒料製而小不逾寸者，僅見此耳。

古經帙，吾友内藤博士所贈，以竹絲爲之，以錦爲緣，背以麻紙，乃千年前物。予嘗見法國伯希和博士所得莫高窟唐代古經帙，與此正同。帙高一尺二寸九分，廣一尺五寸，此乃影時縮小者。又銅蝶一，乃飾古帙之四角，亦千年前物也。

湯若望日晷，以雲南翠石製之，爲黃梨洲先生所藏，後歸全謝山先生。謝山有長歌記其事。湯若望所製日晷尚有小于此者，予有拓本，曾印入《金泥石屑》中，其器今不知所在矣。

古器物范圖録附説

附古器物范圖録序

古器物笵圖録附説

古兵笵二種。弩機笵乃別下齋所藏，今不知存否，拓本亦稀如星鳳。矢族笵以沙爲之，前人所未見。二笵俱全，尤爲可珍。今在予齋。三代古物笵，皆以銅爲笵母，皆凸起，復涑沙以銅笵印之，遂成凹文之笵，又由笵以鑄物。其涑土之法至精，内含粗沙，而和以至細之土，故面至光潔。此矢族笵及齊刀沙笵均然。知今日歐人人造石之法，古已有之矣。

銅斧笵。亦予齋所藏，亦笵母也。此與弩機笵皆甚粗率，殆製成陰文，涑土笵時或仍須加以修飾，而後乃以鑄物與？

予之知有鏡笵，自上海趙氏尚方鏡笵始，然拓本卒不可得。録中鏡笵七，前二品乃六舟手拓，出土當與尚方鏡笵同時，中三笵陳壽卿太史藏，後二品則福山王文敏公舊藏，予得之。不知此諸笵外，人間尚有它種否。

師比笵。亦涑土爲之，質與矢族及齊刀笵同，殆列國時物。若西漢五銖泉諸塼笵母，則質與今日之塼相似，而與此諸笵異矣。

瓦當笵三。其一簠齋所藏，其二高氏辨蟫居所藏，其三不知誰氏所藏也。近中州出瓦當不少，而笵則未有新出土者。

元犂笵。宗室伯羲祭酒意園藏，今歸予齋。乃犂制之尤小者，此縮小入録。

古化幣笵四種。第一、二銅爲之，第三以鐵，四以石膏，皆近三十年間出土者，前人所不及見也。以鐵及石膏爲笵，此爲最先。石膏笵前人皆以爲石，其辨爲石膏自予始。

齊刀笵二品，本嘉簃中物，《古泉匯》已著録，後歸簠齋。其沙笵面背三品，則光緒戊子山左出土，其完者數十品，皆歸滂喜齋，斷缺者歸天壤閣。王氏所蓄，今在予家。潘氏所藏，運歸吴中後，恐碎缺不復完矣。

寶六貨石膏笵，不知誰所藏。寶六、寶四銅殘笵則簠齋中物，《古泉匯》已著録，乃笵母也。

半兩銅笵母，濰縣陳氏藏，《古泉匯》已著録。石膏半半兩兩及傳形半兩大笵，則予齋所藏，前人未見之奇品也。此笵辛亥之變携之行篋，今折爲三，此乃初購得時手拓本也。石膏小半兩笵，高氏辨蟫居所藏。

重文半兩石膏笵，乙卯游洛中時得之，亦海内藏泉家所未見也。

五銖甎笵母。有年號者十種，即鮑氏所記關中出土者也。此十品中僅本始四年、神爵二年兩種載入《古泉匯》，餘皆未著録。

五銖銅笵母。第一品簠齋所藏，已載入《古泉匯》。第二品笵背有卌字者有幕笵，則張氏清儀閣物也。泉笵面幕具者至少，《古泉匯》載大泉五十銅笵，與此笵二而已。

建武銅五銖笵母二。背皆有「建武十七年三月丙申」款，其書「十七」二字作「十十」，前一品兩字之直畫已模黏，然尚可辨。《古泉匯》謂前一品爲二年，後一品爲二十，誤也。「七」字古文作「十」，予已于《殷虚書契考釋》言之，不更詳。建武十七年三月正是丙申朔，與笵背所記正合。若二年三月是癸亥朔，二十年三月是己酉朔，均與笵背不合也。

小五銖塼范母，亦出關中。前人謂此爲沈郎泉，以爲晉代物，殊無據。故以附兩京五銖笵後。

新莽弟布、幺布石膏笵，不知誰氏所藏。新莽十布笵大布最多，他布甚少。惟簠齋藏中布塼笵，合以此笵，十布中有笵者僅四品爾。

契刀塼笵及貨布銅笵，均笵母也。《古泉匯》皆著録。大布銅笵母三，其末一品簠齋所藏。前二品不知誰氏藏，則均未著録。

小泉直一銅笵母，簠齋藏。此泉三十銅笵，利津李氏藏，今歸予齋。前人謂王莽爲泉絶，此又莽泉笵中尤精者，不僅以世無第二品爲足珍也。

大泉五十鐵笵一，銅笵母四，《泉匯》著其三。布泉銅笵母三，《泉匯》著其一。録中第一品。笵背母一，《古泉匯》誤作母二。凡《泉匯》中已著録之品，此録更著之者，皆至精之品及《泉匯》橅刻有失誤者也。

貨泉銅笵母，傳世最夥，選存簠齋所藏尤精者大小各一品。

吴大泉當千銅笵母，在海東得之。吴泉笵無傳世者，此雖殘缺，仍不能損其珍奇也。

宋孝建泉石膏笵，不知誰氏藏。南朝泉笵至罕見，此亦異品也。

齊常平五銖銅笵母，《泉匯》著録二品。此選印其一，其精可匹莽泉。

古器物范圖録序

古陶冶之製器也，必先湅土鎔金以爲之笵，器成而笵斯毁矣。故不獲留存於後世，世之考古家亦遂無著録之者。自秀水朱氏始得莽泉笵，爲之《跋尾》。嘉定錢氏、海鹽張氏又傳其墨本於《十六長樂堂古器款識》及《金石契》中，世之爲泉幣之學者，遂莫不知有古泉笵，而他器物笵尚無聞焉。

至嘉道間，嘉興張叔未解元始見衛字瓦笵於趙謙士太常，見尚方鏡笵於宋芝山學博，見弩笵於蔣生沐孝廉，於是古泉笵外，他器物笵之傳世者凡三品。予往求三笵墨本於人間，但得弩笵一，他二器不可得也。然平生購求海内諸家藏器拓本，合前後所得不下數百册，其中古鏡、古瓦笵頗有出張氏所見外者。

光緒丁未在京師，偶游廠肆，見有售銅斧笵者，遽懷之歸，私喜傳世古器物笵遂得增其一也。已，又得福山王文敏公舊藏日光鏡笵二。閲二年，於齊、魯間得矢鏃沙笵，得師比沙笵。國變以後，又得盛伯熙祭酒所藏之元代銅犂笵。蓋自是予所藏古器物笵，殆倍於海内諸家之所蓄矣。顧以流離轉徙之餘，未獲從容拓墨，以詒同好，故予齋所藏予知之，世莫得而知也。以視乾嘉士夫，一器一物之出，拓本千百，又爲文詠以表章之，數十百年間器或已佚，而名得長存也。其幸、不幸爲何如哉！

然以前人拓墨之勤，予求衛瓦笵及尚方鏡笵，猶且三十年不可得，則予之所藏，其泯没不必待至數十年後，又可知也。念之滋懼，用是亟施氊墨，又會冣諸家所藏予有墨本者，釐爲三卷，名之曰《古器物笵圖録》，以廣其傳。諸笵之中，泉笵尤多，而古化幣笵譜録所載，不及今所見之什一，則悉著之，漢以後選精異者而已。至前人所傳書笵，乃刊書之模式，初非爲鎔鑄之用，亦舍之。當世君子有見我之所不見者，爲我賡續焉。此則予之志也。丙辰三月上巳後二日，上虞羅振玉書於海東寓次之後四源堂。

金泥石屑附説

附金泥石屑序

金泥石屑附説

印子金。出安徽壽州八公山。宋沈存中記之《夢溪筆談》，所謂俗稱淮南王藥金者是也。今審其文字，乃列國時物。其傳世者多爲壽州孫氏、合肥龔氏所得，而拓片罕流傳。兹之所箸，前一紙得之金陵友人，後二紙則滂喜齋物也。

古矢族。皆無文字。此八族予以光緒戊申得之山左估人，云出近畿。予嘗欲據傳世古矢族作《釋族篇》以證《考工記》，顧以無文字，不能斷定時代。今得此八族，於考古所關至巨，寧獨以前賢未見爲可喜耶？

師比。傳世者多漢以後物。其有漢年號者已可珍，若列國物，則此外不更見也。

鷹符。爲亡友丹徒劉君鐵雲舊藏，後歸吴中蔣伯斧諮議。其制面爲鷹形而背有牝牡笱，知爲符類。往作《符牌考》，以鷹符於古無徵，其文字亦不盡可識，因舍之。今乃箸之是編，以資考古者論定焉。

古銅鍵。不知何所施，疑爲車飾。嘗見古銅鍵有文字者，吴恒軒中丞題爲「龍節」，以鍵端有獸首形也。中丞博識，尚有此失，足徵考古之難。

古銅刀。光緒戊子歲洞庭漁人向得之湖水中，爲吴中唐氏購取。此本得之吴縣潘氏，署爲「古銅削」。予謂此刀也。漢人《孝堂山畫家石刻》，圖狩獵狀，中有伍伯二人各持刀，旁梟兩人頭。所圖之刀正如此狀。古削之制，狀亦如刀，而大小則殊矣。《復齋款識》載「漢刀一」，又陳氏簠齋亦蓄一漢刀，徒見其文字，而未拓其形，意必與此同也。

古銅器三。其一潘氏滂喜齋藏，它二在予家，均不知爲何物。覩其文字，均列國時物也。

銅鋪首。乃古人施之門上者，漢人畫象石刻，門扉上多施鋪首，作獸首銜環之狀。此如浮漚形，裏面有文字，兩旁各有二穿，乃於此加釘著扉上者，殆以此浮漚承獸首所銜之環。今人家門扉上尚以浮漚形之物承門環，知猶是古之遺式矣。

錞于。多無文字，此三器前二者爲潘文勤公所藏，其一器「十六」二字在器底，又一器「十八」二字在腹内，其後一器拓本得之秀水王惕安大令祖錫，惕安題爲姚氏藏，不知姚氏爲何人也。

漢銅器。面、背隱起如粟，中有雙魚形。面、背各二字，曰「宜月」、曰「巨久」，不知其何義，亦不能名其器也。前人箸之《古泉譜録》，多珠狀，均無文字。

房桃枝買地鉛券。歲甲寅得之洛下。自黄縣丁氏得孫成地券後，贋作屢見，其文皆轉向因襲，但改人名及年月。所記日朔往往舛誤，其僞託一見可别。其確然可決其非僞者，此券與丁氏藏券而已。

吉語小牌。下截已斷，不知何用。壽卿太史手題云「得之山左」。

鉛人。乃古明器之一。即顔黄門《家訓·終制篇》所謂「錫人」也。又《終制篇》所謂「玉㲉」者，往於都市恒見之，其材用白色似玉之石，長四五寸至五六寸不等，驟觀如巨蠶，詳審則豕首，四蹄皆可辨。肆估不知爲何物，僅知出中州墟墓中而已。曩以易得未嘗搆致，今蟄居海外，致之又匪易矣。

斜道銅量。前人皆未著録。國變後得之南中。聞是常熟翁相國舊藏。

銅鼓。多無文字。吾鄉姚氏咫進齋所藏建武銅鼓，後歸端忠敏公寶華庵者，其文字乃後人增刻。惟揚州李氏藏晉銅鼓有義熙年月，楷書陰刻，決爲真物，予求其拓本不可得也。此鼓爲太倉錢氏所藏，雖時代稍晚，然亦罕覯矣。

銅犂。是王文敏公故物，今在予齋。書勢古拙，爲漢、魏間物。數年以來，見元犂二，其在先者但有此器耳。限於紙幅，故縮小入録。

開元投龍銅簡。舊藏長沙唐氏，此本乃太倉陸星農所藏，後以贈儀徵汪研山，研山據以箸之《十二硯齋金石過眼録》者，即此本也。予生平未見第二本，殆亦久佚矣。

大中銅磬。初在天台國清寺，不知何時流出，今已久佚。二十年前曾見一本，爲亡友費屺懷太史爭購以去。此本去歲得之南中某故家，乃寒木冬華館故物。徐紫珊手題其後，知在道、咸間固已難得，非今日始然也。

銅鐘。面、背滿刻經文，而無年月，字跡與大中磬同。疑與銅磬一人所作，殆亦布施國清寺者。或有年月在隱處，拓者失之也。此爲百餘年前舊拓，世人無知者。意此鐘之佚，或更在磬以前歟？

吴越投龍銀簡。出世未久即燬。復本不止一二，而原本日稀。此本後有翁海琛題記，乃翁氏當日手拓之一。

吴越金塗塔。多後世仿造，真者日稀。然人間流傳者，但是塔坐之一截，其具上頂下盤者甚少。惟日本京都金胎寺所藏，則不但頂盤悉具，而中間安舍利之具亦完全無缺。此塔曾陳於京都博物館，惜不得手拓其文字也。

顯德塔坐。題字曾載《金石契》中。舊在吾越蕭山祇園寺，今不知尚存否。此《張玉林造塔記》，先於祇園寺塔一年，文亦正同。彼塔文字有漫不可識者，可依此補之。不知何人所藏，意亦吾越古刹中物也。《攈古録》著録作□玉林，此本則「張」字尚可辨。

潭州銀。同治時臨湘出土，得二十餘鋌。鄉人以納税時，邑宰吴縣潘君易而藏之。宋銀鋌之傳世者罕見，宋人法帖所謂銀錠紋，厥狀與此正同。《莫子偲先生文集》記同治元年休寧出一定，文曰「達州解發奉進大禮銀」，其物不知今存否，拓本亦不獲一見也。

景定鐘。不知何人所藏，此拓本得之《積古齋金文集册》中，百年前拓墨也。

永寧郡王刀。吾鄉王惕安大令所藏。長今尺尺有七寸，廣一寸。銅柄飾以龍鳳，背爲龍脊形。題字七，在刃左。王君名祖錫，秀水人，僑居吴中。頗儲蓄古器物及古書畫，傾産以求之，家以中落。十年前，宰閩之將樂，未久歿於官。其遺物已星散，此刀不知何所歸矣。

千佛銅牌。多無文字，此有皇統紀年及李稀造題字一行，用活字排集成之，乃活版傳世之最先者。古活字予曾得一枚，以石膏爲之，薄分許，上有紐，可貫穿，疑是北宋物。沈存中記畢昇作活字，王禎又記之《農書》中，述其法益詳。然皆不言有紐以聯貫之。又言用泥爲字，泥不任印刷，今乃知爲石膏，誤以爲泥也。附識於此，以告世之考刊版原始者。

江蘇淮安府學元鑄祭器。予曩已箸之《淮陰金石僅存録》，二十餘年前曾手拓之。後數年祭器庫災，悉毁於火。此釧一、犧尊一、爵一，當年手拓之僅存行篋中者，空器尚十餘紙，今並墨本失之矣。

元刻漏銘。舊在奉化，燬於洪楊之刼。此六舟手拓本，往在都中得之。亟印入，以存吾鄉古刻之一。

鐵獅。題字舊在彰德安陽，今已佚。此爲韓氏泰華藏本，殆亦僅存之孤拓矣。

銅香盒蓋。其裏面滿刻經咒。歲甲寅得之。審其字跡殆宋、元間物。

上虞銅漏銘。亦燬於赭寇之亂，此本乃蕭山魯卓叟觀察贈予者。卓叟名燮光，治金石之學。三十年前與予相見於郡城，辛亥春在京師尚得其手書，年已九十餘，今不知尚健在否。回顧宗邦，不勝朋舊之感。

明沈清鐵券。金書，券形如瓦，蓋仿唐季賜錢武肅王券式爲之。爲伯羲祭酒盛昱意園舊藏。壬子春得之，文字既是填金爲之，不可拓墨，爰影照入録。文二十二行，行十一字，連抬頭十三字。半已鏽蝕，詳審初可讀，録之如左：

維正統七年歲次壬戌四月辛卯朔越二十二日壬子，皇帝制曰：「大臣於國家秉忠誠，效勞力，致勳績殊茂者，必錫之爵位，此帝王報功之典也。爾後軍都督府左都督沈清，稟英毅之資，負果敢之志，事朕皇曾祖於丬邸，小心恭慎。當肅清内難之時，□征□殘虜之□，奮身賈勇，□至□功。迨事皇祖皇考，益殫忠藎。朕嗣承天位，比者營造□□，命爾□□，夙夜盡瘁，厥績惟嘉。眷爾勳庸，賞延厥位，特授奉天翊衛宣力武臣、特進、榮禄大夫、柱國，封脩武伯，食禄壹仟壹百石，子孫世襲，仍其爵誓。除謀逆不宥外，其餘雜犯死罪，免爾一死、子孫一死。於戲！崇爵厚禄，既酬爾勞，樹德懋功，益勵□□，用光朕命，爾欽哉！」以上二十二行在正面。

若犯死罪，初犯將所食禄米十分中減五分，再犯，全不支給。以上二行在券背。

明御馬監銅磬。據張叔未藏本入録，原器不知其存佚也。

古番文劍。兩面各有字二行，其書體略似《唐闕特勤碑》陰。以劍制觀之，則漢、魏以前物也。予藏古金中此爲最。

古塼十有二。其十爲潘文勤公所藏，它二不知誰氏物也。

霸陵過氏瓴。出關中，吳窓齋中丞所藏，中丞有手題。據此器以訂《漢書》注之誤，甚精確。附録於左：

《漢書·高祖本紀》曰：「譬猶居高屋建瓴水」，如淳曰：「瓴，盛水瓶也。居高屋之上而幡瓴水，言其向〔下〕之勢易也。」《説文·瓦部》：「瓴，甕也。似瓶者。」今觀是器，下寬上殺，中空無底，其制似瓶，爲屋上所建之瓴，所以承簷水之下注者。非盛水之器可知。得此可證《漢書》注之誤。

又得一大者，長與漢瓦等，出未央宫故址，無字。土人謂之瓦筒，疑亦瓴也。宫殿所用與民間製作不同。

瓦當。皆文字在當，無在瓦筒者。此「大乙」二字乃在筒上，其當則有花紋，無文字，乃瓦當中所僅見。此本爲六舟手拓，意此瓦今亦不存矣。

古撲滿二。其一文曰：「大富貴，宜侯王。」乃陳受卿太史藏。又一文曰：「日利。」則予所藏，今歸日本大西見山氏。其制與今同，惟納泉之口在頂上，今則在旁爲異耳。

古陶器。數年前吾邑修治鐵道，得之龍山之麓。上爲屋宇、百戲作樂之狀，旁列小碑，左右各一，其文相同，蓋冢中物也。同時有吴「大泉當千」錢及古鏡等與此器在一壙中，故知爲吴物。諸泉中有文曰「大泉五千」者，爲譜録所未見，爲金山程雲程大令所得。吴泉蓋仿莽制，分三等：大泉五百當莽之契刀，五千則當莽之金錯刀，當千則當莽之大布也。大令名文龍，有泉癖，藏泉幣頗富。得此泉後遂自號曰「吴泉」。此器初歸廬江劉惠之部郎體智，予以爲邑中古物，請以它物相博易，劉君慨然許諾，其誼可感也。兩碑上文字乃以雕字印於泥上更加以釉，不可模拓，因影照入録，釋其文如左：

出始寧用此喪葬

會稽宜子孫作吏高

遷衆無極

唐至相寺比丘法津造八萬四千塔磚象。不知誰氏所藏。唐初多造磚象，若《善業涯》、若《蘇常侍造印度象》，皆屢見，而此象爲罕觀。

吴越投龍玉簡。與銀簡先後出太湖中。銀簡久傳於藝林，此簡則僅《鐵橋金石跋尾》中一見其名。其墨本則鐵橋亦未見也。光緒乙巳，予忽覯之吴市，亟以兼金易歸，遂以「玉簡」榜吾齋，於是漸傳於人間矣。

泥塔。不知誰氏藏，亦無年月。驗其書跡，當出李唐以降，趙宋以前。

建文瓷筆格。前人已著録，以墨本難得，再著之。

湯若望手製日晷二。其小者不知誰氏所藏，其大者初藏黄梨洲先生家，後歸全謝山先生，先生有長歌記其事。吴中顧子山觀察文彬官寧紹台道時得之甬上，予又得之顧氏，此器垂三百年皆爲吾鄉人所藏，亦一奇矣。

石鼓文。傳世墨本以天一閣本爲最古，復本則以甲秀堂及顧氏硯本爲善，而顧硯本尤精。此硯由歙曹氏歸吾鄉朱氏，今已久佚。墨本至難得，求之三十年乃得之，亟印行以公同好。

金泥石屑序

金石文字之著録，以三代禮器及寰宇石刻爲大端。至其支流若古圭璧、若璽印、若泉布，其在先世，亦莫不有專書以記述之。至我朝而金石之學益昌，乃推衍而志於專、甓、瓦當、封泥、權衡度量之類，亦各爲專書，以補前人之闕，意亦美矣備矣。而私衷猶以爲未盡。居恒欲取海内貞石墨本，依文體類次之，其大要若頌、若序、若記、若神道碑、若墓表、若墓志、若造象記、若刻經記、若題名、若詩詞，分類以輯述之，羅列衆本，精意校録，名之曰《寰宇石刻文編》。其於古禮器及庶物名識，欲斷代爲書，若殷、若秦、若兩漢、若新莽、若三國，至於六朝，各爲一集，名之曰《集古遺文》。又將爲依物分類之書，若貞卜文字，若古匋文，若古兵，若符牌，若古器物笵，若鈔幣，若笵金釋老氏象，若古明器，若泉布、專甓、瓦當、璽印、封泥、鏡鑑之晚出者，各以類别，總名之曰《集古圖録》。其不能賅於斷代、分類二録中之小品，則倣前人《金石録》諸書之例，别爲二編，以會最之。

懷此者二十年矣，頻歲以來，索居海外，頗事造述，於石刻文字成《昭陵碑録》、《三原三氏碑録》及《芒洛冢墓遺文》、《龍泓諸祠造象題名》，於斷代之書成《殷文存》及《秦金石刻辭》，於信物分類之書，其成者曰《殷虚書契》，曰《齊魯封泥集存》，曰《歷代符牌録》，曰《四朝鈔幣圖録》，曰《古器物范圖録》。其它則編弟未竟，限於資力，不能旦夕就也。

兹春晝漸長，爰取斷代、分類二録所不能賅之古器物小品，遴選藏本之什一，始於有周而終於近代，其物皆世所罕覯，或已亡佚，其打本亦皆一時所難致者，編爲《金泥石屑》二卷。顧一人之所得有限，而古物之出世不窮，期以它年，更爲續集，購求纂輯之勞，所不辭也。丙辰三月，永豐鄉人羅振玉書於海東僑舍吉金貞石之居。

蒿里遺珍考釋

漢建初玉買地券

建初六年十一月十六日乙／酉，武孟子易靡嬰買／馬起宴朱大弟少卿冢／田，南廣九十四步，西長六／十八步，北廣六十五〔步〕，東／長七十九步，爲田廿三畝／奇百六十四步，直錢十苗／二千。東陳田比分，北西南／朱少比分。時知券約趙／滿、何非，沽酒各二千。

右買地玉券，浭陽端忠敏公方所藏。表裏刻字各五行，每字大不逾三分，而寬博縱逸，儼有尋丈之勢。忠敏及楊星吾大令守敬均有考釋，載《匋齋藏石記》。文中第三行第二字不可釋，楊君釋「熙」，予以爲未安也。第八行第五字忠敏釋「四」，亦誤。「東陳田比分」，謂東與陳氏田接壤也。第七行「直錢十萬」之「萬」字省下半，乃刻字時限於地位，故刻上半而止。古印中嘗有之。忠敏乃舉《周康鼎》爲證，求之過深，轉失之矣。文末「沽酒各二子」之「子」字，忠敏釋「千」字，形雖當而義未安。蓋古人無以價紀物之數量者，殆是許洨長所謂諸生説字以人持十爲斗之「斗」字也。《流沙墜簡》二有買布袍券。末云「沽口二升」，正是「斗」字之證。又此券第八行「二千」之「千」，其作法與此異，可知其非一字。此券文字刻畫微淺，而持以斜向日光觀之，則字字可辨。惟拓墨頗不易。忠敏矜惜，不輕傳拓。曾以薄楮選高手盡其技拓一紙見贈，前半可識，後五行略見點畫而已。此本得之山左，乃初出土時所拓，字字可見，與在日光中視玉無殊。齊、魯固多善於拓墨者，然精妙至此，恐並世無第二手。予之珍視此墨本，殆與忠敏之寶此券等矣。

漢孫成鉛買地券

建寧四年九月戊午朔廿八日乙酉，左駿廄官大奴孫成從雒陽男子張伯始賣所名有廣德亭部羅佰田一町，賈錢萬五千錢，即日畢。田東比張長卿，南比許仲異，西盡大道，北比張伯始。根生土著毛物皆屬孫成，田中若有尸死，男即當爲奴，女即當爲婢，皆當爲孫成趍走給使。田東西南北以大石爲界。時旁人樊永、張義、孫龍，異姓樊元祖皆知張約，沽泊各半。

右券刻鉛版上，長建初尺一尺七寸，廣一寸三分强，字三行。山東黄縣丁氏藏。字小而精，與建初玉券可稱雙絶。左駿廄見司馬彪《續漢志》，屬太僕，舊有六廄，中興省略，但置一廄。後置左駿令、廄，別主乘輿御馬，後或并省。今此券作於建寧四年，尚有左駿廄之名，是靈帝時此廄尚存也。券末旁人樊永等，旁人猶建初券之知券約，蓋即今之所謂中人也。自此券出後，仿此贋作者凡數見，皆襲此文爲之。但易年月與人名，然一見可別，固不足以亂真也。

吴浩宗買地券

黄武四年十一月癸卯朔廿八日庚午，九江男子浩宗以缺一二字不明。/月客死豫章，從東王公、西王母買南昌東郭一丘□□/□□五千。東邸甲乙，西邸庚辛，南邸丙丁，北邸壬癸，以日/月副。時任知卷者，雒陽金□子鵠與魚鵠□/□□入淵郭師吴此間約缺五六字。爲明如律令。

右券刻塼上，金石家多未見，惟《攈古録》載之，云望江倪氏藏。拓本平生僅見此一紙，想佚已久矣。塼首一字已漫滅，才存末兩點，似「黄」字之脚。《攈古録》謂是黄武，殆從塼上見之。今以十一月癸卯朔依長術推之，則黄武四年十一月朔正是癸卯，足證《攈古》作「黄」之不妄也。文中多通假字，「東抵甲乙」之「抵」作「邸」。《文選・風賦》「邸華葉而振氣」。注「邸」與「抵」古字通。「知券者」之「券」作「卷」。《莊子・庚桑楚・釋文》「券」本作「卷」。均爲古字通用之證。至第(三)(四)行之「鶮」即古「鶴」字。《史記・秦始皇本紀》「卒屯留蒲鶮反」，《索隱》：「鶮，古鶴字。」《集韻》十九鐸，「鶴」或作「鶮」、「鶡」、「鵠」，均其佐證。其字乃從鳥，嚣省聲。《史記正義》云「音高」，誤矣。至地券之制，前籍未詳，以傳世諸刻考之，殆有二種。一爲買之於人，如建初、建寧二券是也。一爲買之於鬼神，則術家假託之詞。如此券及晉楊紹、南漢馬氏二十四娘、宋朱近等券是也。此券言從東王公、西王母買地，而楊紹莂則從土公，馬氏券從地主五夷王。至所書四至，馬氏券作東至甲乙騏驎，南至丙丁鳳凰，西至庚辛章光，北至壬癸玉堂。朱近券東至青龍，西至白虎，南至朱雀，北至玄武，與此略同。至買地證人，楊紹券作日月爲證，四時爲任。此券云以日月副時任，雖文語艱澀，而與楊紹券意殆不異。馬氏券有知見神仙李定度，證見神仙白鶴仙。書券積是東海鯉魚，鶴飛上青天，魚入深淵。朱近券保人張陸、李定度，知見人東王公、西王母，書契人石功曹，讀契人金主簿，書契人飛上天，讀契人入黃泉。《唐戴芳墓誌》亦有「是誰書，雙鯉魚。是誰讀，雙白鶴。鯉魚入深泉，白鶴飛上天」語。此券稱知券者雒陽金□子，金下一字不可識，當亦爲神仙之名。此下鶴與魚鶴□□□入淵云云，殆亦與馬、朱兩券及《戴芳墓誌》同意。至文末之如律令，則楊紹莂馬、朱諸券莫不然。此雖荒誕無稽之俗，然由吳、晉訖於唐、宋相沿不改，亦可異也。予所藏地券之最近者，爲明景泰七年某人名已泐券，嘉靖三十二年□□□妻阮氏地券。雖文緐而體稍異，然以青龍、白虎、朱雀、玄武記四至，以神祇爲保證，券末書如律令則靡弗同，是直千餘年相沿不改也。詳著之，以諗世之考求古俗者。

晉楊紹買地瓦莂

大男楊紹從土公買冢地一丘，東極闞澤，西極黃滕，南極山背，北極於湖。直錢四百萬，即日交畢。日月爲證，四時爲任。

大康五年九月廿九日，對共破莂民有私約如律令。

右瓦莂，明萬曆元年會稽農民得之倪光簡冢地，中歸徐青藤先生湘笈齋，國朝乾隆時歸童二樹先生鈺。《金石契》始著之録。案其券雖爲寓言與浩宗券同，而所記四至則是記實。杜氏《越中金石記》謂「東極闞澤」謂東至澤墓，「西極黃滕」謂西至黃、滕兩姓之界。其説甚當。洪北江先生誤以人姓名爲地名，采闞澤、黃、滕入所著《東晉疆域志》山陰縣下，誤矣。山陰杜氏作《越中金石記》時云：「此蒴已佚。」故拓本至難得。予求之二十年，始得之道州何氏。北江先生詠此蒴詩：「一瓦乃直二百千。」而今日一紙之價正與之同，予固可謂癡絶矣。

北齊上官長孫氏冢中記

大齋天保三年，平舒鄉上官長孫氏卅九娘千烋容永登九天界。

右記刻玉上，其陰畫一鶴，口有所銜，四角有穿，殆以綴衣衾上納棺中者。書法寬博精雅，如《高叡造象記》及《魏劉懿墓誌》，至可喜。光緒戊戌冬，予由上海返淮安，過廣陵得之市上。今已碎爲二。文中「容」字不見古字書，不能知爲何字之別構也。

整理後記

《羅振玉學術論著集》第三集收書十種，其整理分工情況説明如後：

《存拙齋札疏》、《眼學偶得》、《金泥石屑附説附金泥石屑序》三種，由余整理。《讀碑小箋》、《俑廬日札》、《古器物識小録》、《蒿里遺珍考釋》四種由陳維禮君整理。《石交録》由張中澍君整理。《雪堂所藏古器物圖説》、《古器物笵圖録附説附古器物笵圖録序》兩種由叢文俊君整理。

此次付梓，各書雖經分工審核，其間譌誤疏漏，想難盡免，尚望讀者諸君不吝賜正。

王同策二〇一〇年五月三十日